LE GRAND LIVRE DE LA COUPE DU MONDE

MEXICO 86

présenté par
MICHEL DRUCKER
réalisé par
EDOUARD SEIDLER
avec des textes de
CHRISTIAN VELLA
et des photographies de
DIETER BAUMANN
FRANCO ZEHNDER
HERBERT RUDEL
FRED JOCH

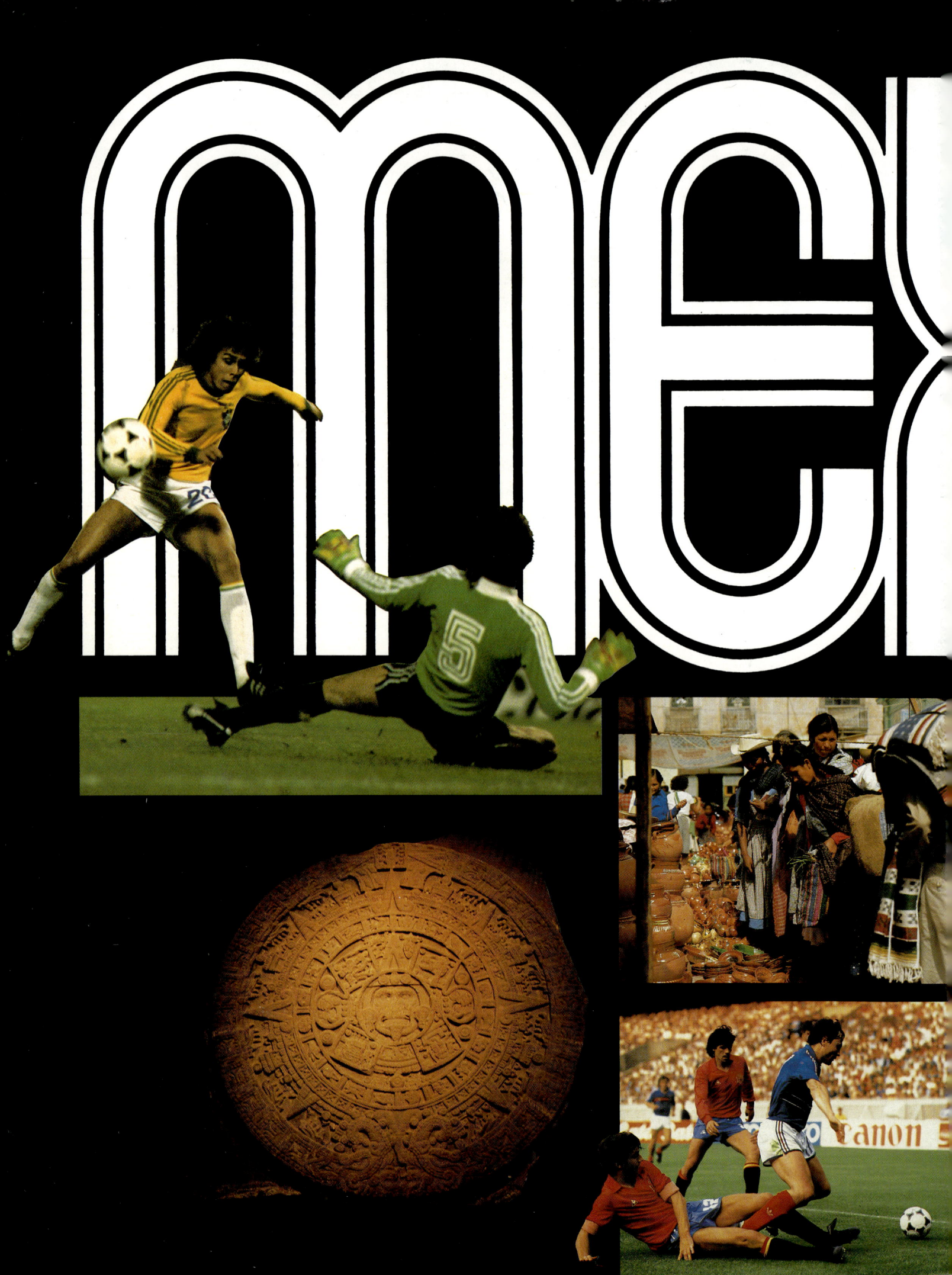

LES GAUCHOS MAIS SANS LES COQS

par Michel Drucker

Un grand Mundial ? Sans doute pas, exception faite d'un départ en fanfare, non confirmé, des Danois et des Soviétiques, de l'affirmation des Marocains parmi l'élite, d'un très grand France-Brésil, et de la consécration finale de l'Argentine de Diego Maradona.

Faute de pouvoir donner statut de finale au match contre le Brésil, programmé deux tours plus tôt, la France et le monde avaient espéré une finale France-Argentine, tant le style des Bleus avait séduit jusque là, tant ils souhaitaient aussi un face-à-face Platini-Maradona au stade Aztèque. Mais Platini, mal remis d'une tendinite tenace et au total en petite forme, ne fut pas au rendez-vous, non plus que des Français pour une fois mal inspirés, à qui l'Allemagne barra encore la route de la finale.

Ce sont les Allemands, donc, qui se retrouvèrent face aux Argentins de Maradona en ce dimanche 29 juin 1986. Etonnante finale ! Vint l'heure où, l'Argentine menant par deux buts à zéro, elle sembla terminée déjà. Pour tous, sauf pour les Allemands !

Une fois encore, les « increvables » allaient montrer d'étonnantes ressources physiques et morales, remontant ces deux buts par Rummenigge et Voeller. Deux à deux à un quart d'heure de la fin ! Allions-nous assister à la sixième prolongation du Mundial ? Maradona et son fidèle lieutenant Burruchaga déclenchaient alors un contre fulgurant ponctué par un but superbe de l'Argentin de Nantes, bras droit ou plutôt pied droit de Maradona. L'Argentine ne pouvait plus perdre la coupe du Monde qu'elle remportait pour la deuxième fois en huit ans. Ce succès mérité récompensait la seule équipe invaincue du Mundial et possédant, excusez

Mieux que ce couple de danseurs mexicains, la Plaza de las Tres Culturas à Mexico symboilise les trois cultures sur lesquelles est fondé le Mexique moderne : héritages aztèque des Indiens et catholique des colonisateurs hispaniques, d'où est issu le modernisme nord-américain d'aujourd'hui.

du peu, le meilleur joueur. Maradona le roi, Maradona le dieu, Maradona le patron qui, quatre ans après son expulsion de Séville face à l'Italie, prouvait qu'il avait acquis la maturité qui fera de lui le grand joueur des prochaines années.
Cette finale d'un niveau moyen n'avait pas fait oublier le France-Brésil des quarts de finale qui restera encore longtemps dans toutes les mémoires. Mais quand le président mexicain Miguel de la Madrid remit à Maradona le précieux trophée, tous ceux qui comme moi avaient eu le privilège d'assister seize ans auparavant, sur ce même stade Aztèque, à la finale Brésil-Italie, ne purent s'empêché de penser à Pelé. Pelé venait de trouver un brillant successeur, même si les deux styles et le rôle des deux joueurs ne peuvent être comparés. Lorsque les joueurs de la République fédérale allemande étaient venus respirer l'ambiance du cratère Azteca, une demi-heure avant le début de la finale (quatrième pour l'Allemagne et troisième pour l'Argentine dans l'histoire de la coupe du Monde), on avait tout de suite senti à son hostile clameur que le public, à grande majorité mexicain, avait confié un « bon pour pouvoir » à l'Argentine. L'Allemagne de Beckenbauer n'avait-elle pas éliminé le Mexique et la France ? La France, brillant vainqueur la veille, de la vaillante Belgique pour l'attribution de la troisième place et qui avait séduit les foules du Mundial de Leon à Guadalajara. La France qui était encore au cœur de toutes les conversations dans les coulisses du stade, au moment où l'arbitre brésilien, Romualdo Arppi-Filho libérait les deux finalistes.
D'entrée, comme prévu, Maradona était mis en « résidence surveillée », Matthaus, Foerster et autres Magath ayant été chargés par « Kaiser » Franz Beckenbauer d'étouffer toute velléité offensive du tombeur de l'Angleterre et de la Belgique au tour précédent. Malgré ce « marquage à la culotte » du petit diable argentin, les Sud-Américains furent les premiers à marquer. Sur un corner de Burruchaga, Schumacher faisait sa première « toile » du Mundial, et laissait l'arrière Jose-Luis Brown inscrire de la tête le premier but de la finale. Les Allemands, qui en avaient vu d'autres, ne bronchaient pas et le

A Teotihuacan, « la rue de la mort » mène tout droit à l'impressionnante pyramide de la lune.

score de 1-0 à la mi-temps laissait leurs chances intactes.
Retour sur le terrain avec un homme neuf, Rudi Voeller ayant remplacé Klaus Allofs. Les vainqueurs de la France encaissaient très vite un deuxième but marqué par Valdano. Pour beaucoup, c'en était fini. Pas pour la horde de Beckenbauer. Sur la reprise de deux corners, Rummenigge puis Voeller remettaient miraculeusement les deux équipes à égalité. Il fallut alors un nouvel assaut de Maradona, jusqu'au but de son « frère » Burruchaga. Trois à deux à six minutes de la fin du Mundial ! Cette fois, la messe était dite, bien dite...
Pour en arriver là, l'Argentine et la R.F.A. avaient emprunté des chemins bien différents. L'autoroute pour Maradona et sa bande ; les routes secondaires, particulièrement accidentées, pour l'équipe de Beckenbauer. La Corée du Sud, vive mais désordonnée, la Bulgarie, lourde et peu inspirée, n'avaient pas posé le moindre problème aux Sud-Américains. Seule, l'Italie d'Altobelli avait tenu le choc devant eux, partageant les points au cours d'un match où Diego l'enchanteur avait déjà lancé un coup de patte égalisateur très prometteur.
Les Allemands, eux, comme en Espagne, suèrent sang et eau pour se qualifier dans un groupe dominé par une équipe danoise qui avait enchanté la première partie du Tournoi.
Quand, en huitièmes de finale, la puissante Allemagne se trouva à égalité (0-0) avec le Maroc et son gardien Zaki... à trois minutes de la fin d'un débat particulièrement soporifique, Beckenbauer dut se souvenir que, seize ans auparavant sur le même stade, au cours d'un autre R.F.A.-Maroc de légende, les joueurs du Maghreb l'avaient emporté, réalisant déjà un des plus grands exploits de la première coupe du Monde mexicaine. Mais le football allemand, à l'image de ses voitures, est inusable. Kilométrage illimité. Treize coupes du Monde sans lever le capot. Fascinant football germanique, toujours là dans les moments importants avec sa force et sa santé.
Ajoutez-y la chance qui sourit souvent aux plus forts. Rééditant pour l'occasion Séville et sa séance de tirs au but apocalyptique, l'Allemagne se débarrassa cette fois de la sangsue mexicaine en quart de finale après deux heures de jeu stérile... et une nouvelle série de coups de pied au but. Schumacher, encore et toujours là, faisant barrage à Sanchez, Quirarte et autres Negrete, tous au bout du rouleau. Mais revenons aux préliminaires pour rappeler qu'ils furent dans l'ensemble ennuyeux, la plupart des équipes cherchant leur souffle et leurs marques. Dans les conditions que l'on sait – chaleur, altitude, – seules deux formations avaient réveillé un Mundial qui tardait à décoller : l'U.R.S.S. et le Danemark. Souvenez-vous de ce Hongrie-U.R.S.S. disputé le 2 juin à Irapuato. Les missiles mis au point par Yakovenko, Belanov, Yaremtchouk désintégrèrent littéralement une équipe de Hongrie qui ne se remit jamais de cette humiliation.
Une U.R.S.S. brillante, caviar et vodka, faisait donc figure d'épouvantail au moment d'aborder les huitièmes de finale. Même si son match nul contre la France avait quelque peu rafraîchi l'enthousiasme du gardien Dassaev, cette légère inquiétude fut vite dissipée quand le sélectionneur Lobanovski apprit avec satisfaction que l'adversaire de son équipe pour le second tour serait... la Belgique. Mais oui ! La Belgique qui montrait pour la première fois le bout du crampon et qui s'était qualifiée de justesse, terminant troisième de son groupe, à la faveur d'un maigre succès sur l'Irak et d'un match nul contre le Paraguay.
U.R.S.S.-Belgique devait être une formalité pour les étoiles ukrainiennes d'un équipe à base de Kiev. Mais, contre toute attente, les hommes du vétéran Guy Thys (le

Le Mexique n'a pas attendu ses « Mundial » pour faire des jeux de balle une manifestation de caractère religieux. Les Mayas, déjà, comme en témoignent ces vestiges du temple Chichén Itza dans la presqu'île du Yucatan, honoraient les Dieux par leurs jeux. Il s'agissait -- sans se servir de ses mains !-- de faire passer une balle dans un anneau de pierre haut perché. C'était il y a plus de dix siècles...

doyen, à 63 ans, des sélectionneurs avec « papa » Bearzot, l'Italien) éliminèrent les Soviétiques par 4 buts à 3 après une prolongation dantesque. Leur gardien Jean-Marie Pfaff avait accompli des miracles.
Avec l'élimination directe à partir des huitièmes de finale, la physionomie du Mundial changea du tout au tout. Très vite, on s'aperçut que les équipes ayant démarré doucement, voire laborieusement, trouvaient peu à peu leur vitesse de croisière, à l'inverse de celles qui, parties très vite, commençaient à tirer la langue. Parmi les plus généreuses, les plus performantes, les plus fringuantes : le Danemark. Les Scandinaves avaient écrasé leur groupe qualificatif de toute leur santé : leur avant-centre Elkjaer Larsen, celui de Verone, qui avait semé la terreur dans les défenses écossaise, uruguayenne et allemande, caracolait déjà en tête au classement des meilleurs buteurs du tournoi. Là encore, coup de théâtre. Face à l'Espagne qui jouait de mieux en mieux, la légion danoise qui avait enthousiasmé par son football vif, enjoué et imaginatif, explosa littéralement sous les contres du petit avant-centre madrilène Butragueno, l'une des révélations de l'épreuve.

L'Espagne, euphorique après son exploit, n'eut guère le temps de fêter sa qualification. Au tour suivant, les Belges, toujours là, passaient une nouvelle fois. A la tête d'un commando de nouveaux talents, l'héroïque Ceulemans, qui aurait sans doute fait un bon coureur de dix mille mètres, sortit une fois de plus vainqueur d'un match à prolongations, le deuxième en moins de quatre jours. La Belgique du colossal Jean-Marie Pfaff accédait donc aux demi-finales, réussissant le plus beau parcours de son histoire.
Ensuite, Maradona, génial une fois de plus, terrassait deux fois le gigantesque gardien du Bayern de Munich : à la fin de cette demi-finale, Pfaff vint féliciter chaleureusement son bourreau qui, pour se faire pardonner, lui offrit son maillot. Une des plus belles images de la coupe du Monde.
Le Brésil, après avoir joué à l'économie pendant les préliminaires, dynamitait (4-0) une Pologne qui, à l'image d'un Boniek vieillissant, ne réussit rien de bon au Mexique. La dernière équipe d'Europe de l'Est encore en course n'avait rien pu faire contre la nouvelle vague brésilienne, Careca, Muller et Josimar en tête, bien soutenue par ceux de

Ces Indiennes-là sont bien loin du Mundial, qui descendent de leurs montagnes poour commercer sur le fameux marché de San Cristobal de las Casas.

la veille garde, Junior, Socrates. Le lendemain, c'est l'Italie qui disparaissait à son tour au cours d'un match historique. Platini et Stopyra entraient dans la légende, mettant fin à une suprématie italienne de plus d'un demi-siècle.

Et l'Angleterre dans tout cela ? Le moins que l'on puisse dire, c'est qu'elle ne fut guère heureuse au cours de cette treizième coupe du Monde. Malgré les qualités certaines du gardien Shilton et de Gary Lineker, l'avant-centre d'Everton, meilleur buteur de la compétition à la veille des quarts de finale avec six buts, l'Angleterre joua un football dépassé. A son actif, un seul bon match contre une Pologne déjà chancelante, et une honnête victoire face au Paraguay.

Mais que pouvait l'Angleterre en 1986 contre Maradona ? Un Maradona sublime qui marqua face à elle les deux buts de la victoire argentine. Le premier, entaché d'une main évidente, fit scandale. Quant au second, il restera comme l'un des plus beaux joyaux de ces dix dernières années. Diego le danseur partant du rond central et se jouant d'une demi-douzaine de joueurs anglais médusés avant d'embarquer le malheureux Shilton, qui n'en est pas encore revenu.

L'Angleterre rejoignait alors quelques uns de ces « petits » trop tôt éliminés, parmi lesquels le Maroc avait particulièrement séduit. Le Maroc, faisant mieux que son voisin algérien, s'était hissé jusqu'aux huitièmes de finale grâce à Krimau, Timouni, Dolmy, Bouderbala et surtout Babou Zaki, un gardien sensationnel, découvert par Just Fontaine il y a quelques années. Et puis, face aux canonniers allemands, ils résistèrent pendant quatre-vingt-trois minutes avant de s'incliner sur un coup-franc de Matthaus tiré des trente-cinq mètres. Masqué par ses défenseurs, Zaki quittait le Mundial sous les bravos du public de Monterrey.

Et la France ? Le destin qui ne manque parfois pas d'humour avait décidé que les Bleus retrouveraient à nouveau l'Allemagne à l'avant-dernier stade de la compétition... quatre ans après Séville. Et les célèbres tirs au but. Battiston, Bossis, Giresse, Tigana, Amoros, Platini, seuls rescapés de l'embuscade andalouse (Rocheteau blessé étant rem-

A Taxco, capitale de l'argent, le style baroque de l'église Santa Prisca s'érige en symbole de la riche tradition architecturale du Mexique.

placé par Bellone) avaient donc l'occasion d'effacer enfin de leurs mémoires ce match de cauchemar de juillet 1982.
La cavalerie française avait jusque-là fort bien conduit ses batailles. Un but long à venir mais sans frayeur face aux sympathiques Canadiens. Excellents matches contre les Russes et les Hongrois. Victoire capitale devant l'Italie. La France accédait aux quarts de finale avec un adversaire de choix : le Brésil. Véritable finale avant la lettre, cette rencontre restera la plus belle de la treizième coupe du Monde. Dans la magnifique arène de Jalisco, petite sœur du géant Aztèque, et devant un public chaleureux et particulièrement fair-play, Français et Brésiliens nous offrirent un spectacle de rêve. Joué dans un esprit exemplaire, ce match dépassa très vite les frontières du sport pour devenir une dramatique haletante dont le dénouement resta incertain jusqu'au bout. Les artistes brésiliens, magnifiques d'aisance, dominèrent souvent ce match ; mais ce jour-là, les Français jouant tambour battant eurent une chance insolente... celle qui leur avait manqué à Séville ; Platini ratait l'avant-dernier tir au but français avant que « Zorro » Fernandez vienne qualifier l'équipe pour les demi-finales. France-Brésil restera mon meilleur souvenir de commentateur. Il nous donna le grand frisson, nous transporta aussi sur un nuage.
Au lendemain de ce match « momumental », l'équipe de France, qui fêtait les trente-et-un ans de Platini, était étonnament calme et sereine dans sa superbe résidence d'été du Real de Chapala, à quarante kilomètres de Guadalajara. Avait-elle récupéré des prodigieux efforts déployés trois jours plus tôt ? Etait-elle démobilisée ? A-t-elle sous-estimé une fois encore la valeur athlétique d'une Allemagne qui avait, il est vrai, bien peiné aux tours précédents ? A-t-elle mal vécu psychiquement son rôle de favori ? Comment répondre ? Une constatation apparaît tout de même clairement : l'équipe de France a manqué de jus, même si elle a eu quatre ou cinq fois l'occasion de gagner, après le coup de poignard reçu dès la neuvième minute, sur le tir réussi de Brehme.
L'Allemagne, qui n'était pas non plus dans un grand jour, a su peser une fois encore de tout son poids de muscles sur ce match disputé sur un terrain lourd qui lui convenait mieux. A cela il faut ajouter, côté français, une nervosité et une fébrilité inhabituelles au moment de

Ils viennent par centaines de milliers, de tout le Mexique, chaque 12 décembre, pour célébrer la Madonna de Guadalupe sur la place de la basilique qui lui est dédiée. Dans les incantations qui s'élèvent à la gloire de la vierge de Guadalupe, se mêlent intimement traditions indiennes et croyance catholique.

conclure. La déception fut immense, à la mesure des espérances. Platini souffrant d'une vilaine tendinite depuis plusieurs mois, ne fit pas la coupe du Monde qu'il espérait. Comment lui en vouloir, à lui qui, dans le passé, avait si souvent sauvé l'équipe de France, et dont le talent immense a rejailli sur tout le football français au cours des cinq dernières années ?

Platini, Giresse, Bossis et les autres anciens ont terminé leur carrière internationale de bien triste façon. Le football français, séduisant, chatoyant, intelligent, avait enthousiasmé le monde entier pendant trois semaines et, aux quatre coins de la planète, on voyait déjà les Bleus vainqueurs de l'épreuve. C'est la loi du sport. N'épiloguons pas. Rideau !

Pour terminer, attribuons ici quelques médailles aux autres grands anciens qui ont quitté la scène internationale par la petite porte des vestiaires. Ils sont Brésiliens : Zico, Socrates, Falcao, Junior. Ils sont Polonais : Boniek, Smolarek. Soviétiques : Blokhin et Dassaev. Italiens : Scirea, Cabrini, Tardelli. Irlandais du Nord : Jennings. Espagnols : Camacho, Gordillo. Ecossais : Strachan et le malheureux Dalglish, un des meilleurs joueurs anglo-saxons qui, blessé, ne fut même pas du voyage.

A quelques exceptions près, tous ces joueurs vont rentrer dans le rang. L'avenir appartient à Maradona, dont le règne ne fait que commencer, mais aussi à des joueurs comme Careca, Muller, Butragueno, Scifo, Josimar, Futre, De Mol, Burruchaga. Ils ont tous moins de vingt-quatre ans. La treizième coupe du Monde a en effet prouvé que le football moderne, comme le tennis, use terriblement les hommes. De plus en plus, les équipes performantes seront celles qui auront réussi le meilleur équilibre, la meilleure synthèse entre la jeunesse et l'expérience, la fougue et la sérénité.

M.D.

Canicule du jour, fraîcheur de la nuit, dans le nord mexicain. Rare y est la pluie, sec ce qui y pousse, pauvres ceux qui y vivent...

Double page suivante : le tremblement de terre de septembre 1985 a laissé de tristes vestiges dans la plus grande cité du monde. On y a célébré le Dieu football au milieu des décombres.

UNE COUPE EN OR MASSIF

Les Anglo-Saxons, et plus particulièrement les Anglais, ont inventé la plupart des sports et tous les jeux de balle, à l'exception du handball, d'origine allemande. Mais ce sont les Français qui ont ensuite créé les principales compétitions et, en bon juristes nourris de droit latin, les ont codifiées. Coubertin a rénové les Jeux, Desgrange créé le Tour de France cycliste, Faroux les 24 Heures du Mans, Hanot la Coupe d'Europe de football. Dès 1906, deux ans après la fondation à Paris de la Fédération internationale de football association (F.I.F.A.) dont il fut le premier président, Robert Guérin avait songé à mettre sur pied un tournoi universel. Mais les temps n'étaient pas mûrs encore. Il faudrait attendre les campagnes de Henry Delauney pour que la F.I.F.A. décide enfin, sous la présidence d'un autre Français, Jules Rimet, que le premier Championnat du Monde de football se déroulerait en 1930. Et qu'il se tiendrait à Montevideo pour souligner tout à la fois la double victoire olympique de l'Uruguay aux Jeux de Paris en 1924 et encore à ceux d'Amsterdam quatre ans plus tard, et la célébration du centenaire de l'indépendance uruguayenne.

La Coupe, qui ne devait porter le nom de Jules Rimet qu'à partir de 1950, prendrait la forme d'une statuette en or massif, rehaussée de pierres précieuses et lourde de près de quatre kilos, réalisée par le sculpteur français Abel Lafleur. Et, comme souvent par la suite, elle allait rester pour quatre ans sous la sauvegarde du pays qui, en ayant organisé le déroulement, aurait eu aussi le bonheur de la remporter : l'Uruguay, bien sûr. Quatre ans plus tard, l'Italie la gagnerait en Italie. Plus tard, l'Angleterre allait vaincre en Angleterre en 1966, l'Allemagne en Allemagne (1974), l'Argentine à Buenos-Ayres (1978). Mais jamais la France – demi-finaliste seulement, en 1958 puis en 1982 – et jamais aucun pays francophone, alors que les nations latines devaient l'emporter neuf fois sur douze, dont trois fois le Brésil et trois fois l'Italie.

En a-t-elle fait rêver, cette Coupe du Monde ! Epreuve majeure du plus universel des sports, elle rivalise aujourd'hui de passion, de grandeur et de retentissement avec les seuls jeux Olympiques. Les deux épreuves alternent, durant les années paires, et répondent chacune à un rythme quadriennal immuable. Encore la Coupe du Monde a-t-elle un avantage médiatique sur les Jeux, du fait de la passion créée sur chaque continent, des mois durant, par les épreuves qualificatives. Ainsi « la Coupe » ne meurt-elle jamais tout à fait, mobilisant d'un rendez-vous à l'autre la totalité du football mondial. Elle n'hiberne pas, sa flamme brûle en permanence, transformée périodiquement en brasier lorsque, tantôt en Europe, tantôt en Amérique latine, elle accueille les derniers – et les plus grands – de ceux qui ont chèrement acquis le droit de la convoiter en un ultime Tournoi.

Car cette Coupe, il faut la gagner ou la voler. Elle a tant fait rêver certains de ceux qui n'étaient point capables de la conquérir sur le terrain, qu'ils ont souvent rivalisé d'adresse et d'astuces pour la dérober. En 1966 tout d'abord, où elle disparut à Londres. Interpol en piste. Et finalement, un bâtard du nom de Pickles, doué d'un odorat particulièrement efficace, la renifle et la déterre dans un potager du coin. Sa récompense : un os savoureux.

Quatre ans plus tard, au Mexique, la Coupe Jules-Rimet disparaît à nouveau, mais pour le bon motif : le règlement autorise les Brésiliens, qui l'ont gagnée par trois fois, à la conserver à tout jamais. Mais ils se la font voler dans une vitrine de Rio...

La nouvelle Coupe, celle que l'on attribuera pour la première fois en Allemagne en 1974, à l'équipe du grand Beckenbauer, est surveillée avec autant de soin que l'or à Fort Knox. Assurée avant le second *Mundial* de Mexico pour la coquette somme de deux millions de dollars, elle a longtemps été conservée sous bonne garde dans un coffre blindé de la Banco de Mexico, avant que de s'envoler aux mains de ses derniers conquérants au soir du dimanche 29 juin 1986.

Deux Coupes du Monde en or massif : celle que Jules Rimet offrit en 1929, et qui fut remportée l'année suivante par l'Uruguay. Le Brésil l'a conservée à tout jamais, en 1970, pour avoir été le premier à la conquérir par trois fois. Une autre Coupe a été fondue (à dr.), qui a été mise en jeu à partir de 1974.

1930 L'ANNÉE DE « LA CÉLESTE »

Comme c'est loin, l'Uruguay... Sur les treize pays engagés (contre dix-sept aux récents jeux Olympiques d'Amsterdam), quatre seulement ont fait le lointain déplacement d'Europe – France, Belgique, Roumanie et Yougoslavie –, rejoints à Montevideo par l'équipe des Etats-Unis que renforcent (déjà !) plusieurs mercenaires britanniques, naturalisés pour la circonstance. Créateurs du jeu, les Anglais restent fidèles à leur politique habituelle du *wait and see* : ils se joindront au mouvement plus tard, s'il s'avère que la World Cup est un projet viable... En France, il a fallu toute l'insistance de Rimet pour que soit engagée l'équipe nationale : on avait craint jusqu'au dernier moment de ne pouvoir rassembler dix-huit joueurs de bonne qualité --la plupart doivent travailler pour gagner leur vie ! – pour une aussi longue absence.

Le 21 juin 1930, le *Conte Verde*, paquebot italien, appareille de Gênes avec à son bord l'équipe de Roumanie et le célèbre chanteur d'opéra Chaliapine. Les Français embarquent à l'escale de Villefranche-sur-Mer, les Belges à Barcelone. Les Yougoslaves les rejoindront quelques jours plus tard à bord d'un autre paquebot, le *Florida*.

A Montevideo, où les touristes européens sont accueillis dans l'allégresse, on a bien fait les choses : l'Uruguay a vidé toutes ses caisses pour édifier un stade monumental, évidemment baptisé l'*Estadio Centenario*. Il a coûté 400 000 dollars-or ; il n'est pas tout à fait terminé quand débute le tournoi, le 13 juillet 1930. Mais il pourra, une quinzaine de jours plus tard, accueillir près de 100 000 spectateurs pour l'événement attendu par tout un peuple, le couronnement de son équipe, la « Céleste ».

Les équipes sont réparties en quatre groupes, dont les vainqueurs disputeront les demi-finales. Victorieuse successivement de la France (1 à 0), du Mexique (6-3) et du Chili (3-1), l'Argentine s'imposera sans mal dans le premier groupe. La France, en effet, n'a rien pu en dépit d'un bon départ, et de la résistance méritoire qu'elle a ensuite opposé à ses rivaux. Les Tricolores ont remporté leur match d'ouverture face au Mexique (4-1), malgré le handicap que représente la blessure de leur gardien Alex Thépot, remplacé après un quart d'heure de jeu par un joueur du champ, Augustin Chantrel. Le premier but du match – le premier d'un Français en Coupe du Monde – est l'oeuvre d'un ouvrier sochalien de Peugeot, Lucien Laurent, 23 ans, sur un joli centre de l'ailier Liberati. Langiller et Maschinot par deux fois marquent encore pour la France, Carreno seul repliquant pour le Mexique. Les Tricolores s'inclineront

Au terme du premier championnat mondial de football, remporté chez lui par l'Uruguay, Jules Rimet (à g.) remet « sa » Coupe à Paul Jude, président de la Fédération uruguayenne de football. Jules Rimet fut le président de la F.I.F.A. de 1921 à 1954. Il devait s'éteindre en 1956, à l'âge de 83 ans, au terme d'une vie tout entière consacrée au développement du football.

ensuite, et chaque fois sur le score étriqué de 1 à 0, face à l'Argentine et au Chili. Ils quitteront Montevideo avant la fin du Tournoi...dont ils n'apprendront l'issue que trois semaines plus tard, à leur retour en France.

L'Argentine, médaille d'argent des derniers jeux Olympiques, est donc qualifiée dans ce groupe. La Yougoslavie, grâce à ses victoires sur le Brésil (2-0) et la Bolivie (4-0), termine en tête du deuxième groupe : elle est prête alors à se faire étriller en demi-finale par l'Uruguay, victorieuse dans la troisième poule du Pérou (1-0) et de la Roumanie (4-0). Dans le quatrième groupe enfin, les Etats-Unis, tête de série, accèdent sans mal aux demi-finales, à la faveur de leurs nets succès sur la Belgique (3-0) – qui s'inclinera aussi face au Paraguay (0-1) – et le Paraguay (3-0)..

Seule la Yougoslavie, donc, a pu s'immiscer dans le concert américain. Avec les Serbes, l'ancien continent n'est représenté que par les « Américains » d'Ecosse et d'Angleterre enrôlés sous la bannière des Etats-Unis. Mais ceux-là non plus ne feront pas long feu contre l'Argentine, qui les écrase 6 à 1. Les Etats-Unis ont pu limiter la casse une mi-temps durant, n'encaissant qu'un seul but de Monti. Les canonniers argentins vont les mettre à genoux après le repos : Scopelli et le célèbre avant-centre Guillermo Stabile, celui-ci par deux fois, marquent d'abord. L'ailier Carlos Peucelle, deux buts lui aussi, aggrave une addition déjà lourde : l'Argentine se qualifie par 6 à 1, le score même du succès de la « Celeste » sur la Yougoslavie. Dans ce dernier match, l'inter-gauche Cea a marqué trois buts.

La finale entre l'Uruguay et l'Argentine, revanche de celle des jeux Olympiques, sera homérique. La rivalité entre les deux voisins du Rio de la Plata est exacerbée. Par bateaux entiers, des milliers d'Argentins débarquent à Montevideo aux cris de « La victoire ou la mort ». Ils sont dûment fouillés par les policiers du cru : aucune arme « étrangère » ne doit pénétrer dans le pays. L'arbitre belge, John Langenus, a exigé et obtenu une protection policière exceptionnelle autour du chaudron bouillonnant qu'est devenu le stade du Centenario.

L'ambiance est d'autant plus chaude que le début de la finale est à l'avantage des « visiteurs ». L'Uruguay souffre d'avoir dû se priver des services de son gardien Mazzoli – éliminé de l'équipe pour avoir osé « faire le mur » un soir, depuis le camp retranché où son équipe se prépare sous bonne escorte et dans un ascétisme total. Certes, l'Uruguay a ouvert la marque à la douzième minute par son ailier Pablo Dorado. Mais l'Argentine a répliqué par deux buts : celui de l'égalisation, à la vingtième minute, par l'ailier Peucelle, suivi d'un second, signé Stabile (future recrue parisienne du Red Star.) Dans le casernement où elles sont recluses, les épouses des joueurs locaux égrènent leurs chapelets.

Le Dieu du football exaucera leurs prières. Andrade, après la mi-temps, s'improvise « libero » et repousse tous les assauts argentins. A la douzième minute, Pedro Cea égalise. L'espoir renaît. Une longue contre-attaque aboutit sur Iriarte, qui donne l'avantage à l'Uruguay. Pour faire bonne mesure, l'avant-centre Hector Castro, qui présente la particularité d'être manchot, inscrit un quatrième but. C'est du délire.

Flanqué du Dr Campisteguy, président de la République, Jules Rimet remet alors « sa » Coupe du Monde à José Nazassi, capitaine uruguayen. La rancoeur des vaincus est grande, et tenace : à Buenos-Aires, des manifestants assiègeront l'ambassade d'Uruguay, et la police tirera sur eux. Les relations entre les fédérations des deux pays seront longtemps interrompues. Mais la Coupe du Monde est née, elle ne mourra pas, elle va au contraire croitre et embellir.

1934 UNE SQUADRA EN BÉTON

L'Italie fasciste met les petits plats dans les grands pour accueillir la Coupe du Monde : de nouveaux stades sont construits à Naples, Florence et Turin. Ceux de Rome, Milan, Bologne, Gênes et Trieste sont rénovés et élargis. C'est que, pour la première fois, l'épreuve ne sera pas regroupée dans une même ville. Elle aura le pays tout entier pour témoin. Succès oblige, trente-deux pays se sont engagés, dont vingt-neuf participent effectivement à la compétition. Il faut donc organiser des matches qualificatifs pour ramener à seize équipes le plateau du Tournoi final, qui ne sera plus disputé par poules, mais par élimination directe. Il y a pourtant des absents de marque : les Britanniques boudent toujours, et l'Uruguay n'est pas venu, rendant ainsi à l'Italie la monnaie de sa pièce de 1930. D'ailleurs, deux pays sud-américains seulement, le Brésil et l'Argentine qui n'ont au surplus pas amené leurs meilleurs éléments, figurent parmi les seize qualifiés, en compagnie de deux autres « non-européens », les Etats-Unis (qui se sont qualifiés à Rome même, en un match préliminaire gagné face au Mexique) et l'Egypte. Autant la première Coupe a été sud-américaine, autant celle-ci sera européenne.

Ce sont huit Européens que l'on retrouve au second tour. Les Italiens, renforcés par plusieurs « *oriundis* » sud-américains, ont écrasé les Etats-Unis (7 à 1). L'Espagne a bouté le Brésil hors du Tournoi (3 à 1). La Suède a éliminé les jeunes Argentins (3 à 2). Et l'Egypte n'a tenu qu'une mi-temps contre la Hongrie (2-4).

Dans les matches entre Européens, la Belgique a mené (2-1) à la mi-temps face à l'Allemagne, mais n'a pas tenu la distance, encaissant quatre buts en deuxième période (dont un *hat-trick* de Ed Conen) pour s'incliner 2-5 sur le terrain de Florence. La Suisse, confirmant les vertus de son célèbre « verrou » défensif, se débarrasse des Pays-Bas (3-2). Quant à la France, elle a affronté dès le premier tour, au Stadio Mussolini de Turin, le favori du Tournoi, l'Autriche, qui aligne alors son *Wunderteam.* Match homérique. L'avant-centre français Jean Nicolas, blessé à la tête dans un choc avec l'Autrichien Smistik, joue le match dans un état second. Il n'en ouvre pas moins le score. Sindelar égalise avant la mi-temps. En seconde période, Bican, puis Verriest sur penalty, portent la marque à 2-2. Il faut jouer les prolongations qui, d'ailleurs, seront fort nombreuses dans ce Tournoi. Elles ont à peine débuté que Schall, pourtant hors-jeu, donne un avantage définitif à l'Autriche. Les Français ont beau protester auprès de l'arbitre néerlandais Van Moorsel, rien n'y fait. Il a

C'est seulement au cours des prolongations que l'Italie arracha son premier titre en 1934. Pour la deuxième fois, le pays organisateur triomphait chez lui. Dans l'enthousiasme général, les joueurs portent ici en triomphe leur entraîneur Vittorio Pozzo.

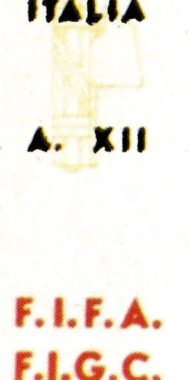

accordé le but, il maintient sa décision, et la France est éliminée du Tournoi. Non sans avoir prouvé que le *Wunderteam* n'était pas invincible, dès lors que son leader Mathias Sindelar est étroitement marqué. Une leçon que retiendront les Italiens, à l'heure d'affronter l'Autriche plus avant dans le Tournoi.

Les quarts de finale, opposant des équipes très proches les unes des autres, et souvent dans des conditions climatiques défavorables, sont extrêmement serrés. Pour avoir manqué la transformation d'un penalty, les Suisses échouent de peu face à la Tchécoslovaquie (2-3) qu'un but de Nejedly qualifie à sept minutes de la fin. Il faut deux exploits personnels de Hohmann pour que l'Allemagne domine difficilement la Suède (2 à 1). L'Autriche élimine la Hongrie de justesse (2 à 1) au terme d'un match violent marqué par l'expulsion de l'ailier hongros Markos. Enfin, le match entre l'Italie et l'Espagne, à Florence, est épique. Sous un soleil de plomb, les Espagnols marquent les premiers. Leur gardien Ricardo Zamora, trente-huit ans déjà, qui restera l'un des héros de cette Coupe, multiplie ensuite les miracles pour résister au retour des Italiens. Ceux-ci finissent par égaliser, sur coup franc tiré par Ferrari. La prolongation ne donnant rien, il faut rejouer le lendemain. Epuisés par le premier affrontement, sept Espagnols et cinq Italiens cèdent leur place à des remplaçants. La deuxième partie sera un véritable combat, sous les yeux d'un public électrisé qui porte littéralement ses « Azzuri » et se félicite de leur football-béton. Les « hostilités » ont à peine repris que Luigi Monti, terrible démolisseur, a blessé l'ailier espagnol Bosh. Les visiteurs doivent se battre à dix contre onze. Un seul but, décisif, sera pourtant marqué : Giuseppe Meazza en est l'auteur, sur un corner de l'Italo-Argentin Orsi. Pour l'avoir validé, et avoir refusé ensuite à l'Espagne le but, régulier celui-là, de l'égalisation, l'arbitre suisse et en principe « neutre », M. Mercet, sera suspendu à vie !

Les 210 minutes de cet Italie-Espagne entrent dans la légende, mais restent dans les jambes des Italiens. Heureusement pour eux, les Autrichiens aussi ont souffert au cours de leur affrontement avec les Hongrois. C'est dans un stade de San Siro transformé en bourbier par l'orage que l'Italie remporte la courte victoire (sur un unique but de l'ailier Guaita) qui lui donne accès à la finale. Son adversaire sera la Tchécoslovaquie, qui a aisément dominé l'Allemagne (3 à 1) après avoir plus difficilement éliminé la Roumanie et la Suisse.

A Rome, au Stadio del Partito, et sous la présidence du Duce, les Italiens trouvent à qui parler : leur engagement féroce et leur fougue n'ébranlent pas le sang froid des Tchèques. Ceux-ci finissent même par marquer les premiers, sur corner et à 21 minutes de la fin du match, grâce à leur intérieur gauche Puc. Miracle : huit minutes avant la fin du temps règlementaire, Orsi met les deux équipes à égalité sur une passe de Guaita, autre Italo-Argentin. Nouvelle prolongation pour les Italiens. Au bout de sept minutes, c'est l'avant-centre Schiavio qui leur donne enfin la victoire attendue, succès arraché dans une atmosphère enfievrée par une équipe de bagarreurs fanatisés. Triomphe difficile mais finalement mérité, même si le football de combat pratiqué et la politisation de cette Coupe, dont les chemises noires de Mussolini feront un oriflamme, laisse en définitive un goût amer.

Violente et passionnée, l'épreuve a néanmoins connu un vif succès. A l'heure de consacrer les héros de la Coupe, les spécialistes préfèrent aux joueurs italiens les gardiens tchèque et espagnol, Frantisek Planicka, que l'on reverra à Paris en 1938, et Ricardo Zamora, qu'ils associent à l'attaquant tchécoslovaque Oldrich Nedely, meilleur buteur de la compétition avec l'Italien Schiavo et l'Allemand Conen (4 buts chacun).

1938 ITALIA BIS REPTITA

L'orage gronde sur l'Europe quand la troisième Coupe du Monde débute en France. Le bruit des bottes a précédé celui des buts : en mars, l'Allemagne a annexé l'Autriche... au point de rayer le *Wunderteam* de la liste des engagés et d'aligner huit de ses joueurs sous le maillot allemand, qui feront le salut hitlérien avec les autres !

Si trente-six pays se sont, à l'origine, engagés dans la compétition, ils ne seront plus que vingt-sept à l'heure des matches éliminatoires. Parmi les absents, outre l'Autriche : l'Espagne, où fait rage la guerre civile, la Chine, en guerre aussi. Les Sud-Américains qui, au nom de l'alternance des continents, souhaitaient que cette Coupe fût organisée en Argentine, s'abstiennent en nombre. Cuba et le Brésil représenteront seuls l'Amérique latine. Et les Britanniques, à l'unique exception de l'Irlande, boudent encore une compétition dont ils n'ont toujours pas admis le principe. Ils n'ont d'ailleurs toujours pas adhéré à la F.I.F.A. ! Une innovation : le pays organisateur (la France) et le détenteur du trophée (l'Italie) sont qualifiés d'office, en compagnie de quatorze autres équipes.

Le premier événement majeur du Tournoi est la performance de l'équipe helvétique (qui s'est difficilement qualifiée face au Portugal) devant la « Grande-Allemagne », le 4 juin au Parc des Princes. Le style fin et subtil des virtuoses autrichiens et celui, plus athlétique et moins imaginatif, des joueurs allemands regroupés au sein de la même équipe, ne s'est pas marié. Au but de Gauchel pour l'Allemagne a répondu une tête de Trello Abegglen pour la Suisse : 1 à 1 après les prolongations, à la grande joie du public français qui supporte bruyamment l'équipe helvétique. Il va falloir rejouer. Les choses débutent mieux pour les Allemands, cinq jours plus tard sur la même pelouse. Ils marquent par deux fois avant la mi-temps. Mais le verrou suisse tiendra bon après le repos, cependant que les canonniers helvétiques s'en donnent à cœur joie : quatre buts, dont deux par Abegglen, un par Wallaschek et un par Bickel, et la petite Suisse brûle la politesse à la Grande Allemagne !

Autres qualifiés : la Suède, sans jouer, en raison du retrait de l'Autriche ; la Hongrie qui dévore les Indes Néerlandaises (6-0) ; l'Italie qui souffre et doit jouer les prolongations avant de se défaire péniblement de la Norvège (2-1) ; la Tchécoslovaquie, contrainte elle aussi aux prolongations où elle fait la différence (3-0) devant les Pays-Bas ; Cuba, surprenant vainqueur de la Roumanie en un deuxième match (2-1) après le match nul (3-3) de la première rencontre ; le Brésil, toujours après prolongations, contre la Polo-

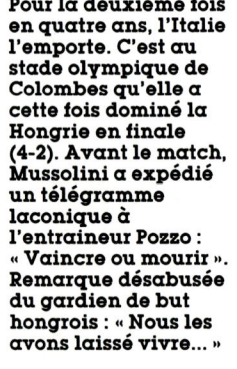

Pour la deuxième fois en quatre ans, l'Italie l'emporte. C'est au stade olympique de Colombes qu'elle a cette fois dominé la Hongrie en finale (4-2). Avant le match, Mussolini a expédié un télégramme laconique à l'entraîneur Pozzo : « Vaincre ou mourir ». Remarque désabusée du gardien de but hongrois : « Nous les avons laissé vivre... »

Hongrie, victorieuse par deux buts de Szengeller à zéro. L'Italie, pratiquant un jeu beaucoup plus collectif et moins brutal que quatre ans plus tôt, domine à Colombes une équipe de France qui n'a pas suffisamment cru en ses chances. Un partout à la mi-temps : Colaussi a ouvert le score suite à un mauvais blocage du gardien français Di Lorto, mais Oscar Heisserer a égalisé. Après le repos, deux buts de Piola auront raison des Français : pour la première (mais pas la dernière...) fois, l'équipe locale ne remportera pas « sa » Coupe. Deux des joueurs français, Etienne Mattler et Edmond Delfour, en sont à leur troisième participation, et leur troisième élimination.

Le dernier des quarts de finale est le plus heurté. A Bordeaux, où l'on inaugure pour l'occasion le stade municipal, Tchèques et Brésiliens s'affrontent en une empoignade de chiffonniers. Trois joueurs sont expulsés, dont deux Brésiliens, et quatre autres blessés : les Brésiliens Leonidas et Peracho, le gardien tchèque Planicka (fracture du bras) et l'intérieur Nejedly (une cheville fracturée qui met un terme à sa brillante carrière). Le match se termine tant bien que mal sur le score nul de 1 à 1, après prolongations. Deux jours plus tard, et avec neuf joueurs frais contre six, le Brésil montre un tout autre football, et élimine la Tchécoslovaquie par 2 à 1 Leonidas a encore marqué son but.

La presse s'extasie sur le style brésilien. L'Italie et le Brésil vont donc jouer leur demi-finale à guichets fermés à Marseille. Erreur des Brésiliens : ils ont laissé au repos leur vedette, réservant Leonidas pour la finale. Mais ils n'iront pas jusque là. L'Italie ouvre le score par Colaussi après 56 minutes de jeu, et l'aggravent sur un penalty de Meazza, sanctionnant une brutalité. Pour l'honneur, Romeo ramène la marque finale à 2-1 en faveur de l'Italie. Dans le match pour la troisième place, que le Brésil va remporter à Bordeaux face à la Suède (4-2), Leonidas inscrira deux nouveaux buts, pour un total personnel de huit, qui feront de lui le meilleur canonnier du Tournoi. Dans l'autre demi-finale, au Parc des Princes, la Suède a été écrasée par la Hongrie (1-5), qui est donc l'ultime adversaire de l'Italie.

La Squadra, qui n'a cessé de s'améliorer tout au long du Tournoi, s'avère invincible. A la mi-temps, elle mène déjà par 3 à 1 devant les 50 000 spectateurs de Colombes, dont le président Albert Lebrun, enchantés par la qualité du jeu. Les Transalpins l'emporteront finalement par 4 à 2, grâce à deux buts de Colaussi et deux du grand Piola. *Bis repetita* pour l'Italie. Mais sa victoire finale ne souffre cette fois aucune critique.

gne : les Brésiliens, emmenés par un exceptionnel joueur noir, Leonidas, ont d'abord mené 3 à 0. Les Polonais les ont rejoint à la marque et le temps règlementaire s'est achevé sur la marque de 4 à 4. Au terme de 120 minutes de jeu, c'est le Brésil qui a pris le meilleur, par 6 à 5. « Le diamant noir » Leonidas d'un côté, Willimowski de l'autre, ont chacun inscrit quatre buts !

Quant à la France, appelée à affronter à Colombes sa traditionnelle bête noire, la Belgique, elle a d'abord du mal à se libérer. Les Belges, avec leur chef d'attaque Raymond Braine, dominent. Et puis, leur défense commet des bévues. Les Tricolores, chez qui l'ailier Fred Aston a fait merveille, l'emportent par trois buts (un de Veinante, deux de Jean Nicolas) à un de Isemborgh.

Les quarts de finale sont moins serrés, toutes proportions gardées, que le premier tour. La Suède ne fait qu'une bouchée (8-0) des Cubains qui n'ont pas récupéré de leur double match précédent. Les Suisses, épuisés eux aussi par la débauche d'efforts qu'il leur a fallu consentir devant l'Allemagne, sont une proie relativement facile pour la

1950 LARMES BRÉSILIENNES

Le Brésil était convaincu de pouvoir triompher devant son public lors du Tournoi de la reprise. C'était compter sans l'Uruguay qui fit pleurer tout un peuple en triomphant des Brésiliens en finale (2-1), pour enlever sa deuxième Coupe du Monde.

Douze ans durant, « la Coupe » – que le Congrès de la F.I.F.A. décide en 1946 de baptiser « Coupe Jules-Rimet » – repose dans un coffre romain. Elle va en sortir enfin pour rejoindre le Brésil, où est programmé le Tournoi de la reprise. Trente-trois pays se sont engagés, mais les forfaits seront nombreux, dix au total, parmi lesquels ceux de l'Argentine en froid avec le Brésil, de l'Autriche, de l'Ecosse et de la Belgique, dont les grands clubs s'opposent à la participation de leurs meilleurs joueurs. Ce qui fait l'affaire de la Suisse, qu'un simple succès sur le Luxembourg qualifie sans peine. L'Allemagne défaite ne fait plus partie de la F.I.F.A., à laquelle adhère en revanche l'Union soviétique... qui attendra pourtant 1958 avant de s'engager dans son premier Championnat mondial. Manquent aussi la plupart des nations de l'Est européen. Les Britanniques ont par contre décidé pour la première fois de participer à l'épreuve, encore que l'Ecosse, pourtant qualifiée, renonce au voyage. La France, battue en match qualificatif par la Yougoslavie, après deux matches nuls et les prolongations d'un match d'appui (2-3), est « invitée » à sa place par la F.I.F.A. Apprenant qu'elle devrait jouer contre l'Uruguay et la Bolivie, à quatre jours d'intervalle, dans deux villes distantes de 3 500 km. et séparées par 35° de température, elle prend prétexte de cette difficulté et refuse son repêchage. Pour la première fois, les Tricolores resteront chez eux.

La formule de la compétition a été modifiée au terme de longues palabres : renonçant aux matches à élimination directe, on a décidé que seraient constituées quatre poules de quatre équipes, les vainqueurs de chaque groupe accédant à une poule finale et se départageant aux points. Treize équipes seulement – sept américaines et six européennes – étant effectivement présentes au rendez-vous brésilien, les « poules » seront squelettiques : deux équipes dans l'une d'entre elles, trois dans une autre. Le Brésil a battu tous les records pour accueillir ce qui doit être « sa » Coupe : il a construit à Rio le Maracana, resté le plus grand stade du monde avec ses 200 000 places, toutes couvertes ! Le chantier n'est pourtant pas achevé quand l'équipe locale y donne le coup d'envoi du Tournoi, avec une facile victoire sur le Mexique (4-0). Surprise dans le deuxième match : la Suisse tient le Brésil en échec (2 à 2) à Sao Paulo, sur deux buts de Fatton et Tamini. Une fois de plus, la défense suisse a fait merveille avec Stuber, Neury et Boquet. Et il s'en est fallu d'un rien que l'avant-centre helvétique Friedlander ne donne la

victoire aux siens à deux minutes de la fin du match...

Le Brésil, survolté par l'ambiance délirante du Maracana, se qualifie pourtant pour la poule finale, grâce à un ultime succès sur la Yougoslavie (2 à 0), qui a précédemment dominé la Suisse (3-0) et le Mexique (4-1). La grande surprise de cette première phase restera l'étonnant succès de la sélection des Etats-Unis (équipe de bric et de broc où voisinent deux Portugais, un Haïtien, un Italien et un Belge !), précédemment dominée par l'Espagne (1-3), face à la puissante armada anglaise : un but de l'avant-centre haïtien Larry Gaetjens, à la 33e minute du match, y aura suffi. Et l'Angleterre est définitivement éliminée quand l'Espagne, sur un but de Zarra, lui inflige sa deuxième défaite.

Autre surprise : le succès (3 à 2) de la Suède sur l'Italie (qui n'a pas encore remplacé les brillants joueurs du Torino, morts deux ans plus tôt dans la catastrophe aérienne de Superga). Le tenant de la Coupe est éliminé, et la poule finale réunira, avec le Brésil, l'Espagne et la Suède, l'Uruguay qu'une simple victoire sur la Bolivie dans leur groupe à deux, aura suffi à qualifier.

La poule finale s'engage admirablement pour les Brésiliens, en forme ascendante, qui effectuent une promenade de santé face aux Suédois (7-1, dont quatre buts d'Ademir), puis devant l'Espagne (6 à 1). Aucune équipe n'a jamais été aussi prolifique. De son côté, l'Uruguay a fait un parcours en demi-teinte. D'abord tenu en échec par l'Espagne (2 à 2), il a remporté une courte victoire (3-2) face à la Suède. L'ultime affrontement du Tournoi, entre le Brésil et l'Uruguay, sera donc la finale virtuelle. Pas un Brésilien ne doute du succès.

Dans un Maracana plein à ras-bords (très exactement 203 850 spectateurs) et débordant de passion, le Brésil commence par se ruer à l'assaut des buts de la « Celeste ». En vain. A la mi-temps, le score n'a toujours pas été ouvert. Il le sera une minute après le repos, quand Friaça marque enfin sur une belle combinaison Jair-Zizinho. Les Brésiliens commettent alors l'erreur de se retrancher sur leurs buts, décidés à préserver leur maigre avance. Mais ils sont meilleurs attaquants que défenseurs. Ils perdent peu à peu leur football, devant ces Uruguayens résolus, qui conservent en revanche tout leur sang-froid. *Los Celestos* en sont récompensés à vingt-cinq minutes de la fin du match, quand Juan Schiaffino trompe le gardien brésilien Barbosa et égalise. Un match nul donnerait le Coupe au Brésil, qui ne cherche guère à reprendre l'avantage. Mal lui en prend : l'Uruguay lui assène le coup de grâce à onze minutes de la fin, par un nouveau but signé Alcides Gigghia. Victoire de la constance sur le brio, victoire aussi de l'Amérique du Sud sur l'Europe. Pour la deuxième fois en vingt ans, la statuette en or de M. Rimet va prendre le chemin de Montevideo, cependant qu'une chape de deuil s'abat sur le Brésil. Les responsables locaux, président de la République en tête, sont à ce point affectés, qu'ils en oublient de procéder à la remise solennelle de la Coupe. On signale trois suicides dans les tribunes. Et l'entraîneur brésilien Flavio Costa se déguisera en femme pour ne pas être reconnu à la sortie du stade !

Si les joueurs brésiliens ont quitté la pelouse en pleurant, c'est l'un d'entre eux pourtant qui est sacré « roi » de ce Tournoi, où il a inscrit huit buts, Ademir Marques de Menezes, dit Ademir. Avec lui, l'exceptionnel gardien de but mexicain Antonio Cardabal, que l'on reverra souvent encore : il participera au total à cinq Coupes du Monde ! Le seul à se réjouir au Brésil sera finalement le trésorier de l'organisation : la Coupe n'a pas seulement battu un record absolu d'assistance avec près de 1 400 000 spectateurs, elle a aussi permis d'engranger de jolis bénéfices : 384 millions de francs, « légers », dont chaque participant aura sa part.

1954
L'ASTUCE DE SEPP

Trente-huit équipes au départ de ce championnat (un record), seize à l'arrivée en Suisse, dont une prend rang de super favori : la Hongrie. Championne olympique à Helsinki deux ans plus tôt, elle est invaincue depuis quatre ans et vient encore d'écraser à Wembley même, par six buts à trois, l'Angleterre de Stanley Matthews. Personne, pense-t-on, ne pourra rien contre Puskas, « le major galopant », contre Kocsis « tête d'or », contre Josep Boszik et leur troupe. Un homme, pourtant, croit que les Hongrois ne sont pas invincibles. Il est Allemand, il s'appelle Sepp Herberger, et il est l'entraineur-sélectionneur de la formation germanique comme il a déjà été celui de la « Grande Allemagne » de 1938. Deux grands du football sont absents, l'Argentine et l'U.R.S.S. Mais l'Asie et l'Afrique font timidement leur entrée dans la compétition et la Corée, qualifiée aux dépens du Japon, participera même à sa phase ultime. La Suède et l'Espagne, en revanche, ne connaitront pas le même bonheur. La première a été éliminée par la Belgique, victorieuse tant à Stockholm qu'à Bruxelles, et la deuxième a été victime d'un... tirage au sort funeste, au terme d'un match d'appui qui n'a pu la départager de la Turquie (2-2).

Parmi les autres qualifiés, l'Angleterre et l'Ecosse sont les rescapés du groupe britannique ; l'Allemagne s'est petitement hissée jusqu'à Berne, par une victoire sur la Sarre et un match nul contre la Norvège à Oslo ; la France a marqué 20 buts contre quatre pour se défaire de l'Irlande du Nord et du Luxembourg, mais elle a aussi accumulé les performances au cours de ses matches préparatoires, tenant l'Angleterre en échec à Londres, avant de battre l'Allemagne à Colombes et l'Autriche à Vienne ; l'Italie a tremblé, qui n'a battu l'Egypte que par 2 à 1 au Caire. Au total, l'Europe est présente en force, avec douze équipes sur seize. Brésil, Uruguay et Mexique représentent seuls l'Amérique latine.

La formule du Tournoi final est cette fois très particulière. Les seize équipes sont réparties en quatre poules de classement, dont les deux premiers classés participeront à des quarts de finale par élimination directe. Mais, décision étrange, il a été décidé que les deux têtes de série de chaque poule n'auront pas à s'affronter, ce qui ne manquera pas d'effets contraires à l'équité sportive ! Au premier tour, plusieurs têtes de série restent sur le carreau. Parmi elles, la France dont l'équipe, étrangement amorphe et peu motivée en dépit de la qualité de ses leaders (Remetter, Jonquet, Marche, Kopa, Piantoni, Vincent, Ujlaki...) perd toutes ses chances dès son premier match, à Lausanne contre la You-

Au stade Wankdorf de Berne, tout le monde pariait sur la Hongrie, présumée invincible. L'Allemagne de Sepp Herberger y signa une étonnante victoire (3-2). Le héros du championnat, « tête » de l'équipe allemande, fut Fritz Walter, que ses supporters portent ici en triomphe en compagnie de Horst Eckel.

tuel match d'appui, l'entraineur allemand Sepp Herberger décide d'aligner une équipe de réservistes contre la Hongrie, présumée inaccessible. Il laisse ainsi cinq titulaires au repos, et la Hongrie l'emporte au petit pas malgré la blessure de Puskas : 8 buts (dont quatre de Kocsis) à 3. Les Hongrois n'imaginent pas alors les surprises que leur réservent les Allemands en finale ! Car les hommes de Herberger continuent leur petit bonhomme de chemin après avoir écrasé le Turcs (7-2) en match de barrage. Ils éliminent la Yougoslavie en quarts de finale et vont, sans y laisser de leur influx, se défaire (6 à 1) en demi-finale, d'une Autriche marquée par le match poursuite qu'elle a dû livrer à la Suisse pour la battre par 7 à 5 après avoir été menée 0-3, puis 2-4 à la mi-temps.

Dans le même temps, la Hongrie (sans Puskas) souffre pour battre le Brésil (4-2) en un match houleux, marqué par deux expulsions de part et d'autre et un penalty de chaque côté -- match qui s'achève en un pugilat général et qui laissera des traces chez les Hongrois. Ils affrontent en demi-finale l'Uruguay, qui s'est qualifié aux dépens de l'Angleterre (4-2). Ce débat-là s'avère aussi clair, loyal et brillant, que fut terne et brutal le combat hongro-brésilien. Toujours sans Puskas, la Hongrie impose son jeu d'attaque vif et efficace, et mène bientôt 2 à 0. Puis elle se relâche, et le grand Schiaffino peut « offrir » deux buts tout faits à son camarade Hohberg, qui égalise à trois minutes de la fin. Une fois de plus, la Hongrie doit puiser dans ses réserves pour s'imposer dans la prolongation, par deux buts de Kocsis, qui en marquera onze au total (un record) pour s'affirmer le meilleur buteur du Tournoi.

Il n'en réussira pourtant aucun en finale. Puskas, la cheville encore douloureuse, tient sa place. Mais, à l'image de ses équipiers usés par un trop dur Tournoi, il ne tiendra pas la distance. Certes, la Hongrie a mené 2-0 sur deux buts rapidement inscrits par Puskas et Czibor. Mais, sous la pluie, l'Allemagne ne tarde pas à égaliser : 2 à 2 à la mi-temps. Plus frais, les Allemands résistent à tous les assauts, et on sent déjà que l'astuce de Sepp Herberger peut s'avérer payante. Un tir fort et lourd de l'ailier Rahn. Le gardien hongrois Grosics glisse dans le marécage de ses buts et la balle allemande fait tressaillir ses filets : 3 à 2 pour l'Allemagne, et il ne reste que six minutes à jouer. C'est fini, l'équipe de Fritz Walter a réussi l'impossible. Bien préparée, fraiche et dispose, elle a mis fin à une série de 31 matches sans défaite des Hongrois, au jour et à l'heure où il fallait. « Mon plus mauvais souvenir », dira Ferenc Puskas.

goslavie, sur un unique but de Milutinovic, qui sera en 1986 l'entraineur du...Mexique. Ce Mexique que les Français de 1954 battront 3 à 2, mais pour la gloire : leur groupe qualifie le Brésil et la Yougoslavie.

Autre victime : l'Italie. Elle s'est avérée impuissante à faire sauter le « verrou » suisse parfaitement contrôlé par l'arrière Neury. Grâce à leur énergie, et aussi à une grande partie du gardien Parlier, les Suisses l'emportent par 2 à 1 sur le terrain de Lausanne, avant de s'incliner (0-2) à Berne face à des Anglais plus frais qu'eux. L'Italie ayant dominé la Belgique (4-1), qui avait précédemment tenu l'Angleterre en échec (4-4), un match d'appui devient nécessaire entre Italiens et Helvètes. La revanche, à Bâle, est à l'image de la première édition : impuissants face à la défense suisse, les Italiens encaissent deux buts de Hugi et Ballaman, n'en marquant qu'un seul par Nesti. Et puis, attaquant à tout-va, ils ouvrent leur garde et permettent à la Suisse d'inscrire deux autres points dans les cinq dernières minutes, par Hugi (encore) et Fatton. Exit l'Italie !

Le match le plus étonnant fut pourtant celui qui opposa la Hongrie à l'Allemagne. Sachant, pour avoir déjà battu les Turcs (4-1) qu'il n'aura aucun mal à les battre encore dans un éven-

1958 TREIZE POUR FONTAINE UNE POUR PELÉ

Cinquante pays au départ de la compétition : un record. Aux plans de la participation et du retentissement, la Coupe du Monde rejoint peu à peu les jeux Olympiques. Parmi les seize qualifiés qui s'affronteront d'abord par groupes de quatre, dans douze villes suédoises différentes, on compte plusieurs favoris : l'Argentine, qui revient enfin à la compétition ; les Soviétiques dont c'est la première participation et qui se sont difficilement qualifiés face à la Pologne ; le Brésil, voire la Suède avec son escadron de mercenaires exilés en Italie et rapatriés pour la circonstance. On ne compte pas trop sur le champion sortant, l'Allemagne, qui a eu du mal à renouveler ses forces, ni sur la France, qui s'est qualifiée à la faveur d'une belle victoire sur la Belgique à Colombes (six buts, dont quatre de Thadée Cisowski, contre trois), complétée d'un match nul réussi à Bruxelles. Mais la France n'a ensuite gagné aucun de ses six matches préparatoires, et elle a été étrillée par l'Angleterre à Wembley (4-0)... Quatre équipes britanniques (Angleterre, Ecosse, Galles et Irlande) ont accédé au tour final. Mais quelques-unes des grandes nations du football européen ne seront pas de la fête : Italie, Espagne, Pays-Bas, Belgique et Suisse notamment sont tombées en cours de route.

Incident avant le début du Tournoi : l'attaquant français René Bliard se blesse à l'entraînement. Il devra être remplacé au centre de l'attaque par Just Fontaine, qui ne se doute pas alors que ce coup du sort va faire de lui un personnage historique... Bien préparés psychologiquement par le sélectionneur Paul Nicolas et les entraîneurs Albert Batteux et Jean Snella, les Français prennent un départ encourageant : large victoire sur le Paraguay (7-3), Fontaine – remarquablement servi par Raymond Kopa et Roger Piantoni – inscrivant trois des sept buts. Deux buts encore de Fontaine contre la Yougoslavie... qui en réussit trois pour sa part. Bénéficiant ensuite d'un maximum de réussite, les Tricolores arrachent leur qualification face à l'Ecosse, grâce à deux buts de Kopa et de Fontaine (encore !) contre un seul de Baird.

Dans les autres groupes, les meilleurs qualifiés pour les quarts de finale sont l'Allemagne – où l'entraîneur inamovible Sepp Herberger a rappelé de glorieux anciens, tels Rahn et Fritz Walter, trente-huit ans – qui domine l'Argentine (3-1) mais partage seulement les points avec la Tchécoslovaquie et l'Irlande du Nord ; la Suède, qui bat le Mexique et la Hongrie avant un match nul avec le Pays de Galles ; le Brésil victorieux de l'Autriche (3-0), de l'U.R.S.S. (2-0), mais tenu en échec (0-0)

L'équipe brésilienne de 1958 révéla au monde « un autre football », vif, aérien, généreux, magique souvent, remarquablement efficace, fascinant. Et un gamin de 17 ans devint la coqueluche de la Suède, avant de s'imposer comme le plus grand footballeur de tous les temps : Pelé. Ici, l'équipe brésilienne qui, après avoir éliminé la France en demi-finale (5-2, dont trois buts de Pelé !), triompha sur le même score de la Suède : debout, de g. à dr., Djalma Santos, Zito, Bellini, Nilton Santos, Orlando, Gilmar. Accroupis : Garrincha, Didi, Pelé, Vava et Zagalo.

par l'Angleterre, éliminée ensuite par l'U.R.S.S. en barrage (0-1).

Si l'on parle beaucoup à Stockholm, avant les quarts de finale, du *goléador* français Just Fontaine, on y est très impressionné aussi par un gamin brésilien de dix-sept ans, Edson Arantes de Nascimento, dit Pelé. Etonnamment précoce, celui-ci a fait ses débuts professionnels à Santos, alors qu'il avait tout juste quinze ans, et il a commencé de porter un an plus tard le maillot de l'équipe nationale. Encore timide et renfermé hors des terrains, il se déchaîne balle au pied. Il sait tout faire, et en toute position. C'est d'ailleurs lui qui, sur un exploit personnel comme il en réalisera bien d'autres par la suite, qualifie le Brésil face au Pays de Galles (1-0), avant d'affronter la France en demi-finale.

Les Tricolores, en effet, n'ont pas eu grand mal à se défaire de l'Irlande du Nord, épuisée par un difficile match de barrage, avec prolongations, contre la Tchécoslovaquie. A Norrkoeping, Fontaine a ainsi marqué deux des quatre buts d'une nette victoire française (4-0). L'Allemagne (1-0) face à la Yougoslavie et la Suède (2-0) infligeant la défaite à l'U.R.S.S. de Lev Yachine, se sont qualifiés pour l'autre demi-finale.

Si l'Allemagne a pu donner le change jusque là, s'imposant par un football de combat, elle ne pourra pas franchir l'obstacle suédois à Goeteborg. Influencé peut-être par le public local, qui n'a d'yeux et de cris que pour ses favoris, l'arbitre hongrois Szolt va fausser cette demi-finale en expulsant d'abord pour brutalité l'arrière allemand Juskowiak... et en oubliant ensuite de faire subir le même sort, pour une faute de même nature, au Suédois Parling. Les deux équipes sont à égalité (1-1). A onze contre dix, voire contre neuf lorsque Fritz Walter, blessé, ne put plus faire que de la figuration, les Suédois avaient le vent en poupe : marquant deux fois dans les neuf dernières minutes du match (3-1), ils réussissaient leur pari d'accéder à la finale. Face à eux, les Brésiliens du prodige Pelé.

Car le Brésil, premier adversaire de haut niveau de la France dans ce Tournoi, avait tiré entre temps un véritable feu d'artifice devant elle. L'artificier en chef, bien entendu, avait été Pelé. Score ouvert dès la deuxième minute par Vava. Egalisation par Fontaine, sur une passe lumineuse de Kopa, six minutes plus tard : pour la première fois dans ce Tournoi, la cage brésilienne est violée. C'est Didi qui redonne l'avantage au Brésil avant la mi-temps. La France, malheureusement, a perdu son capitaine Robert Jonquet : souffrant d'une fêlure du péroné, il n'est plus qu'un figurant en seconde période. Pelé, alors, marque trois buts en l'espace de vingt-trois minutes : 5 à 1. Piantoni ramène la marque finale à des proportions moins catastrophiques : 5 à 2. La foule suédoise a vécu là le plus beau match du Tournoi, et l'avènement d'une future idole, Pelé.

Le prodige brésilien marquera encore deux fois en finale, où la cavalerie brésilienne s'impose à la Suède par le même score que celui infligé précédemment à la France : 5 à 2. Et, pour la troisième place du Tournoi, les Tricolores inspirés balaient (6-3) une équipe allemande désabusée et au bout du rouleau. Fontaine a encore marqué quatre fois : avec treize buts à son actif, il restera – à jamais peut-être – le recordman absolu des « canonniers » de la Coupe. Derrière lui, l'Allemand Rahn a marqué six fois, et Pelé cinq. Vainqueur de son premier championnat mondial, le junior brésilien participera aussi aux deux victoires suivantes de la constellation sud-américaine, au Chili quatre ans plus tard, et au Mexique douze ans après. Quant à la France, elle aura vingt-quatre ans pour célébrer ses « héros suédois ». Il faudra en effet attendre près d'un quart de siècle pour qu'une autre équipe tricolore atteigne les demi-finales, en 1982 à Séville...

1962 LE BRÉSIL SANS PELÉ

A un mois de la Coupe du Monde 1962, un quotidien new-yorkais procède à un sondage, pour déterminer le classement des vedettes contemporaines les plus populaires. Le verdict : Elizabeth Taylor l'emporte devant Pelé et Jayne Mansfield. Pelé est bien décidé à ne pas en rester là !

Nouveau record : 56 pays se sont engagés, mais Européens et Sud-Américains seront seuls qualifiés pour le tournoi final dans la mesure où l'on a imposé aux équipes victorieuses des groupes Afrique, Asie et Proche-Orient un tour éliminatoire supplémentaire, face à des équipes européennes qu'elles n'ont pu dominer. Un seul pays (partiellement) francophone est du voyage : la Suisse, entraînée par l'ex-joueur autrichien Karl Rappan, qui a battu la Belgique par deux fois, et éliminé la Suède au terme d'un match d'appui (2 à 1) après une lourde défaite à Stockholm (4-0) et une courte revanche à Lausanne (3-2).

La France, au creux de la vague, bat pourtant deux fois la modeste Finlande dans son groupe, et remporte à Colombes le match aller contre la Bulgarie (3-0). Elle va réussir le nul qualificatif à Sofia quand, à moins de deux minutes de la fin du match, le Bulgare Iliev ouvre enfin le score. Il était hors-jeu, diront les observateurs. Mais l'arbitre tchèque, M. Fencl, a accordé le point et n'y reviendra pas. Il sera suspendu, puis rayé de la liste des arbitres internationaux. La France n'en doit pas moins disputer à Milan un match d'appui : un tir de l'ailier bulgare Yakimov, détourné dans le but de Pierre Bernard par le capitaine des Tricolores, André Leblond, et la France est éliminée : Espagne, Italie, Angleterre, R.F.A., Suisse représenteront seuls l'Europe occidentale, U.R.S.S., Hongrie, Tchécoslovaquie, Yougoslavie et Bulgarie l'Europe de l'Est, Brésil, Uruguay, Argentine, Colombie, Mexique et Chili l'Amérique latine. Il y aura, une nouvelle fois, quatre groupes de quatre équipes, dont les deux premières seront qualifiées pour des quarts de finale à élimination directe.

Un tremblement de terre, deux ans plus tôt, a bien failli compromettre l'organisation de ce *Mundial*, mais le Chili a mis les bouchées doubles pour être digne de l'événement. Dans le premier groupe se qualifient l'U.R.S.S. – victoires sur la Yougoslavie et l'Uruguay, match nul contre la Colombie – et la Yougoslavie. Dans le deuxième groupe, l'Allemagne est tenue en échec par l'Italie, mais elle bat la Suisse (2-1), diminuée par la blessure de Norbert Eschmann, (péroné fracturé dès la quatorzième minute de jeu) et le Chili (2-0). Elle se qualifie avec le pays organisateur, qui a lui

Le Tournoi de 1962 au Chili fut marqué par un nombre excessif de brutalités. Parmi les victimes : Pelé, blessé lors du deuxième match du Brésil et absent pour le reste de la compétition. Heureusement, son remplaçant Amarildo (ici face au Tchèque Kvasnak au cours de la finale que le Brésil remporta par 3 à 1) sut s'élever à la hauteur de la situation.

CAMPEONATO MUNDIAL DE FUTBOL
WORLD FOOTBALL CHAMPIONSHIP
CHAMPIONNAT MONDIAL DE FOOTBALL
COUPE JULES RIMET
CHILE 1962

tous les records d'affluence... et de passion latine. Pour la troisième fois, le Brésil est privé de Pelé, qui souffre d'une déchirure musculaire à l'aine depuis le match contre la Tchécoslovaquie. En son absence, les Brésiliens perdent de leurs vertus offensives et agissent davantage en contre-attaque. Mais si Pelé n'est plus là, Garrincha n'a de cesse de le faire oublier. Brillant et efficace déjà devant l'Angleterre, il inflige rapidement deux buts aux Chiliens, et en offre un troisième à Vava, juste après le repos : 3 à 1, en dépit d'une furieuse résistance des Chiliens, qui réduiront le score sur pénalty avant que Vava, encore, leur donne le coup de grâce. Garrincha et le Chilien Landa sont expulsés pour brutalité, mais on n'interdira pas au Brésilien de disputer la finale...

Dans la demi-finale « européenne » du Tournoi, les Tchèques se tiennent sur la défensive, les Yougoslaves attaquent. Mais ce sont les premiers qui vont marquer ! Trois buts en deuxième mi-temps, contre un seul : c'est la Tchécoslovaquie, finaliste comme elle l'a déjà été à Rome en 1934, qui aura le redoutable honneur de faire face aux Champions du monde en exercice. Les Tchèques ont déjà tenu les Brésiliens en échec (0-0) dans leur poule : ils abordent la finale sans complexe, décidés cette fois à prendre l'initiative en attaque. Bien leur en prend. Ils ouvrent le score sur une belle combinaison Pospichal-Masopust.

Quoiqu'affaiblis par la grippe de Garrincha, les Brésiliens se rebiffent. Les Tchèques disposent en Schroif du meilleur gardien de ce Tournoi. Mais le Brésil lui oppose en son jeune (vingt-trois ans) attaquant Amarildo, la brillante doublure de Pelé, l'un des tout meilleurs joueurs de pointe du championnat. Et Amarildo égalise presqu'aussitôt ; la mi-temps est sifflée sur un score nul de 1 à 1. Après le repos, Zito et Vava aggravent la marque et donnent au Brésil son deuxième titre mondial consécutif. Neuf des douze joueurs brésiliens alignés dans ce Tournoi avaient déjà participé à la victoire quatre ans plus tôt. Y compris Pelé, bien sûr, dont l'absence à partir des quarts de finale au Chili a certainement nui à la qualité du jeu pratiqué par son équipe. Pelé, qui a marqué son but face au Mexique, a cependant lui aussi sa part de cette Coupe-là, même si la vedette en revient plutôt à Garrincha.

C'est au Chili, lors de ce « Mundial », que le football mondial a ouvertement négocié un affligeant virage : les défenses y ont résolument pris le pas sur les attaques, et le record de Fontaine est resté bien accroché : personne, cette fois, n'a marqué plus de six fois !

aussi battu la Suisse (3-1), encore dominée par l'Italie (3-0) et, victoire plus surprenante, l'Italie (2-0). La troisième poule qualifie le Brésil, seulement tenu en échec par la Tchécoslovaquie, et cette dernière qui a petitement battu l'Espagne (1-0) et s'est inclinée (1-3) face au Mexique. Sont enfin qualifiées la Hongrie (deux victoires et un match nul) et l'Angleterre au bénéfice de son goal average : l'Argentine, qui s'est inclinée face à l'Angleterre, après avoir battu la Bulgarie et avant de faire match nul avec la Hongrie, est ici éliminée.

Le jeu est sans envergure en quarts de finale, les matches sont durs et les écarts faibles. Un seul but qualifie la Yougoslavie face à l'Allemagne, et la Tchécoslovaquie, sauvée par une contre-attaque, devant une Hongrie dominatrice mais stérile. Les Chiliens, survoltés par leur public, en marquent deux contre un à l'U.R.S.S. Le Brésil est seul, en définitive, à rester fidèle à un jeu d'attaque relativement généreux : Vava, puis Garrincha par deux fois, marquent contre l'Angleterre, qui répond par un unique but de Gerry Hitchens. Les Brésiliens poursuivent leur samba devant le Chili, à l'Estadio Nacional de Santiago, où sont battus

1966 RETOUR AUX SOURCES

L'Angleterre triomphe chez elle, en une finale « héroïque » contre l'Allemagne (4-2 après prolongations) où Bobby Charlton et Franz Beckenbauer se sont neutralisés. Joie débordante de Bobby Moore, brandissant le trophée. Au-dessous de lui, un Charlton ravi mais manifestement épuisé.

Longtemps rebelle à la Coupe du monde, l'Angleterre – berceau du jeu – aspire maintenant à l'accueillir. Organiser la compétition sera pour elle le moyen le plus sûr de s'y bien comporter, enfin. Tout sera entrepris, d'ailleurs, pour que l'équipe anglaise soit placée dans les meilleures conditions pour l'emporter. On décidera ainsi d'abord qu'elle pourra jouer l'intégralité de ses matches dans son propre antre de Wembley...

Cinquante-trois pays entament la longue route vers la *World Cup*. Ils auraient été bien plus nombreux si l'Afrique, mécontente de ne pouvoir qualifier l'un des siens pour le Tournoi final sans « match de barrage » avec un Européen, n'avait décidé de boycotter l'épreuve. Position ferme qui produirait ses fruits quatre ans plus tard, puisque la F.I.F.A. déciderait alors d'admettre automatiquement le meilleur des Africains et des Asiatiques dans la phase finale de la compétition.

Les matches éliminatoires produisirent leur lot de surprises : la mise hors course de la Belgique, par exemple, petite par la taille mais grande par le talent de ses footballeurs : elle fut éliminée par la Bulgarie, en un match d'appui disputé à Florence. Les Bulgares l'avaient emporté 3-0 à Sofia, les Belges 5-0 à Bruxelles. Mais on ne tenait pas compte encore à l'époque du goal-average... Elimination aussi du finaliste de 1962, la Tchécoslovaquie, à la faveur du but marqué à Prague par le Portugais Eusebio (1-0). En revanche, la Suisse, souvent qualifiée, était encore de la partie pour avoir pris le meilleur dans son groupe sur l'Irlande du Nord, les Pays-Bas et l'Albanie. La France, après un intermède de huit ans, revenait à la surface après avoir remporté devant la Yougoslavie, la Norvège et le Luxembourg tous les matches de son groupe, sauf celui de Belgrade (0-1) : en triomphant chez elle des Yougoslaves, la Norvège avait rendu un fier service aux Français, ainsi dispensés de match d'appui !

On en revint au système des quatre poules de quatre qualificatives aux quarts de finale, mais on inventa pour l'occasion le « tirage au sort dirigé », selon des critères d'un opportunisme plus économico-politique que rigoureusement sportif. L'Angleterre et l'Uruguay, accrochées mais invaincues, se qualifièrent dans le premier groupe. La France y joua un rôle médiocre : après avoir seulement partagé les points avec le Mexique (1-1), elle s'inclina successivement face à l'Uruguay (1-2) et à l'Angleterre (0-2), avant de reprendre le chemin de Paris. L'Allemagne et l'Argentine se classèrent en tête du groupe 2 : elles

WORLD CUP

JULY 11 to 30 1966 ENGLAND

dominèrent chacune leurs deux autres adversaires, et firent elles-mêmes match nul. La Suisse, dans cette poule, alla de défaite en défaite : 0-5 d'abord face à l'Allemagne, 1-2 ensuite contre l'Espagne (également éliminée), 0-2 enfin devant l'Argentine.

Le Portugal et la Hongrie se qualifièrent aux dépens d'un décevant Brésil – et ceci malgré la présence dans ses rangs de Garrincha et du « roi » Pelé, pourtant au sommet de son art, mais matraqué à plaisir par ses adversaires – et de la Bulgarie. Enfin l'U.R.S.S., invaincue, et l'étonnante Corée du Nord victorieuse (1-0) de l'Italie, accédèrent aux quarts de finale, aux dépens de cette même Italie et du Chili, affaibli loin de ses bases.

Parcours difficile, dès lors, pour le futur vainqueur : l'Angleterre se défait péniblement, brutalement et impunément de l'Argentine (1-0) en quart de finale, et non moins difficilement du Portugal (deux buts de Bobby Charlton contre un penalty d'Eusebio) en demi-finale. La sensation vient des Coréens du Nord. Cotés à 1000 contre un par les bookmakers londoniens, ils mènent 3-0 face au Portugal au bout d'une demi-heure de jeu ! Il faudra quatre buts du grand Eusebio, dont deux sur penalty, et un autre d'Augusto, pour que les Portugais arrachent finalement leur qualification par 5 buts à 3. L'Allemagne, où apparait un certain Franz Beckenbauer, réussit un carton contre l'Uruguay, 4-0. Enfin le match pour la suprématie à l'Est, entre l'U.R.S.S. et la Hongrie, tourne à l'avantage des Soviétiques, dont la présence en Coupe du Monde se fait sentir toujours davantage : ils ont le bonheur de marquer les premiers, puis de mener par deux buts d'écart après le repos. Les Hongrois ont beau prendre alors le match à leur compte, ils ne marqueront qu'un but à Yachine, ce qui sera insuffisant.

L'U.R.S.S. souffrira davantage en demi-finale face à l'Allemagne, en un match empoisonné qui tourne rapidement au règlement de comptes. Un Soviétique expulsé (Chislenko), un autre blessé (Sabo), l'U.R.S.S. ne pourra pas grand chose à neuf contre onze face à un bloc teuton solide et rugueux. Haller, alors le meilleur buteur allemand, marque avant le repos, Beckenbauer agrave la marque ensuite, en dépit d'une défense brillante du grand Lev Yachine dans les buts rouges. Porkujan, ouvrant le score pour l'U.R.S.S. à trois minutes de la fin du match, sauve seulement l'honneur.

Finale « historique » entre l'Allemagne et l'Angleterre. Deux des meilleurs joueurs du monde se marquent de près et se neutralisent : Bobby Charlton (rescapé d'un accident aérien qui coûta la vie à huit de ses équipiers de Manchester United) est la tête pensante de l'équipe anglaise, Franz Beckenbauer, vingt ans, le talentueux pivot de la formation allemande. Match acharné : à la fin du temps règlementaire, les deux finalistes sont à égalité, deux buts partout : le score a été ouvert par l'Allemand Haller, Hurst et Peters ont répliqué pour l'Angleterre, et Weber a égalisé à la dernière minute. Tout va se jouer dès lors dans de pathétiques prolongations et, comme souvent, sur un coup de dés. Ce coup-là, c'est un tir de Hurst sur la barre allemande. Depuis la transversale, la balle est catapultée au sol : a-t-elle rebondi derrière, devant, ou sur la ligne de but ?

Aucune photo, aucun document filmé, aucun témoignage même ne fourniront jamais réponse satisfaisante à la question. L'arbitre suisse, le Bâlois Gottfried Dienst, interroge son juge de touche, un Soviétique de Bakou, Tofik Bakhramov. Celui-là seul semble sûr de son fait, qui affirme qu'il y a but. Dienst valide le point : l'Angleterre a gagné sa *Cup*, et le confirme par un but pour l'honneur que marque encore Hurst à la dernière minute de la prolongation, la 120ᵉ du match. Les Allemands, aujourd'hui encore, considèrent qu'ils n'ont pas perdu, mais c'est Bobby Moore, capitaine anglais, qui s'incline devant S.M. Elizabeth pour recevoir d'elle la célèbre statuette en or de M. Jules Rimet...

1970 LES LARMES DU « ROI »

Le plus grand de tous les tournois, avec une demi-finale d'anthologie entre l'Italie et l'Allemagne (4-3 après prolongations). Mais les héros sont à nouveau brésiliens : Pelé et son équipe font triompher pour la troisième fois leur exceptionnel football, l'emportant (4-1) sur l'Italie en finale. Deux ans plus tard, « le roi Pelé » s'enrôlera au Cosmos de New York pour six millions de dollars.

Coup double pour le Mexique : deux ans après ses jeux Olympiques, il va organiser la IXe Coupe du Monde. Belle occasion de s'offrir une arène somptueuse, le stade Aztèque, financé grâce à la souscription « à vie » de loges privées et de places numérotées. Le transport aérien rapprochant les continents, 71 des 135 pays adhérant à la F.I.F.A. se sont inscrits. Pour la première fois, place est faite dans le Tournoi final à des équipes extérieures à l'Europe et à l'Amérique latine : outre le pays organisateur et le tenant de la Coupe, huit européens, trois sud-américains, un africain, un qualifié d'Asie-Océanie et un autre représentant l'Amérique du Nord et Centrale seront admis parmi les « seize », étant entendu qu'un tirage au sort « orienté » donnera tout de même les meilleures chances aux équipes les plus hupées. Autre innovation capitale : les remplacements de joueurs en cours de partie sont enfin autorisés, avec un maximum de deux par équipe.

Dans les matches préliminaires, plusieurs « grands » du football disparaissent : Hongrie, Espagne, Yougoslavie, Portugal, Argentine et France. Cette dernière, pour s'être inclinée à Strasbourg devant la modeste Norvège (0-1) qu'elle battra (3-1) au match retour, à Oslo, a dû laisser sa place à la Suède. Car les Tricolores ont aussi perdu à Stockholm (2-0). Leur succès sur les Suédois (3-0) quinze jours plus tard au Parc des Princes ne changera donc rien à l'affaire, la Suède ayant par deux fois dominé la Norvège, et la Coupe mexicaine – la plus belle de toute la série – s'engagera sans eux. Sans la Suisse, aussi, qui laisse sa place habituelle à la Roumanie, laquelle l'a battue deux fois. Plus heureux, les voisins belges sont du voyage, eux qui n'ont plus participé à un Tournoi final depuis celui de 1954, pour avoir battu une fois au moins tous leurs rivaux – Yougoslavie, Espagne et Finlande – et ramené un point précieux de leur voyage en Espagne (1-1). L'Allemagne s'est aisément imposée en ne perdant qu'un point devant l'Ecosse. Les autres Européens en lice sont la Tchécoslovaquie, l'U.R.S.S., et la Bulgarie, avec le Brésil, l'Uruguay et le Perou (surprenant « tombeur » de l'Argentine), le Salvador (dont le succès sur le Honduras a déclenché une guerre véritable entre ces deux pays voisins), Israel vainqueur du groupe...Asie-Océanie et, pour l'Afrique, le Maroc. Le Tournoi mondial va opposer ces seize rescapés selon la formule habituelle.

Comme prévu et souhaité, Mexique et U.R.S.S. se qualifient dans le premier groupe, ces deux équipes ayant partagé les points dans le match inaugural, et battu ensuite toutes deux le Salvador et la Belgique : cette dernière a encaissé quatre buts devant les Soviétiques, n'en rendant qu'un seul par Lambert. Elle a aisément battu le Salvador (3-0), mais échoué de peu (0-1), dans la match décisif qui l'opposait au pays organisateur. Les plus forts se sont également qualifiés dans les autres groupes, Italie et Uruguay (ce dernier pourtant battu par la Suède), Brésil et Angleterre (l'équipe de Pelé, après un superbe match contre les Tchèques, 4-1, ayant pris le meilleur par un but de Jaïrzinho à rien dans leur opposition directe), Allemagne et Pérou (les Allemands ayant dominé les Sud-Américains par trois buts de Muller contre un seul de Cubillas).

Les choses sérieuses commencent donc dans les quarts de finale, d'où l'Europe sort à égalité avec l'Amérique du Sud, deux qualifiés de part et d'autre. L'Italie, dopée par la rentrée de Gianni Rivera, n'a fait qu'une bouchée du Mexique (4-1) et le Brésil s'est pareillement amusé devant le Pérou (4-2). Les choses ont été plus difficiles en revanche pour l'Allemagne et l'Uruguay, qui ont dû recourir l'une et l'autre aux prolongations pour arracher leurs qualifications. Ces débauches d'efforts laisseront d'ailleurs des traces à l'heure des demi-finales...
Le match entre l'Uruguay et l'U.R.S.S. fut l'un des plus médiocres, et en tout cas l'un des plus violents du Tournoi, ceci en raison essentiellement de l'attitude des Sud-Américains. Les Soviétiques ne surent jamais se dépêtrer du jeu négatif, tout en contres, que leur imposaient les Uruguayens. Les ayant d'abord écoeuré, les Sud-Américains finirent par porter le coup de grâce aux Soviétiques à la 119e minute de la partie, sur un but infiniment douteux de leur remplaçant Victor Esparrago. A l'inverse, la confrontation entre l'Allemagne fédérale et l'Angleterre, revanche de la finale de 1966, atteint les sommets. L'Angleterre débute en fanfare et mène par deux buts à zéro après cinquante minutes de jeu. Croyant le résultat acquis, l'entraineur anglais Alf Ramsey commet alors l'erreur de retirer Bobby Charlton du jeu : c'est le début de la fin pour les Anglais, d'autant qu'ils sont privés ce jour-là de leur remarquable gardien, Gordon Banks, et que Walter Schoen, de l'autre côté, remplace à l'aile Libuda par Grabowski, lequel sera à l'origine de tous les buts allemands. Beckenbauer marque d'abord, et Uwe Seeler égalise à sept minutes de la fin du temps règlementaire, d'un lob superbe, dos au but.

Prolongations. Les Allemands sont plus frais : à la 109e minute, Gerd Muller reprend de volée une tête de Lohr, et crucifie les Anglais.

Suivent des demi-finales également somptueuses. Epuisés par leur match précédent, les Allemands s'inclinent dans de nouvelles prolongations face à l'Italie. Aux trois buts de Schnellinger et de Muller (avec deux buts, celui-ci portait son total personnel à dix en cinq matches, et s'imposait comme le meilleur canonnier du Tournoi), l'Italie a répliqué par Burgnich, Bonisegna et Riva. Un tir de Gianni Rivera dans la prolongation met un terme à ce match à grand suspense. C'est l'Italie qui va donc affronter en finale des Brésiliens beaucoup moins usés après leur succès (3-1) sur l'Uruguay et son antijeu. Et c'est le Brésil qui triomphe (4-1), remportant ainsi sa troisième Coupe du Monde : l'objet d'art lui est définitivement acquis, et il va falloir en fondre un nouveau pour remplacer celui de Jules Rimet. Les Italiens ont fait illusion jusqu'à la mi-temps (1-1). Dominés, ils se sont ensuite accrochés comme ils pouvaient, irrégulièrement très souvent. Mais il n'y avait rien à faire contre la troupe de Pelé, le *tricampeao*. C'est lui qui a ouvert le score. Ce sont Gerson, héros de la finale, Jaïrzinho et Carlos Alberto qui concrétiseront, durant le dernier quart de la partie, le triomphe du Brésil, celui du football le plus offensif : 19 buts brésiliens en 6 rencontres victorieuses. Pelé, en larmes, est porté en triomphe....

1974
BECKENBAUER DEVANT CRUYFF

Le monde espérait un succès hollandais. Mais l'Allemagne de Beckenbauer, portée par son public, finit par imposer sa force et sa rigueur au « football total » des Hollandais volants de Cruyff. Sepp Maier, le remarquable gardien allemand, applaudit ici son capitaine Franz Beckenbauer, à l'instant où celui-ci brandit la nouvelle Coupe du Monde, durement gagnée.

Comme le Mexique, l'Allemagne a le privilège d'organiser à deux ans d'intervalle les jeux Olympiques (en 1972 à Munich) et le Championnat du Monde, dixième du nom. Une nouvelle Coupe, la *F.I.F.A. World Cup* qui remplace la Coupe Jules Rimet restée au Brésil, a été fondue à Milan par le sculpteur italien Silvio Gazzaniga : il y a fallu cinq kilos d'or massif et un investissement de 20 000 dollars.

Nouveau record : 90 pays vont participer aux éliminatoires, dont la mise sur pied s'avère de plus en plus complexe. Des surprises : l'Angleterre est éliminée (par une brillante Pologne) pour la première fois depuis 1950, date de sa première participation. Tchécoslovaquie, Hongrie, Espagne et Portugal sont éliminés eux aussi, comme l'ensemble des pays francophones, à l'exception de... Haïti, vainqueur du Mexique ! Il s'en faut d'un point - celui qu'elle a concédé sur son terrain aux Pays-Bas de Cruyff, 0-0, score renouvelé au match retour - pour que la Belgique se qualifie : la Hollande « passe » au goal-average. La Suisse, qui a pourtant tenu l'Italie en échec à domicile, est battue au match retour (2-0) et s'incline aussi devant la Turquie (0-0, puis 2-0) : c'est l'Italie qui ira en Allemagne. Quant à la France, son succès inaugural sur l'U.R.S.S. (1-0) grâce à un but de Bereta, fait seulement illusion. Elle va s'incliner à Dublin contre l'Eire (2-1), et à Moscou devant l'U.R.S.S. (2-0). De toute manière, elle a laissé passer sa dernière chance en réussissant seulement un match nul (1-1) au Parc des Princes face à l'Eire. Pour être définitivement qualifiée, l'U.R.S.S. doit encore disputer un match de barrage « inter-groupes » au Chili : pour des raisons qui n'ont rien à voir avec le sport, les Soviétiques refuseront de s'y rendre, et laisseront ainsi leur place en phase finale aux Chiliens. Sont ainsi au départ du Tournoi final, neuf Européens (R.F.A., R.D.A., Yougoslavie, Ecosse, Pays-Bas, Suède, Italie, Bulgarie et Pologne), quatre Sud-Américains (Brésil, Uruguay, Argentine et Chili) et trois nouveaux, venus de loin, l'Australie, le Zaïre et Haïti. Et la formule est modifiée. S'il y a toujours quatre groupes de quatre au départ, qui qualifient chacun deux équipes, il n'y a plus de deuxième tour par élimination directe. Les huit qualifiés se retrouvent dans deux nouveaux groupes de quatre, chacun des deux qualifiant son vainqueur pour la finale. Formule de championnat plutôt que de Coupe, moins passionnante mais plus équitable, puisqu'elle n'élimine pas systématiquement une équipe connaissant un jour « sans ».

Le premier tour sera exempt de surprises, si l'on excepte la disparition pré-

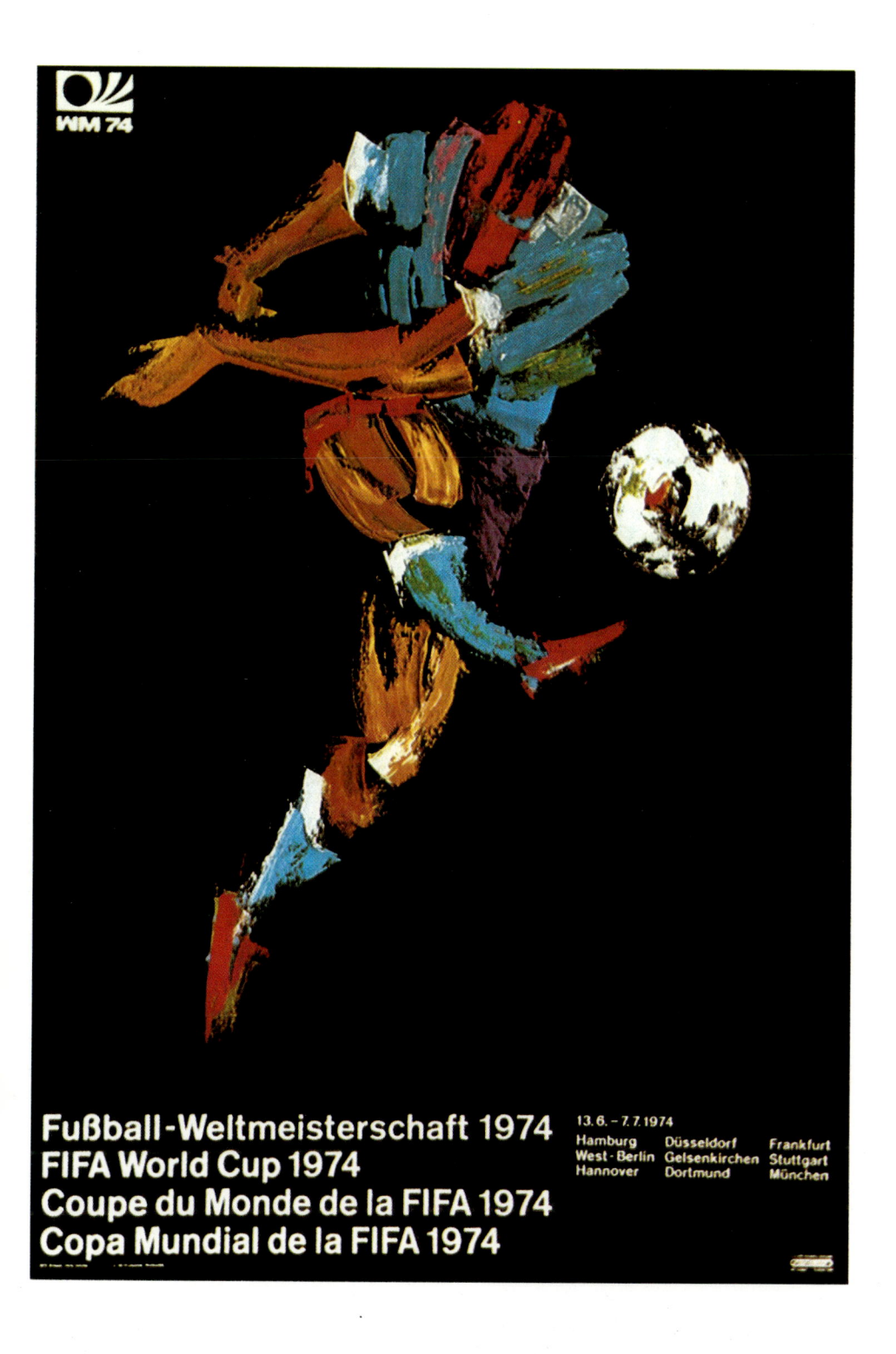

Fußball-Weltmeisterschaft 1974
FIFA World Cup 1974
Coupe du Monde de la FIFA 1974
Copa Mundial de la FIFA 1974

13.6. – 7.7.1974
Hamburg Düsseldorf Frankfurt
West-Berlin Gelsenkirchen Stuttgart
Hannover Dortmund München

maturée de l'Italie. Les deux Allemagne n'ont pas grand mal à se défaire du Chili et de l'Australie. Dans le match passionné qui les oppose, et qui est le premier du genre, c'est la R.D.A. qui s'impose, difficilement, sur un but unique de Sparwasser à la treizième minute de la fin de la rencontre. Le groupe 2 qualifie le Brésil et la Yougoslavie (auteurs d'un médiocre match nul, 0-0), aux dépens de l'Ecosse, qui a pourtant tenu en échec chacun des deux qualifiés, et d'un Zaïre impuissant. Les Pays-Bas et la Suède, qui n'ont pu se départager (0-0) accèdent au deuxième tour aux dépens de la Bulgarie et d'un très décevant Uruguay. La Pologne gagne tous ses matches dans le dernier groupe, mais l'Italie, tenue en échec par l'Argentine (1-1) est éliminée par elle à la différence des buts.

Le deuxième tour va propulser vers la finale les deux équipes de pointe de ce Tournoi, la Hollande de Cruyff et l'Allemagne de *Kaiser Franz* Beckenbauer, toutes deux invaincues. Comme quoi le football, sport d'équipe, sourit le plus souvent aux formations animées par un leader d'exception. La Hollande est mise sur orbite à la faveur d'un premier match remarquable, où elle pulvérise l'Argentine (4-0 dont deux buts de Cruyff, un de Krol et un de Johnny Rep). Survoltée par ce succès, et par une horde de supporters qui la portera de victoire en victoire, elle terrasse ensuite l'Allemagne de l'Est (2-0, buts de Neeskens et de Rensenbrink) puis le Brésil par le même score (buts de Neeskens et de Cruyff). Le Brésil, dans les rangs duquel ne figure plus Pelé, a beau dominer la R.D.A. et l'Argentine, il ne disputera pas une nouvelle finale.

L'adversaire des Pays-Bas sera l'Allemagne, qui avait pourtant sérieusement douté de ses chances finales au lendemain de son échec face à la R.D.A. et de deux autres matches en demi-teinte. D'ailleurs, le parcours allemand continuera d'être moins brillant que celui des Hollandais. La R.F.A. domine certes la Pologne, pour commencer (2-0, buts de Breitner et de Muller), puis la Suède (4 buts de Overath, Bonhof, Grabowski et Hoeness, tous inscrits en seconde période après que les Scandinaves aient mené 1-0 au repos, pour un score final de 4 à 2). Mais les Allemands vont peiner face à la Pologne dans le match décisif, sur la pelouse gorgée d'eau et à peine praticable du Waldstadion de Francfort. Le jeu plus large des Polonais est davantage affecté par ces conditions détestables que n'est celui des Allemands. Après avoir manqué un penalty trop mollement tiré par Hoeness, la R.F.A. va devoir son salut à l'exceptionnel marqueur qu'est Gerd Muller, auteur du seul but de la partie à un quart d'heure de la fin, et au gardien Sepp Maier dont les courageux plongeons dans les flaques préservèrent jusqu'au bout une cage allemande souvent menacée. Consolation pour les Polonais : une troisième place arrachée au Brésil par un unique but de Gregor Lato, et le titre de meilleur buteur conquis par ce même joueur, qui ne marqua pourtant que sept fois.

L'Allemagne n'était pas favorite avant la finale, en dépit de l'avantage du terrain (le stade olympique de Munich). Elle l'est moins encore quand, une minute après le début de la partie, Hoeness fauche Cruyff dans la surface de réparation, et que Johnny Neeskens transforme le penalty. Les Hollandais, menant au score, ont-ils alors pêché par excès de confiance ? Toujours est-il que leur football total s'effrite peu à peu, qu'ils ont tort de jouer surtout pour préserver leur maigre avantage, et que la détermination des Allemands, fouettée par la réussite initiale des Bataves, va faire basculer le match : Jansen ayant à son tour « fauché » Holzenbein, la R.F.A. égalise par un penalty de Breitner. Cruyff muselé par Bertie Voigts, les Allemands ont pris la direction du jeu. Ils en sont récompensés quand Gerd Muller, toujours présent à l'instant crucial, réussit le but décisif. L'Allemagne, à nouveau couronnée, reste maîtresse chez elle. Laconique, l'entraîneur hollandais Michels lâche : « Ça fait mal ! »

1978
TANGO ARGENTIN

La victoire de l'équipe locale suscite dans toute l'Argentine un enthousiasme indescriptible. La sélection de Cesar-Luis Menotti s'est difficilement frayé son chemin jusqu'à une finale où elle a dominé (3-1) la Hollande. Daniel Passarella, le capitaine de la formation victorieuse, tend fièrement son trophée au peuple d'Argentine, qui le fêtera dans l'allégresse. Et Mario Kempes, buteur N° 1 de ce Mundial, est célébré comme un héros national.

L'Allemagne, tenante du titre, et l'Argentine, pays organisateur, étant qualifiés d'office, ce sont cette fois 97 pays (toujours plus !) qui se disputent les quatorze places restantes du tableau final. Compte tenu de la concurrence, le déchet est important. Des équipes comme le Portugal, le Danemark, l'Angleterre (éliminée par l'Italie à la différence de buts), la R.D.A., la Belgique (deux fois battue par la Hollande, et dominée également par l'Irlande du Nord), la Suisse (qui ne gagne qu'un match contre la Norvège et s'incline deux fois face à la Suède), la Tchécoslovaquie (éliminée par l'Ecosse pour avoir été battue aussi par le Pays de Galles), la Roumanie et la Yougoslavie (victimes de l'Espagne) et l'U.R.S.S. (battue en... Grèce, elle cède sa place à la Hongrie avec qui elle a partagé les victoires), disparaissent dans la phase préliminaire. Uruguay, Chili et Paraguay sont les principales victimes du groupe sud-américain.

Absente depuis 1966, la France est cette fois plus heureuse. Le sort l'a opposé à l'Eire et à la Bulgarie. Sous la conduite de son nouveau responsable, Michel Hidalgo, et grâce à deux buts de jeunes attaquants prometteurs, Michel Platini et Bernard Lacombe, elle commence par ramener un point précieux de Sofia (2-2). Et encore un arbitre discutable et fort discuté, l'Ecossais Ian Foote (que Thierry Roland traitera de « salaud » à la TV française, en direct) a-t-il considérablement aidé les Bulgares en cette occasion, jusqu'à leur accorder in extremis un penalty que Bonev, fort heureusement, place de peu à l'extérieur de la cage. La France domine ensuite l'Eire (2-0, buts de Platini et de Bathenay) au Parc des Princes, avant que de lui abandonner la revanche (1-0) à Dublin. La Bulgarie ayant été tenue en échec en Irlande, c'est au Parc des Princes que se joue la finale de ce groupe, entre la France et la Bulgarie. En un temps où la France du football vit au rythme des exploits de Saint-Etienne, personne ne veut croire à une nouvelles élimination de l'équipe nationale. C'est un « Vert », Dominique Rocheteau, qui ouvre le score avant le repos. Sous la pluie, en deuxième période, Platini double la mise. Les deux buts marqués dans les dernières minutes par le Bulgare Tzvetkov d'une part, et par le remplaçant français Christian Dalger d'autre part, ne changeront plus rien à l'affaire : après un trop long intermède, une équipe de France renaissante a gagné le droit de participer au « Mundial ». C'est le début, encore timide, de l'âge d'or du football français.

Buenos Aires va donc accueillir dix concurrents européens (Allemagne,

XI Campeonato Mundial de Fútbol

Junio 1978

Buenos Aires
Cordoba
Mar del Plata
Mendoza
Rosario

Argentina '78

Pologne, Italie, Autriche, Hollande, France, Suède, Ecosse – seul qualifié britannique ! – , Espagne et Hongrie), trois sud-américains seulement (Argentine, Brésil et Perou, la Bolivie ayant deux fois perdu en « barrages » face à la Hongrie), et trois représentants plus modestes des autres continents (l'Iran pour l'Asie-Océanie, la Tunisie pour l'Afrique et le Mexique pour l'Amérique du Nord et centrale). Parmi les joueurs de ce « Mundial », il en est un que l'on regrette plus que tous les autres : le Hollandais Johann Cruyff, considéré alors comme le meilleur joueur du monde, a déclaré forfait en raison de menaces politiques pesant sur lui. Beckenbauer, en « pré- retraite » au Cosmos de New York, est absent lui aussi.

La formule du Tournoi est la même que quatre ans plus tôt, et le tirage au sort plus « dirigé » que jamais, pour préserver les têtes de série et les équi- pes de la région. La France, dont l'équipe est arrivée par le Concorde, doit affronter de gros morceaux pour son retour à la Coupe du Monde : contre l'Italie, Lacombe marque dès la 38ᵉ seconde de jeu sur un superbe centre de Didier Six, le but le plus rapide du Mundial, mais les Transal- pins sont plus émoustillés qu'abattus par cette réussite prématurée. Tardelli musèle Platini, et l'Italie bouscule la France avant d'égaliser par Paolo Rossi, puis de l'emporter (2-1) sur un deuxième but signé Zacarelli après le repos. Bien lancée, l'Italie domine aussi la Hongrie (3-1) et l'Argentine (1- 0). La France, elle, s'incline de justesse face à l'équipe locale (2-1, buts de Passarella, Luque et Platini) et sauve simplement l'honneur en dominant la Hongrie (3-1) après l'inénarrable inter- mède des maillots, les Tricolores opé- rant en définitive dans une tenue zébrée vert et blanc empruntée à un club de Mar del Plata.

Leur groupe a donc qualifié l'Italie, invaincue, et l'Argentine. Pologne et Allemagne se tirent aisément d'affaire contre la Tunisie et le Mexique. L'Autri- che (une fois battue, par le Brésil) et le Brésil lui-même, qui a seulement par- tagé les points avec l'Espagne et la Suède, sortent en tête du groupe 3. Enfin, le Pérou et une Hollande moins dominatrice que naguère, se débar- rassent de l'Ecosse. Au deuxième tour, les Pays-Bas trouvent enfin leur rythme. Ils dominent l'Autriche et l'Ita- lie et ne sont accrochés que par la R.F.A. (2-2). L'Argentine, de son côté, fait tout aussi bien : victoires contre la Pologne et le Perou, match nul avec le Brésil éliminé de la finale au goal ave- rage.

A l'heure de se mesurer pour l'attribu- tion du trophée, Hollande et Argentine n'ont perdu qu'un match : face à l'Ecosse pour les Bataves, à l'Italie pour les locaux. Finale passionnée, mais de qualité moyenne. Portés par leur peuple, préparés comme jamais, les Argentins vont l'emporter pour l'avoir davantage voulu. Il aurait fallu un autre Cruyff dans l'équipe de Hol- lande pour inverser le résultat. L'Ar- gentine, elle, a le bonheur de disposer d'un gardien d'exception, Fillol, et d'un *goleador* particulièrement effi- cace, Mario Kempes. C'est lui qui, marquant deux des trois buts de son équipe, va être sacré meilleur buteur (6) de ce Mundial. Il a ouvert le score avant la mi-temps. Le remplaçant « orange » Nanninga a égalisé en deuxième période, où la Hollande a laissé passer sa chance. Dans les pro- longations, Kempes d'abord, puis Ber- toni, arrachent la Coupe aux Hollan- dais (3-1), battus en finale pour la deuxième fois en quatre ans.

A nouveau, le pays organisateur monte sur la première marche du podium. Et celui qui a le plus apporté au succès de son équipe, Mario Kem- pes, est non seulement salué comme buteur N° 1. Il est aussi élu meilleur joueur, devant l'espoir italien Paolo Rossi, qui aura sa grande heure de gloire quatre ans plus tard, lors d'un autre Mundial, puisqu'aussi bien la Coupe, d'Argentine en Espagne et d'Espagne au Mexique, ne va guère cesser de parler l'espagnol.

1982 LA FOLLE NUIT DE SEVILLE

« Merci à la France ! », s'exclament les Italiens après leur victoire (3-1) sur l'Allemagne en finale. La demi-finale qui les a opposés aux Français à Séville a en effet épuisé les Allemands. Ils n'ont battu les Bleus qu'à l'arraché, au terme des prolongations et de la loterie des tirs au but, et n'ont pas récupéré de leurs efforts à l'heure d'affronter les Italiens de Paolo Rossi, nouveau « roi » des buteurs, plus frais, plus vifs, plus fins et plus dispos. Alors au sommet de leur art et de leur gloire, les « Azzuri » ne se doutent pas encore que va s'ouvrir pour eux une période de vaches maigres...

Innovation : le Tournoi final va, pour la première fois, accueillir vingt-quatre équipes et non plus seize : outre l'Espagne, pays organisateur, et l'Argentine, détenteur du trophée, l'Europe doit qualifier treize formations, l'Amérique du Sud trois, l'Asie-Océanie, l'Afrique, et l'Amérique du Nord et centrale deux chacune. 107 pays, nouveau record, prennent le départ de la compétition. Parmi les principaux laissés pour compte de la phase préliminaire : la Bulgarie, les Pays-Bas rentrés dans le rang, la Suisse (qui a pourtant fait relativement bonne figure à domicile, où elle a reporté un succès « historique » sur l'Angleterre (2-1), et partagé les points avec la Hongrie et la Roumanie, qu'elle battait même à Bucarest), et la Suède.

Au rang des qualifications difficiles, celle de la France. Régulièrement victorieux dans leur antre du Parc des Princes, les Bleus connaissaient des fortunes diverses en déplacement : ils s'inclinaient ainsi devant la Hollande (1-0), la Belgique (2-0) et l'Eire (3-2). La Belgique, dans le même groupe, faisait un peu mieux : deux défaites seulement (à Paris, 3-2) et à Amsterdam (3-0), mais un match nul à Dublin (1-1) lui permettaient de prendre la première place qualificative de ce groupe. La France prenait la deuxième, à égalité de points avec l'Eire, mais à la faveur d'une meilleure différence de buts : c'est en définitive l'admirable coup-franc de Platini, inaugurant le score face à la Hollande au Parc des Princes (complété par un deuxième but de Didier Six) qui avait ouvert aux Français la route du Mundial espagnol.

La formule évolue, compte tenu du plus grand nombre d'équipes admises : six groupes de quatre pour commencer, qui qualifient chacun deux équipes pour un deuxième tour à quatre groupes de trois équipes. Chaque groupe, alors, qualifie son vainqueur pour des demi-finales éliminatoires. Le premier tour ne fait que peu de victimes marquantes. Mais on a découvert de vrais talents, parmi les « petits » faisant leurs débuts dans la compétition : un surprenant Cameroun, entraîné par le Français Jean Vincent, qui est éliminé sans avoir perdu un seul match, au terme de trois parties nulles contre le Perou, la Pologne et l'Italie ; l'Algérie, qui a battu la R.F.A. (2-1) mais n'a pu franchir les obstacles autrichien (0-2) et chilien (2-3).

La Belgique a bien engagé son parcours : victoire sur l'Argentine (1-0, but de Vandenbergh), puis sur le Salvador (1-0 encore, but de Coeck) avant un match nul (1-1, but belge de Czerniatynski) qui suffit à assurer sa qualification en tête de groupe. La France,

COPA DEL MUNDO DE FUTBOL ⚽ ESPAÑA 82

de son côté, commence par faire trembler ses supporters : elle débute médiocrement à Bilbao par une nette défaite devant l'Angleterre (1-3), bat ensuite facilement, 4 à 1, un faible Koweit (qui lui a rendu le service, précédemment, de tenir en échec la Tchécoslovaquie) et assure sa qualification par un match nul (1-1) face à cette même Tchécoslovaquie : Six a ouvert le score à la 66e minute, et Panenka a répliqué à cinq minutes de la fin par un penalty. On ne donnerait pas très cher de ses chances si la France ne tombait, au second tour, dans un groupe relativement facile, où elle devra affronter l'Autriche et l'Irlande du Nord. Ces deux adversaires se sont qualifiés sans éclat : les Autrichiens ont battu le Chili et l'Algérie, mais se sont inclinés face à l'Allemagne. Quant aux Irlandais, ils ont petitement battu une Espagne déjà qualifiée (1-0) et seulement tenu en échec la Yougoslavie (0-0) et le modeste Honduras (1-1). La qualification des Bleus pour les demi-finales ne posera effectivement pas de problème majeur, si ce n'est la bonne résistance que leur oppose d'abord l'Autriche : il faut un coup franc, remarquablement ajusté en fin de première mi-temps par Genghini, pour que la France se défasse de ce premier opposant. L'Irlande et l'Autriche ayant ensuite partagé les points (2-2), la France domine largement enfin les Britanniques : un but de Giresse ouvre la voie en première mi-temps. Deux buts de Rocheteau après le repos, et un autre de Giresse, complètent la victoire (4-1) et assurent l'accession de l'équipe de Platini aux demi-finales, pour la deuxième fois (après 1958) dans l'histoire du football français.

Dans les autres groupes, la Belgique, battue par la Pologne (3-0, puis par l'U.R.S.S. (1-0) reste sur le carreau. La Pologne, pourtant tenue en échec par l'U.R.S.S. (0-0) se qualifie au goal average. L'Allemagne accède aux demi-finales pour avoir battu l'Espagne (2-1) et tenu en échec l'Angleterre (0-0). L'Italie est le dernier qualifié, au terme de deux étroits succès sur l'Argentine (2-1) et le Brésil (2-1). Pour la première fois dans l'histoire de la Coupe du Monde, les quatre demi-finalistes sont tous européens.

Le match entre la Pologne et l'Italie est sans histoire : Paolo Rossi, qui sera élu meilleur joueur de ce Mundial, marque deux fois pour conduire les Azzuri en finale (2-0). L'ailier Boniek, qui a joué un grand rôle dans les succès précédents de la Pologne, a beaucoup manqué à son équipe : ayant écopé de deux cartons jaunes, il était suspendu pour ce match. L'autre demi-finale, combat d'anthologie, est beaucoup plus dramatique. 70 000 spectateurs à Seville, dont 20 000 supporters français, par une nuit très chaude (33°). L'Allemagne, favorite, démarre en trombe et se détache par Littbarski à la 18e minute. La France revient à la marque grâce à un penalty transformé par Platini. Au repos (1-1), rien n'est joué. Le haut fait de la deuxième mi-temps restera, faute de buts, l'agression du gardien allemand Schumacher sur Patrick Battiston, que l'on évacue sur une civière. Prolongations : but de Trésor, puis but de Giresse. La France est en finale ! L'Allemagne fait alors entrer en jeu son « joker », K.H. Rummenigge. Il est à peine arrivé qu'il réduit la marque à 3-2. Et puis, c'est à l'autre « réserviste » allemand, le géant Hrubesch, de frapper : à la 110e minute, il transmet de la tête à Klaus Ficher, qui trompe Ettori. Pour des Français moins frais que leurs adversaires, le rêve passe. 3-3 à la fin des prolongations : les tirs au but, issue inhumaine d'un fabuleux combat, vont départager les deux équipes. Stielike et Six ayant tour à tour échoué, l'échec suivant, à 4-4, allait être décisif. Il fut celui de Max Bossis...

Epuisés par ce rude affrontement, les Allemands allaient être une proie facile en deuxième mi-temps pour les Italiens, sacrés par 3 à 1. Troisième succès italien dans la Coupe, après ceux de 1934 et 1938. Les Français retrouveraient-ils jamais chance pareille à celle de Séville ?

OBJECTIF MEXICO

Objectif Mexico. Sur la ligne de départ, ils sont cent vingt-et-un. Cent vingt-et-un pays, du plus riche au plus pauvre, du Nord au Sud, de l'Est à l'Ouest. Toutes les races, sans distinction de couleur, de langue ou de religion sont engagées dans ce marathon gigantesque de la balle ronde. Les qualifications à la Coupe du Monde sont un immense *jamboree* qui concerne toute la planète.

Exemple unique au monde cet oecuménisme du sport, d'un seul sport. Car, même les jeux Olympiques, dans leur démesure sans cesse croissante n'arrivent pas à égaler cette communion autour d'un même symbole et d'une même passion. Et pour une fois, voilà une compétition universelle qui n'est pas prise en otage par la politique contrairement à ce qui advient trop habituellement des jeux Olympiques.

Magie du football, durant un mois, les peuples réapprennent les mêmes prières. Une religion unique les fait se rassembler autour d'un même autel. Comme si de ce rectangle magique que l'on appelle terrain pouvait jaillir la lumière. Comme si l'effet d'une seule balle ronde pouvait faire taire pendant un mois tous les canons du monde et éteindre tous les brasiers. Cent vingt-et-un pays, donc, lancés dans cette course acharnée vers la phase finale. L'Italie, championne du monde en titre depuis le Mundial espagnol de 1982 et le Mexique, pays organisateur, sont qualifiés d'office.

Selon l'habitude, le monde du football se divise en six zones : Europe, treize qualifiés plus l'Italie ; Amérique du Sud, quatre qualifiés ; Asie, deux qualifiés ; Concacaf, un qualifié plus le Mexique ; Océanie ; zéro qualifié.

Au total, il aura fallu vingt-et-un mois, 308 matches et 801 buts pour arriver à départager les 121 candidats engagés initialement dans la compétition, compte-tenu des rencontres préliminaires. Près de deux ans de compétition avant de connaître les vingt-quatre lauréats de la poule finale.

On peut s'étonner d'ailleurs de la disproportion entre le nombre de qualifiés européens et ceux du reste du monde. Car ce « Mundial » va démontrer qu'il n'y a plus véritablement de « petits » équipes comme naguère. Les Africains, notamment, tiennent désormais en échec certaines des formations les plus réputées. Et on peut déplorer que la F.I.F.A. ait réduit à néant les chances de l'unique qualifié poten-

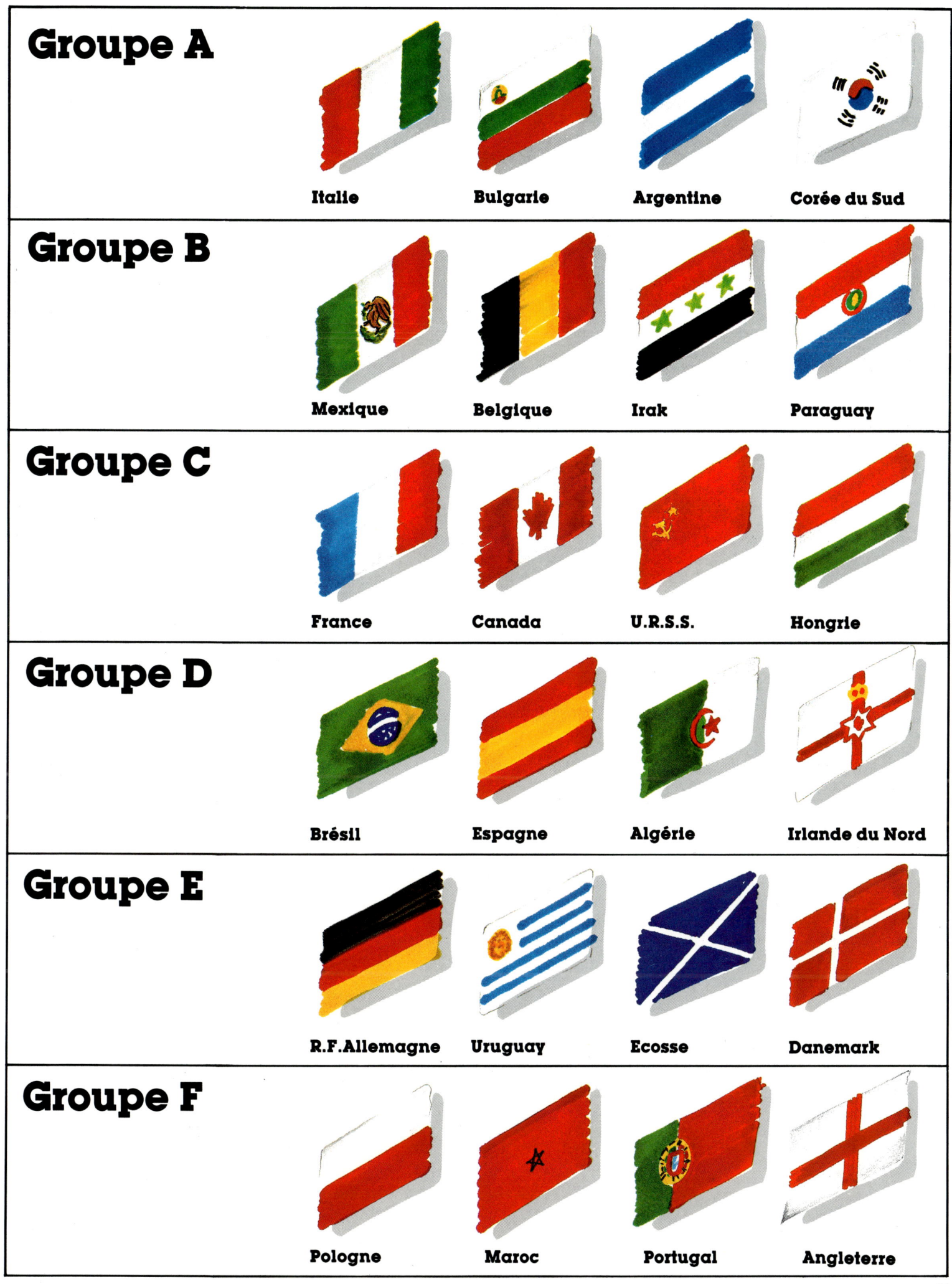

Groupe A
| Italie | Bulgarie | Argentine | Corée du Sud |

Groupe B
| Mexique | Belgique | Irak | Paraguay |

Groupe C
| France | Canada | U.R.S.S. | Hongrie |

Groupe D
| Brésil | Espagne | Algérie | Irlande du Nord |

Groupe E
| R.F.Allemagne | Uruguay | Ecosse | Danemark |

Groupe F
| Pologne | Maroc | Portugal | Angleterre |

tiel de la zone « Océanie » en lui imposant un match de barrage impossible contre l'Ecosse. Ainsi l'Australie qui s'était imposée à Israël, à la Nouvelle Zélande et à la Chine de Taipeh a buté contre l'obstacle écossais et s'est vu fermer la route de Mexico. Le système de qualification a certes permis une mise en valeur des pays du Maghreb mais il a pénalisé incontestablement le football de l'Afrique Noire. Avec une répartition en nombre plus raisonnable, des pays comme l'Angola, la Côte d'Ivoire ou le Cameroun, auraient mérité de figurer parmi l'élite mondiale au Mexique.

Après un tirage au sort très « dirigé » mais sans grande surprise, les vingt-quatre nations qualifiées sont réparties en six groupes de valeur sensiblement équilibrée. Chaque groupe qualifiera deux équipes pour le second tour, auxquelles se joindront les quatre meilleurs troisièmes.

Groupe A : l'*Italie* se retrouve face à la *Bulgarie* qui a fait trébucher la France lors des éliminatoires, face à l'*Argentine* qui court toujours après son football de 1978, et face à la *Corée du Sud* qui, malgré un marathon de victoires, représente l'inconnue à ce niveau de la compétition.

Groupe B : qualifié d'office, le *Mexique* doit jouer chez lui contre la *Belgique*, laquelle n'a réussi qu'un seul but en déplacement, le *Paraguay* qui a réalisé l'exploit de tenir le Brésil en échec dont son antre de Maracana, et l'*Irak* dont la défense semble être très perméable.

Groupe C : celui de la *France*. Une équipe tricolore qui a eu plus de mal que prévu pour gagner sa qualification, et qui est confrontée au *Canada*, ultime surprise des éliminatoires, à l'*U.R.S.S.* présente malgré un début catastrophique et à la *Hongrie* qui a presque réalisé un sans faute dans la phase préliminaire.

Groupe D : l'équilibre prédomine entre un *Brésil* qui a concédé deux nuls inquiétants, une *Espagne* qui fait souffler le chaud et le froid, une *Algérie* qui a engrangé 11 points sur 12 et une *Irlande du Nord* au finish impressionnant.

Groupe E : Très vite rassurée sur son sort, l'*Allemagne* se retrouve en compagnie de l'*Uruguay* qui a sorti le Chili, de l'*Ecosse* qualifiée in-extremis et du *Danemark* qui a obtenu neuf buts lors de ses deux derniers matches.

Groupe F : très partagé entre la *Pologne* instable, le *Portugal* gonflé à bloc après un triomphe en Allemagne, le *Maroc* auteur d'une brillante qualification et l'*Angleterre* impressionnante de réalisme et d'efficacité.

Vingt-quatre pour une couronne. Chaud, chaud Mexico !...

Les organisateurs mexicains avaient trouvé un moyen original et esthétique de symboliser les différents stades où allaient se dérouler les matches du Mundial, en reliant une série de motifs historiques avec les gestes d'un adolescent aztèque, toujours accompagné de son ballon de football. Images également projetées en vidéo à l'occasion d'une cérémonie d'ouverture très colorée.

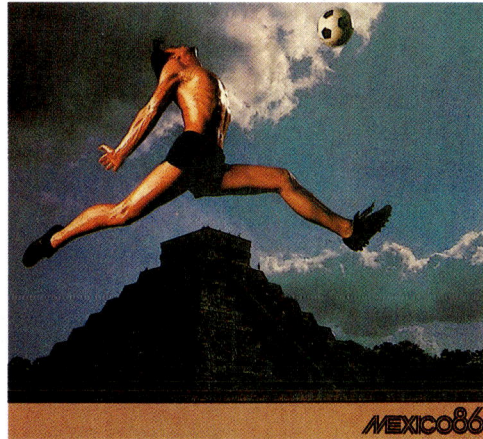

Stade Cuauhtémoc/Puebla

Stade d'Irapuato/Irapuato

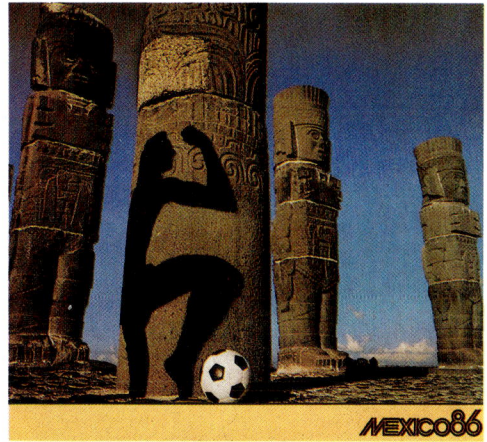

Stade Aztèque/Mexico

Stade du 3 mars/Guadalajara

Stade NEZA 86/Nezahualcoyotl

Stade de la Technologie/Monterrey

Stade de Leon/Leon

Stade olympique/Mexico

Stade de l'Université/Monterrey

Stade Jalisco/Guadalajara

Stade de Toluca/Toluca

Stade La Corregidora/Querétaro

LES STADES DE LA TREIZ

Stade Neza 86/Nezahualcotyotl

Stade La Corregidora/Querétaro

Stade Aztèque/Mexico

Stade de la Technologie/Monterrey

Stade de Leon/Leon

Stade Cuauhtémoc/Puebla

EME COUPE DU MONDE

Stade Jalisco/Guadalajara

Stade d'Irapuato/Irapuato

Stade du 3 mars/Guadalajara

Stade de Toluca/Toluca

Stade olympique/Mexico

Stade de l'Université/Monterrey

51

BIENVE
MEX

ENIDOS
XICO

MALÉDICTIONS MEXICAINES

Officiers et sous-officiers de la garde mexicaine escortent le drapeau de la F.I.F.A. au Stade Aztèque, à l'occasion de la cérémonie d'ouverture.

La tribune officielle avant les trois coups. De dr. à g., le Brésilien Joao Havelange, président de la Fédération Internationale, Miguel de la Madrid, président de l'Etat mexicain et Guillermo Canedo, président du Comité d'organisation. Il y aura des sifflets durant les discours...

Le Stade Aztèque ressemble à une cathédrale en ce samedi 31 mai 1986. Une cathédrale pour une immense fête païenne célébrée par tout un peuple. Car, aujourd'hui, le Mexique vit à fond le paradoxe du Mundial.

Le Mexique est en état d'extase. A cheval entre football et religion, il veut se persuader encore que le Mundial c'est la vie. Ici, on devrait dire la survie. Le Mexique veut croire que le football jouera à fond son rôle de pansement sur des plaies qui ne seront jamais fermées.

Alors, ils sont venus par milliers de toute la périphérie de Mexico. Ils sont venus pour oublier. Oublier l'horreur du tremblement de terre qui a ravagé Mexico, oublier la chute brutale du prix du pétrole, oublier la misère que l'on rencontre partout comme une insulte permanente au bonheur de vivre.

Après le séisme de septembre 1985, le gouvernement mexicain a voulu relever le défi. Il a voulu démontrer à la face du monde, et surtout à son peuple, qu'il avait le pouvoir de surmonter cette nouvelle et terrible épreuve, alors même que l'on commençait du côté des instances fédérales à chercher et à trouver des solutions de repli. Attitude courageuse de la part d'un gouvernement acculé aux solutions extrêmes. Pourtant aucun miracle, pas même le Mundial et son cortège de ressources artificielles, n'était en mesure d'améliorer une situation aussi catastrophique. L'inflation galopait. En 1985, un dollar s'échangeait contre 350 pesos ; à l'heure où le Mundial prenait son essor, il en fallait plus de 500. Quant à la dette extérieure du Mexique, elle atteignait la barre des 100 milliards de dollars, plus de 700 milliards de francs. Match nul avec le Brésil pour ce qui est du championnat du monde de l'endettement.

Bien sûr, on pouvait s'imaginer que le Mundial jouerait momentanément un rôle cicatrisant, mais la montée en flèche des prix n'arrangeait pas les affaires du petit peuple de Mexico. Et ici, c'est lui qui prédomine. Il ne faut pas oublier

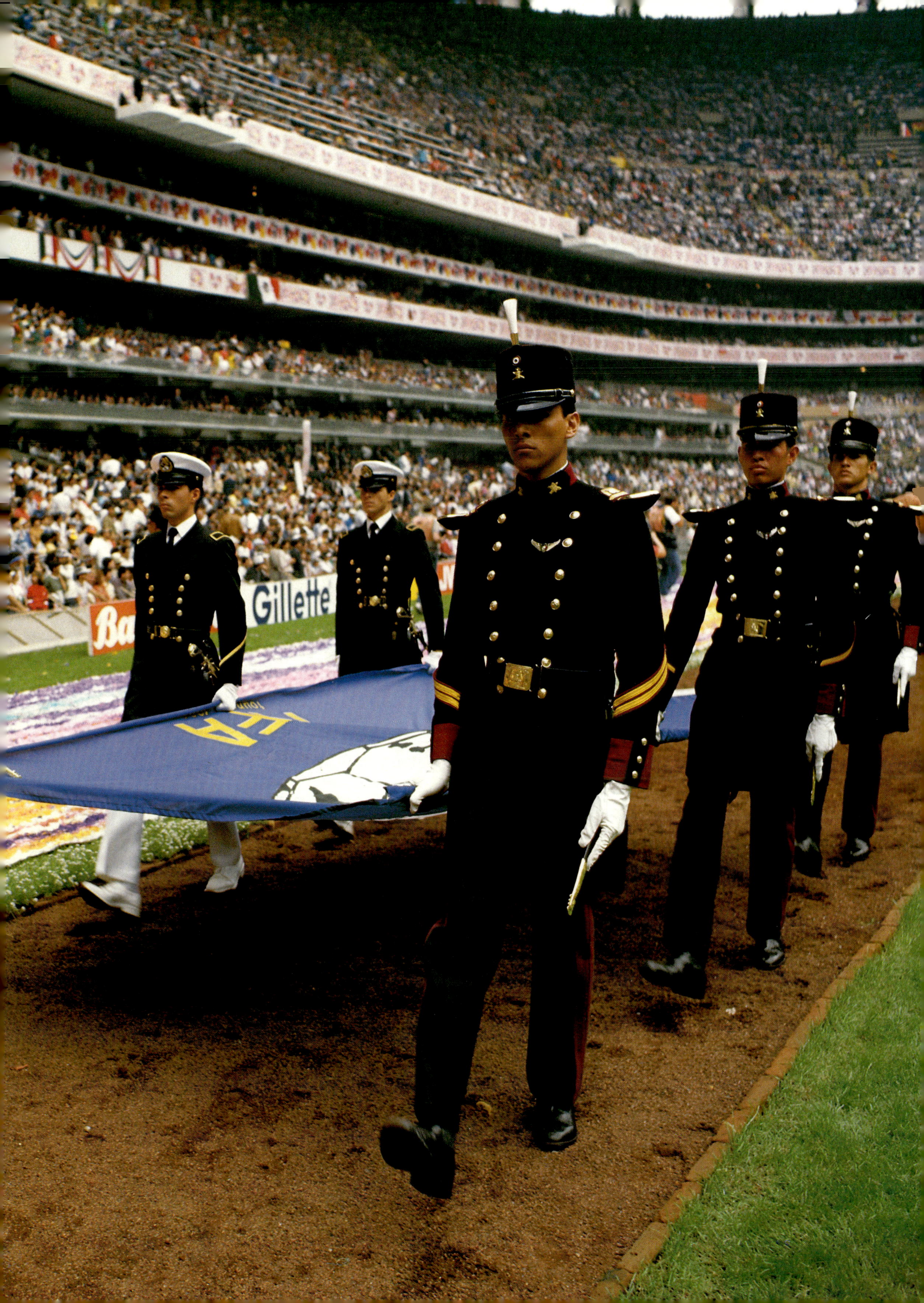
Gillette

Couleur et folklore ont marqué la cérémonie d'inauguration de la XIIIᵉ Coupe du Monde. Faste et decorum n'ont pourtant pas suffi à faire oublier toutes les misères restées aux portes du stade.

Double page suivante : Toute la couleur du Mexique dans les danses populaires interprétées par les étudiants de l'université de Guadalajara.

que dans cette capitale gigantesque de 17 millions d'habitants, pratiquement une personne sur deux est sans emploi. Et comme près de la moitié des 80 millions de Mexicains ont aujourd'hui moins de vingt ans, les jeunes déferlent sur le marché... du chômage. Ainsi le visiteur gardera-t-il présent à l'esprit l'image de ces enfants qui crachent le feu au nez des limousines, et qui s'efforcent de survivre par la vente des babioles les plus diverses alors qu'ils ne possèdent rien. Ne pas oublier non plus que le tremblement de terre a jeté à la rue tout un peuple en guenilles, un peuple de sans-abri qui est venu grossir la masse des trois millions d'hommes qui croupissaient déjà dans l'un des plus énormes bidonvilles de la planète, la *Ciudad perdida de Nezahualcoyotl*. Déjà avant le séisme, le problème du logement était un des principaux casse-têtes d'un état où la moitié de la popoulation vit en dessous du seuil de pauvreté, et une famille sur dix ne dispose pas d'un toit véritable.

Alors, malgré toute la poudre aux yeux lancée par un gouvernement aux abois, l'immense majorité de la population de Mexico n'a pas vraiment compris que la priorité essentielle ait été donnée aux grands travaux du Mundial alors que si peu avait été fait pour le plus grand nombre des sinistrés. Il a donc fallu jouer avec la fibre patriotique, expliquer à tous ces gens que le Mundial permettrait au peuple mexicain d'étaler sa fierté et son honneur, que l'équipe nationale au maillot vert allait faire oublier par ses performances la malédiction des derniers mois. Et, une fois encore, le peuple mexicain s'est engagé comme dans une armée de libération pour faire corps avec son équipe, pour la pousser à la révolte, pour la porter au triomphe.

Ainsi, à l'heure du coup d'envoi de ce Mundial 86, malgré 300 000 sinistrés, malgré ces centaines de milliers de gosses sans école, malgré les crève-la-faim, et les sans-abri, malgré le manque d'hygiène et l'absence d'hôpitaux pour la plupart détruits, malgré tout cela, tout était prêt pour accueillir les vingt-quatre équipes de la Coupe du Monde. Stades en parfait état, palaces rénovés, ruines maquillées en jardins fleuris.

L'illusion, c'est vrai, était presque parfaite, alimentée par les promesses des dirigeants du pays qui laissaient miroiter les subventions pour négocier le calme. Une sorte de paix des braves achetée à coups de pesos pour couper les ailes aux manifestations et aux revendications. Car, après le tremblement de terre, nul ne peut ignorer ici le tremblement de peuple qui frémit déjà au-delà du Mundial et du ballon de la finale. Et ce séisme-là, personne encore, aucun spécialiste de sismographie, ne peut mesurer ni son intensité, ni sa durée.

Le fait est que le Mexique, en dépit de la malédiction qui s'est abattue sur lui et qu'il brandit désormais comme un étendard de sa puissance génératrice – tel le phenix qui veut renaître de ses cendres – le Mexique, donc, ne voulait laisser à personne le soin d'organiser ce Mundial-là, pour lequel il avait lui même pris la relève de la Colombie. Ni Bolivie, ni Brésil, ni Etats-Unis, ni Canada : ce devait être son

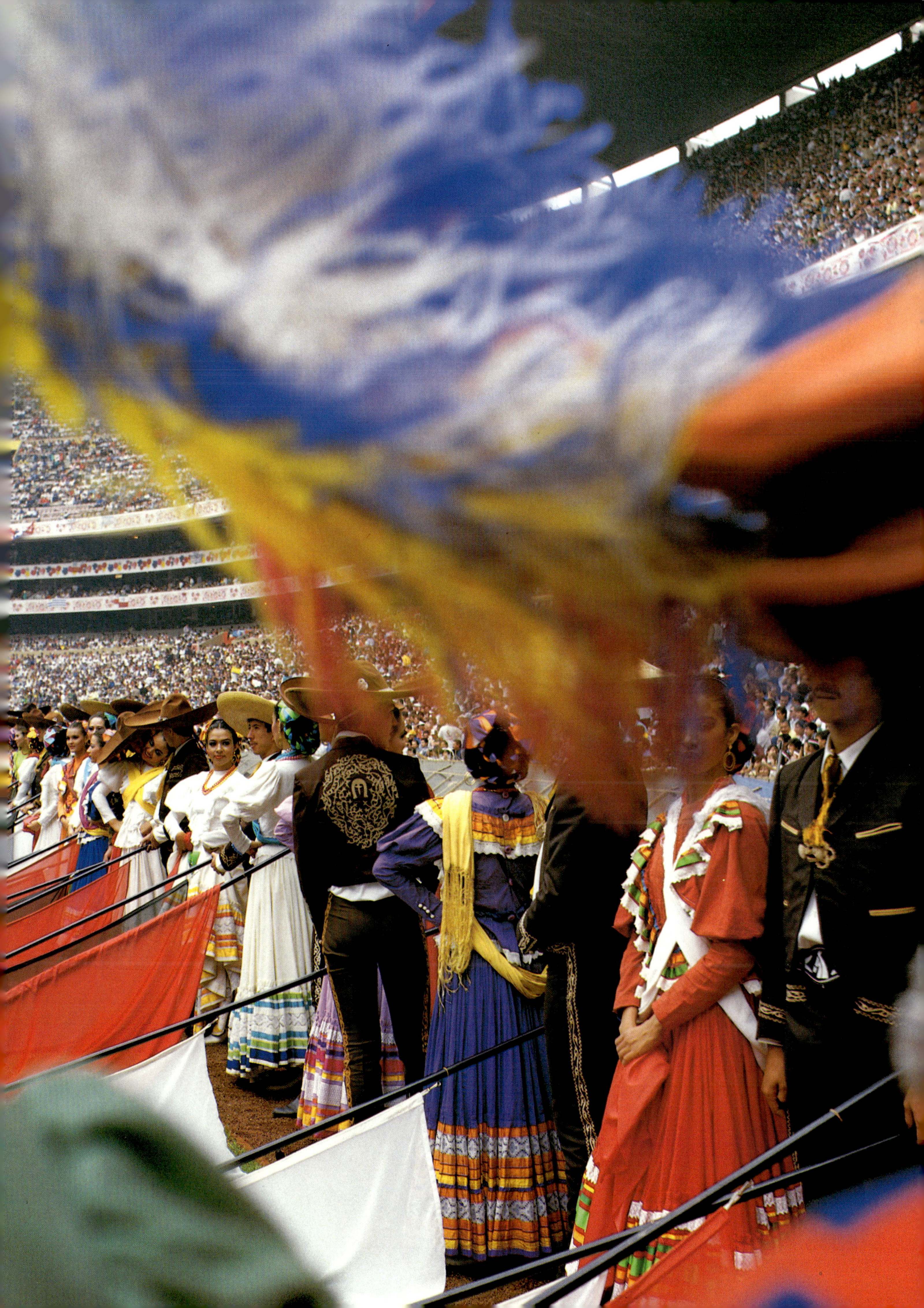

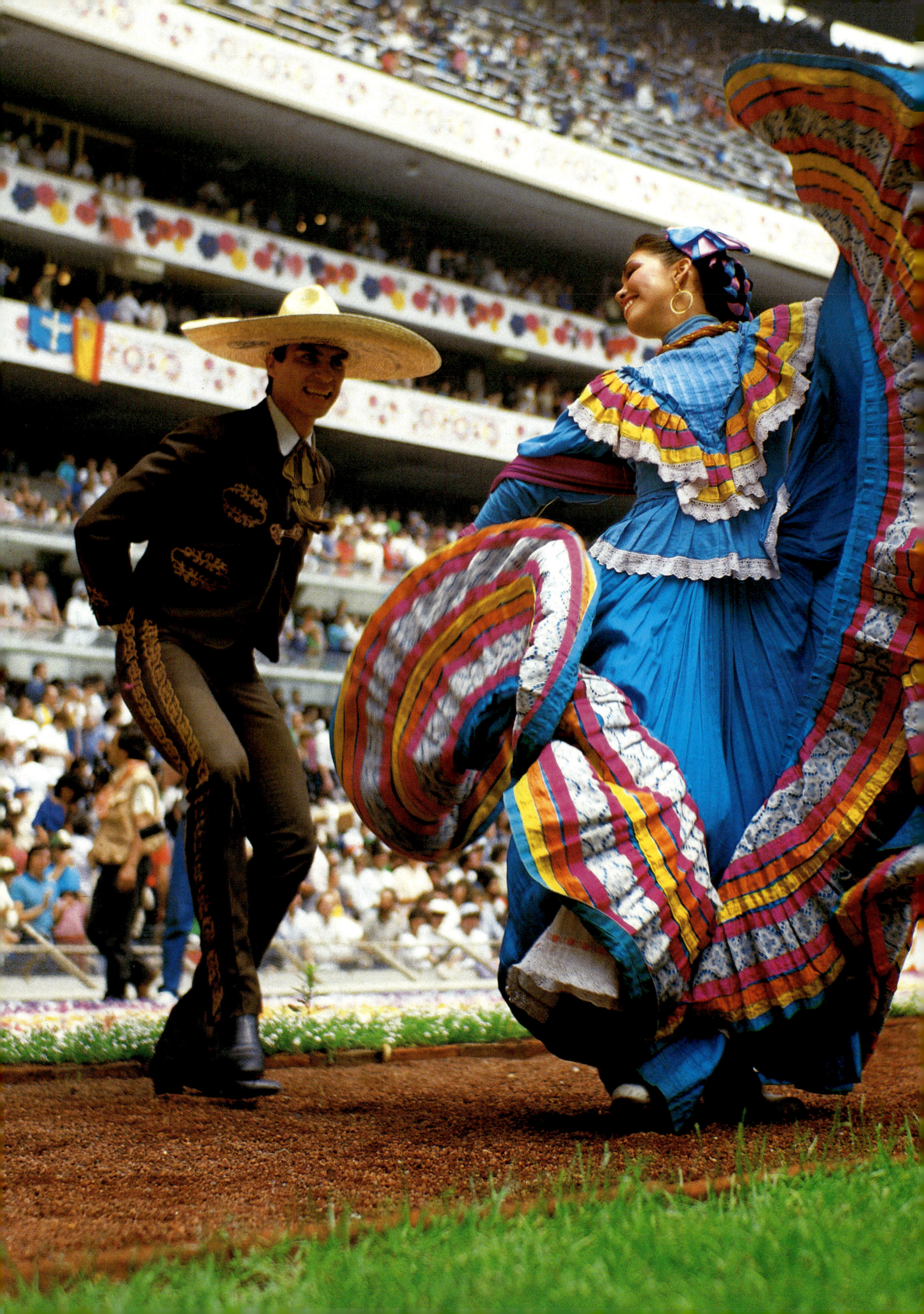

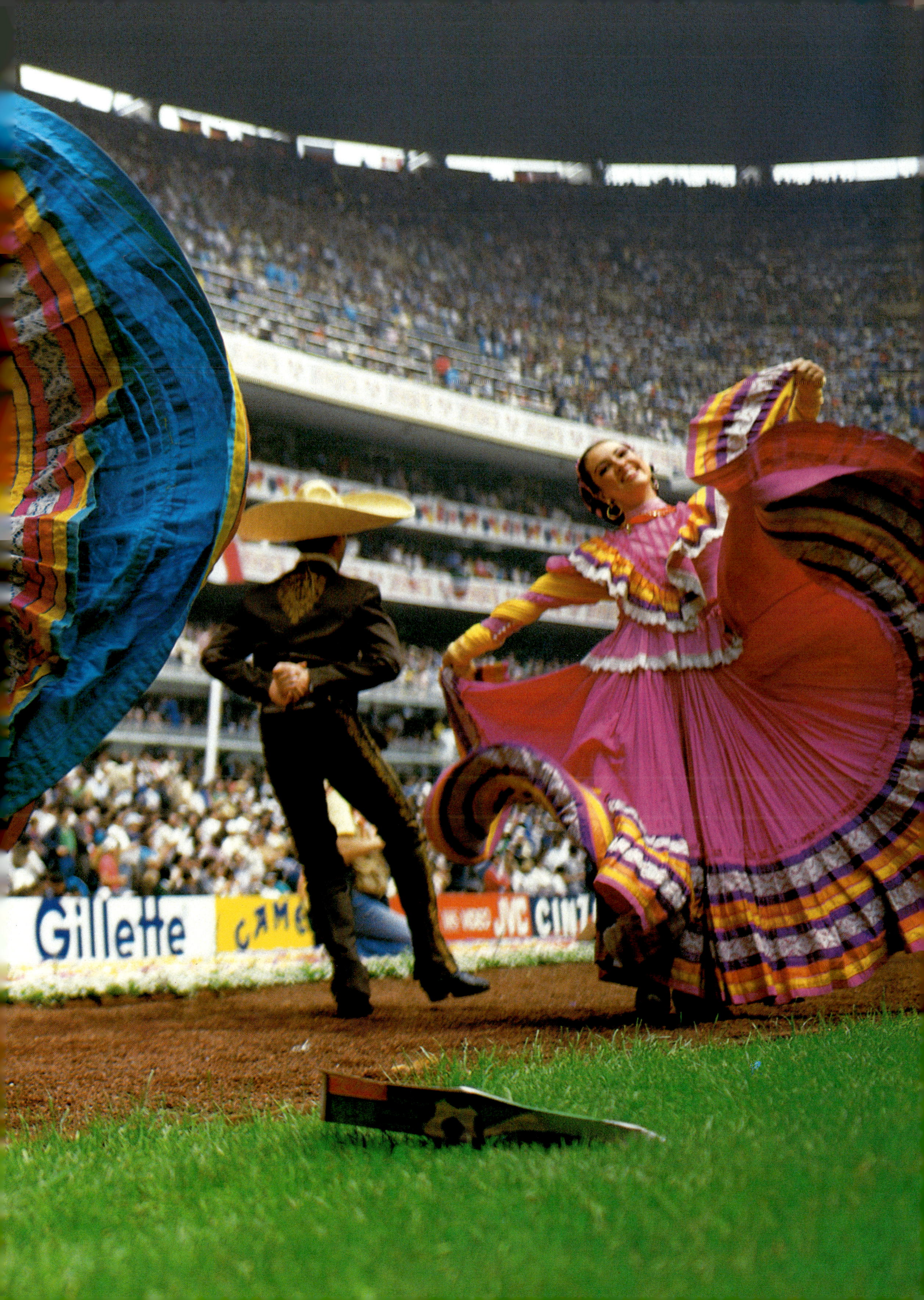
Gillette
JVC

CLUB ITALIA
JVC
1 BUL 0 ITA 0 10:27 *** WELKOM ***
Bata
SEIKO SEIKO
PHILIPS

affaire... et ça le serait. Peu importe, en vérité, qu'il soit joué au dessus du cratère d'un volcan !... D'ailleurs, en ce jour où l'on ouvre la porte au Mundial, le Stade Aztèque est un volcan aussi qui déverserait des laves de passions, des coulées de lazzis, des jets de sifflets. Car, ce jour-là, le volcan a craché ses premières rancœurs. Pas vraiment une éruption, tout juste une éructation. Mais déjà tout à fait symbolique, comme une prémonition. M. Canedo ne put jamais se faire entendre. Il voulait parler, M. Canedo. Il était là pour ça... pour expliquer le Mundial dont il est le président du comité d'organisation, après avoir déjà présidé la Fédération mexicaine au temps du Mundial de 1970. Pas crédible, M. Canedo, quand on sait les tripatouillages politico-économiques qui ont mijoté dans la gamelle de l'organisation. Une drôle de tambouille en tout cas. Et ça, le peuple de Mexico le devine sans le savoir vraiment. Alors, M. Canedo fut accueilli par une salve de sifflets. Pas aussi perforants sans doute qu'une mitraille, mais ça fait tout de même très mal !

Pareil pour Miguel de la Madrid, le Président de la République, venu pour déclarer officiellement le Mundial ouvert et qui aurait sans doute été plus au calme dans son palais. On lui reproche en vrac tout le cataclysme économique, les lenteurs de la reconstruction après le tremblement de terre, la misère, mais surtout le fait d'avoir facilité la tâche du précédent. Canedo, de la Madrid... même combat aux yeux des Mexicains de Mexico. Ces deux là, de toute façon, ne seront pas plus pauvres après la Coupe du Monde. Au contraire ! Et les cent mille gosiers du Stade Aztèque, qui n'étaient pas dupes, le leur ont bien fait savoir.

En d'autres lieux, les discours de ces messieurs auraient pu gâcher la fête. Pas ici, pourtant. Pas à Mexico !

On était venu pour communier dans le même élan et rien ne pouvait altérer l'enthousiasme populaire. La procession avait commencé dès le matin, lente, pesante, ralentie seulement par les embarras de circulation. Mexico s'était réveillée aux sons aigus des avertisseurs. La capitale était paralysée, un peu plus qu'à l'ordinaire, et chacun prenait ça avec philosophie, avec fatalisme. C'était le Mundial.

Les voitures soudées pare-chocs contre pare-chocs, la circulation engluée, le traffic complètement bloqué, c'était aussi le Mundial. Les policiers qui assistent, impuissants, à la grande fraternisation des groupes descendant des bidonvilles, ça encore c'est le Mundial. La foule s'organise alors, elle danse une étrange farandole et chacun est pris par cette frénésie du moment qui fait oublier les problèmes du lendemain. Ici, l'on danse et là on semble être déjà en transe, L'enthousiasme est contagieux, l'atmosphère irrespirable, l'air rare et entièrement pollué. Peu importe, les groupes se forment et se déforment au gré d'un cortège inorganisé qui s'achemine lentement vers cette espèce de soucoupe volante qu'est le *Stadio Azteca*.

Là-bas, les forces de l'ordre ont déjà pris position, mais sans grande conviction. Il faut occuper la place, manifester sa présence pour mieux canalyser les énergies, et doucher le cas échéant les enthousiasmes les plus belliqueux. Mexico vit, en effet, avec la hantise de connaître à nouveau le fameux Octobre Rouge qui a officiellement fait 26 morts. Mais la réalité est plus terrible. « Entre trois et cinq cents victimes ! », avouent ceux qui se souviennent. C'était en 1968, le 2 octobre, comme un relent révolutionnaire des mouvements estudiantins nés à Paris, au quartier Latin. Mais ici, le nouvel ordre social espéré par la jeunesse de Mexico rencontre les balles des mercenaires du président Gustavo Diaz Or-

Les quelque 100.000 spectateurs de la cérémonie d'ouverture n'ont pas applaudi seulement aux démonstrations de folklore local. Ils ont vu défiler aussi des délégations représentatives du passé des différents pays qualifiés comme, ci-dessus, un détachement de militaires florentins du Moyen Age, en hommage aux détenteurs italiens de la Coupe du Monde.

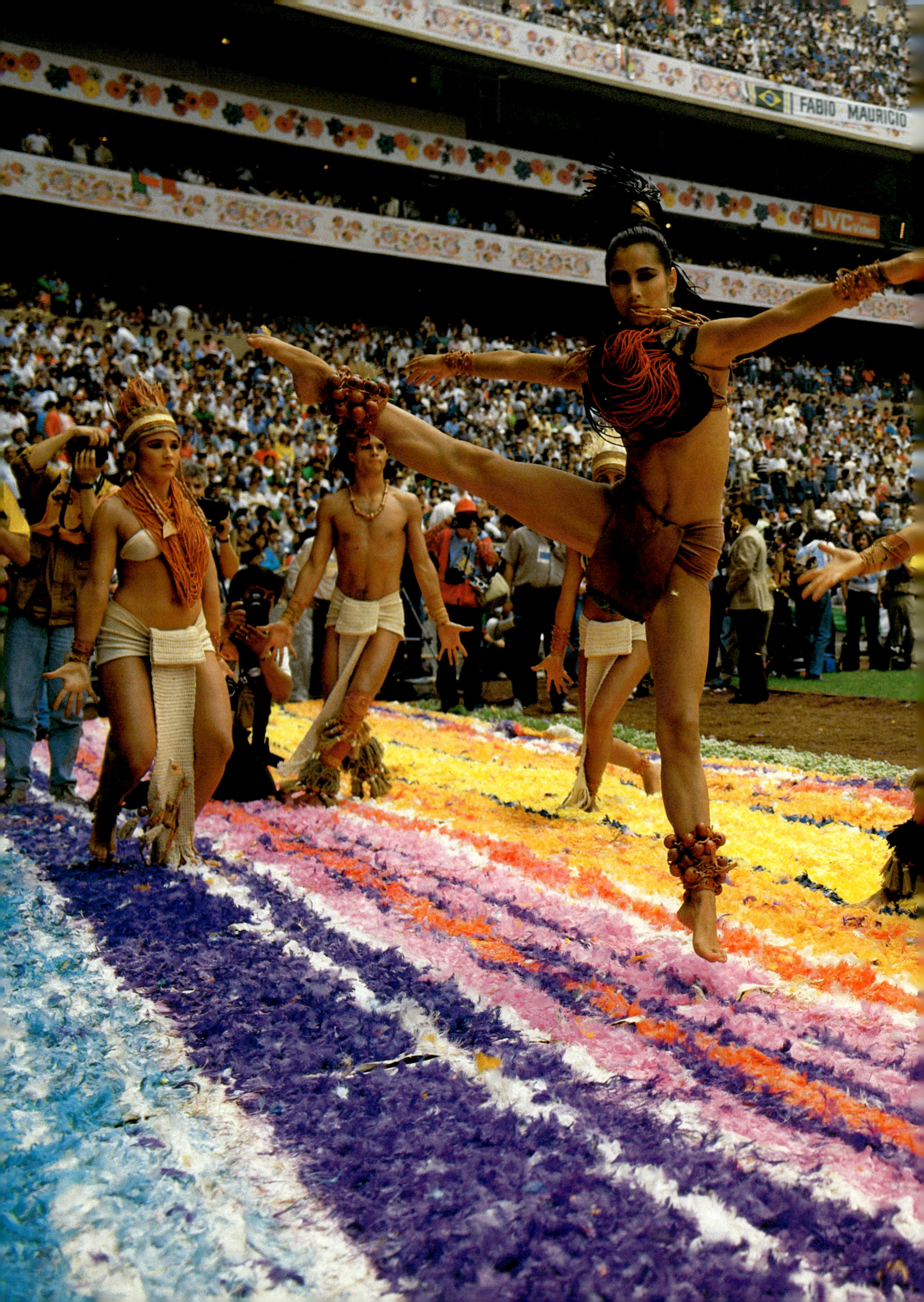
FABIO MAURICIO
JVC

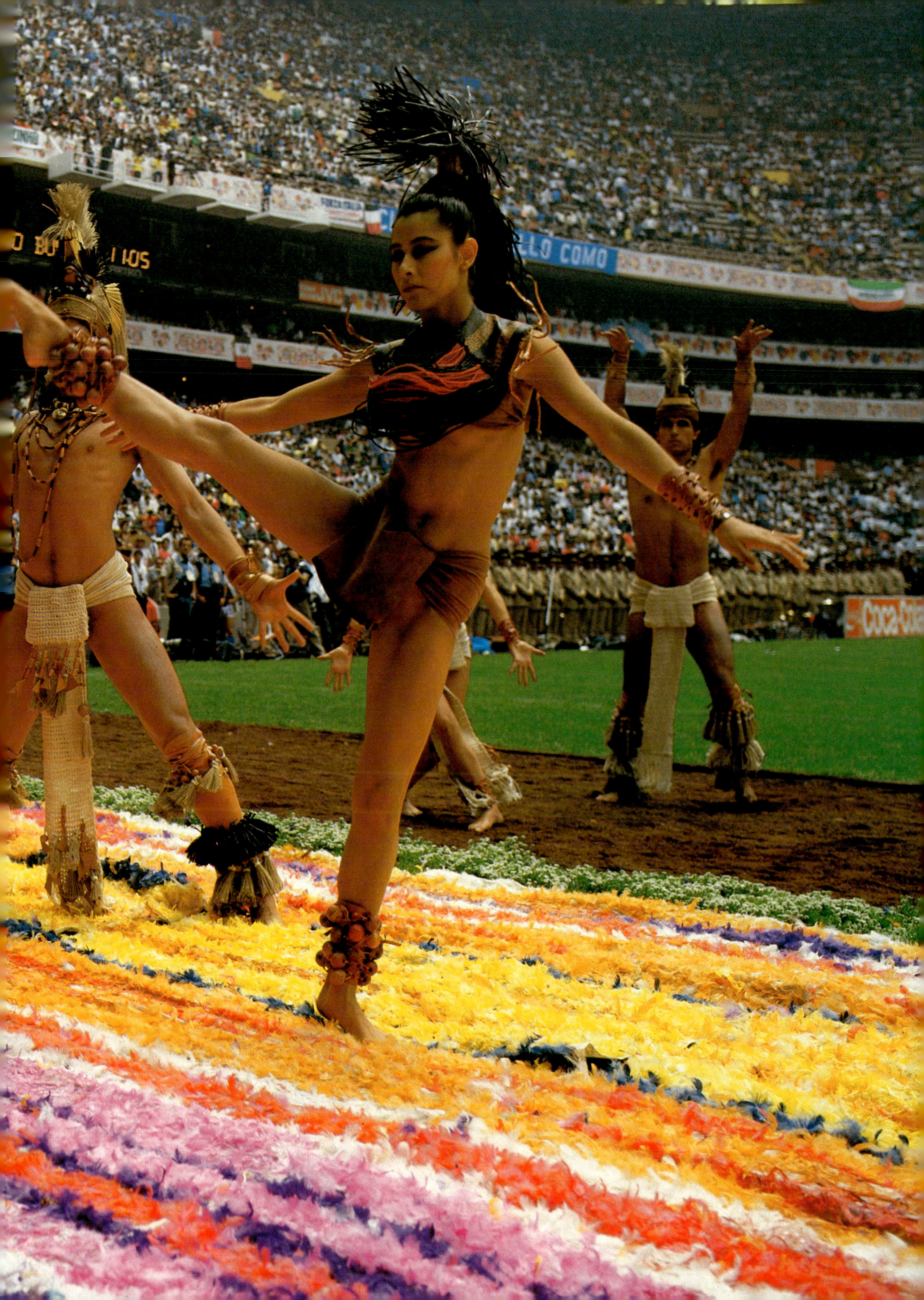
LLO COMO

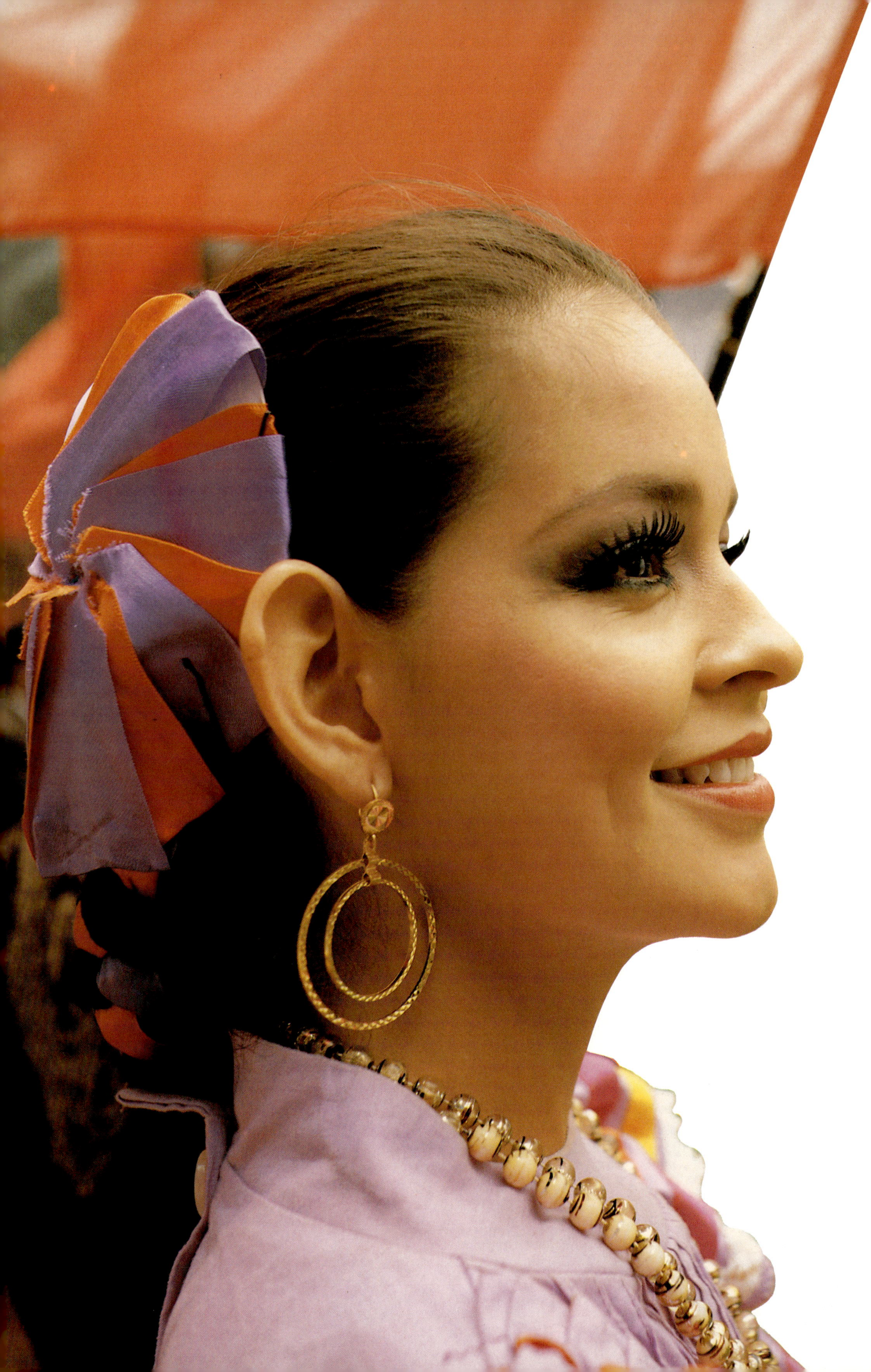

Toute les riches et belles traditions du Mexique étaient symbolisées par de jeunes beautés locales, portant les costumes des différentes époques de l'histoire mexicaine.

Double page précédente : Pour préserver la pelouse du Stade Aztèque, ensemencée quelques semaines plus tôt seulement, les danseurs ne furent autorisés à se produire qu'en marge du terrain, sur un tapis protecteur des fleurs les plus diverses. La cérémonie inaugurale, étriquée et conçue davantage en fonction de la télévision que des spectateurs directs, ne suscita ainsi aucun mouvement d'enthousiasme dans le stade. L'ambiance – et le moral – n'y étaient pas.

daz. Le carnage de la place des Trois Cultures est rapidement étouffé. On évoque à peine les 26 morts officiels et on ne parle même pas de la vague d'arrestations qui a fait plus de mille prisonniers. Il faut faire, en effet, très vite pour gommer cette tragédie. Car, dix jours plus tard, la cérémonie d'ouverture des jeux Olympiques de 1968 doit se dérouler dans l'ordre et la décence... Déjà, à l'époque, Diaz Ordaz voulait des Jeux propres et il les a eus...

Aujourd'hui, il convient d'éviter tout débordement. Tout sera bien alors. Le Mexique veut donner de sa gestion une image moderne et dynamique malgré les coups du sort, et il fait en sorte d'y parvenir. Aussi, l'armée est-elle de sortie. Elle est prête à tout. Au meilleur, comme au pire. Elle a investi le stade avec ses chars et ses automitrailleuses prêtes, semble-t-il, pour une parade macabre. Elle veut décourager et elle y parvient. Mais la foule est-elle seulement venue pour manifester autre chose que de la joie et de l'enthousiasme ? Il ne faut pas se méprendre à vrai dire sur les intentions de tous ces jeunes qui cherchent surtout à oublier en se noyant dans l'hystérie de cette cérémonie d'ouverture. On chante, on danse. Cela tient à la fois du folklore et de l'incantation. C'est superbe et pitoyable à la fois.

Sur les gradins, la fête est encore plus fiévreuse. De partout la foule se dresse comme dans un mouvement où la chorégraphie aurait été réglée par quelque génie holly-

On estime à un milliard de par le monde le nombre des téléspectateurs ayant assisté à la cérémonie d'ouverture. Ils allaient être plus nombreux encore pour la finale, en dépit des défaillances répétées des télécommunications mexicaines.

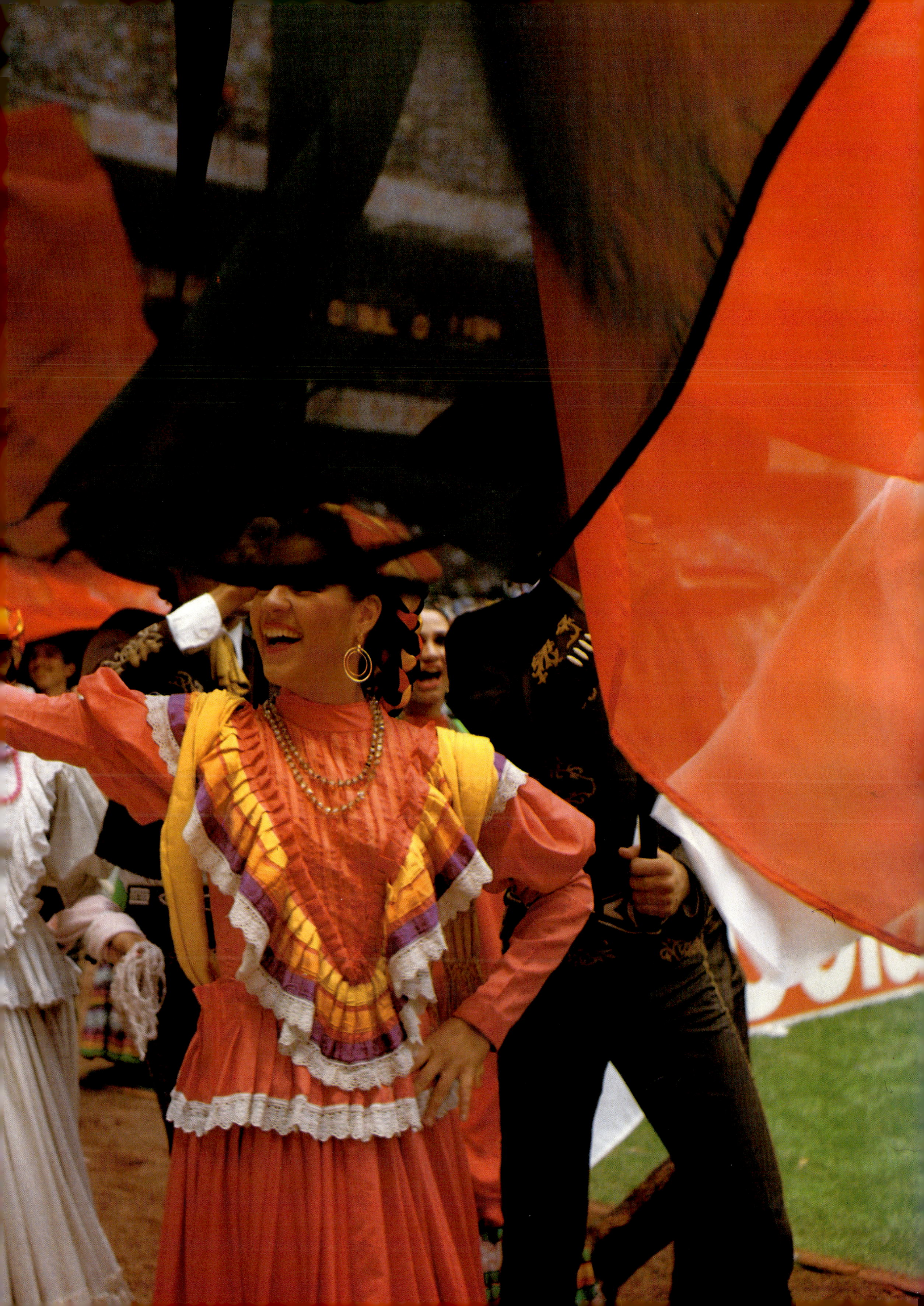

woodien. Les bras se lèvent dans un ensemble qui n'a d'égal que l'élan de la foi. Et lorsque toutes les mains retombent ici, le même geste renait là-bas comme un rituel cantatoire. Le stade tout entier semble pris dans le vertige d'une houle gigantesque au milieu d'un océan gagné par le tumulte.

Partout de la couleur, de la musique, de la chaleur. Tout cela mêlé, dégage une impression de joie profonde. La foule, pénétrée de mysticisme et de ferveur, se lève au moment ou l'hymne national du Mexique retentit sous les voûtes de béton du stade, gagné alors d'une étrange ferveur. Reviennent à l'esprit ces mots prophétiques lancés par toute une jeunesse de Mexico : « Nous sommes fous du Mundial... C'est notre Mundial. A nous ! Pas celui de De la Madrid et de sa bande ! »

Alors, le public libéré par le somptueux affrontement de toutes ses convictions se laissera aller à son bonheur en acclamant le défilé du *Calcio Storico*, ces gens en costume qui font revivre sur les places de Florence la préhistoire du football, en applaudissant les danseurs indiens, les cavaliers et les élèves officiers d'un collège militaire et d'une école navale. Mais on criera plus encore en accompagnant la procession de tous ces jeunes gens revêtus des tenues des différentes sélections nationales composant le tableau final de ce Mundial 86. Vingt-quatre équipes représentées par la jeunesse du pays, cela peut avoir aussi valeur de symbole.

Et toujours le même refrain repris par cent mille poitrines : *Mehico... Mehico...*

Il ne restait plus qu'à attendre les deux équipes de ce match d'ouverture. L'Italie, championne du monde, que l'on dit en perte de vitesse, et la Bulgarie capable de somptueux exploits. Les Français, se souviennent de tout ce que peut recéler un piège bulgare, depuis qu'ils ont été défaits à Sofia. A l'heure qu'il est, il est sans doute trop tard pour mettre les Italiens en garde.

De toute façon, ceux-là se rendront vite compte que le public ne les aime pas, Dieu sait pourquoi. Le fait est que la foule se met à scander spontanément : *Bulgaria... Bulgaria.* Comme si ici, on n'appréciait guère les nantis. Et puis, sur le côté d'une des façades en béton empilées les unes sur les autres, un étendard pend comme une langue et affiche ces mots surprenants : *Kop Boulogne PSG.* Décidément, le monde est petit !

Un peu plus tard, le bruit devient fracas lorsque les deux équipes débouchent dans cette cathédrale qui balance entre la dévotion païenne et la croyance mystique. Un immense fracas d'où émerge la vision du Bulgare Iskrenov, pris lui aussi de ferveur chrétienne en pénétrant ici et qui touche le sol avant

Le match d'ouverture entre l'Italie, champion sortant, et la Bulgarie, se termina sur la marque de 1 à 1. Deux buts pour un match inaugural, c'était plus qu'on en avait jamais enregistré lors des douze championnats précédents !

Le premier but fut inscrit à la 43e minute par Altobelli (ci-dessus). Après quoi les Italiens parurent prendre les choses à la légère. Vivant sur une avance qui leur suffisait, ils allaient encaisser un but égalisateur par Sirakov à cinq minutes de la fin.

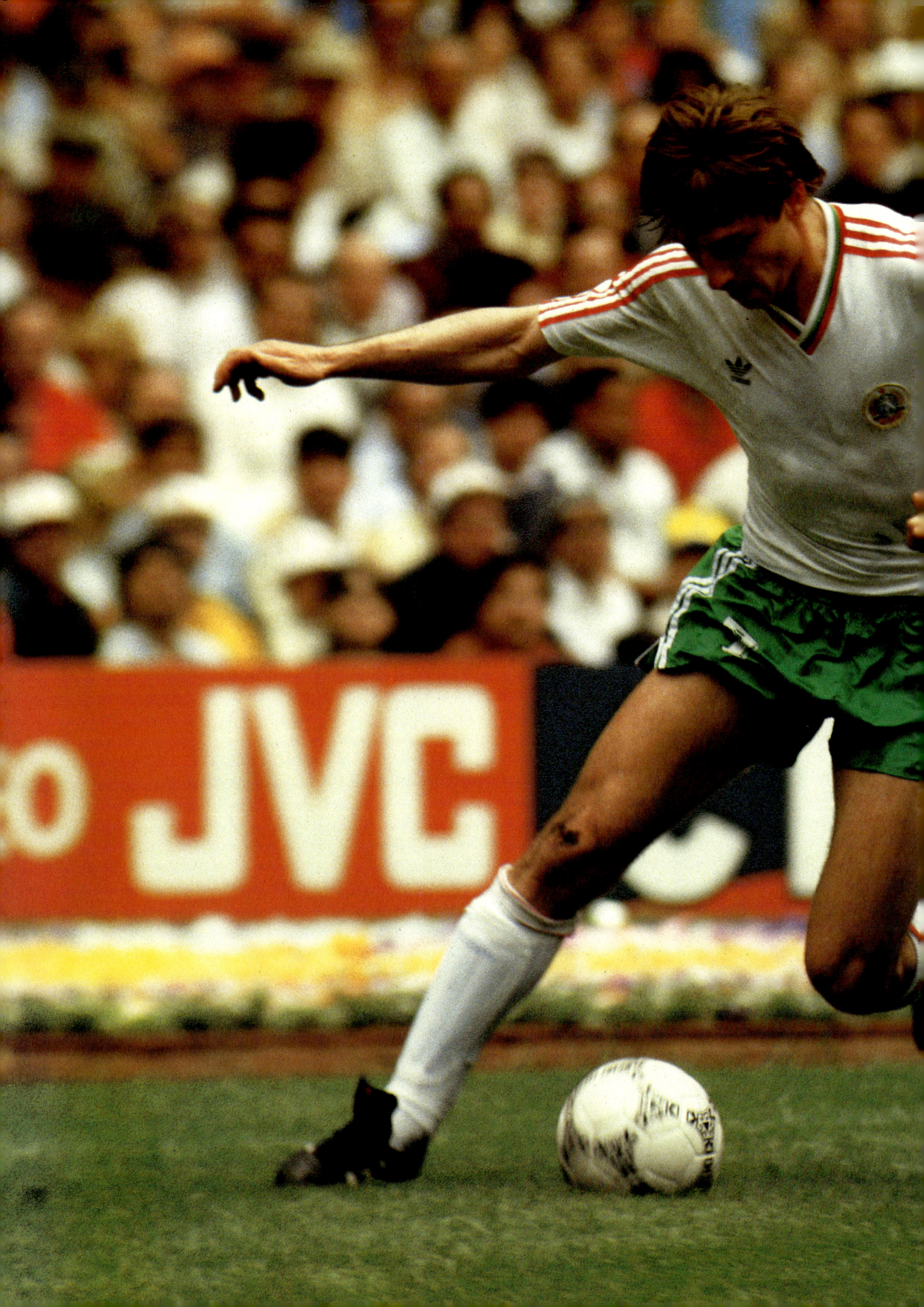
JVC

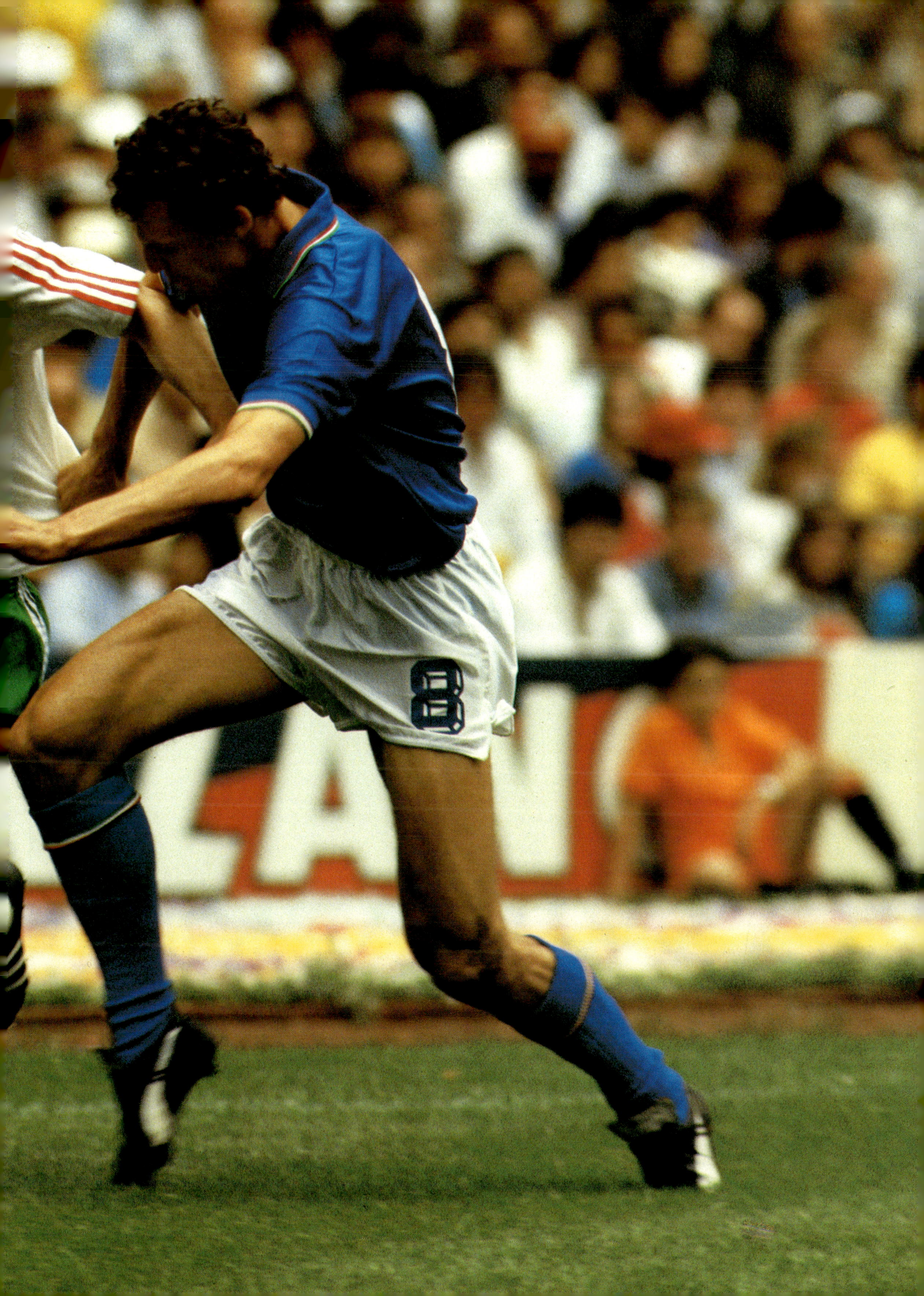
LAN

Double page précédente : Duel entre le Bulgare Iskrenov et l'Italien Vierchowod.

Donnant le ton de ce que serait le climat du premier tour, Italiens et Bulgares songèrent davantage à ne pas perdre qu'à gagner. On allait assister ainsi à nombre de matches de « gagne-petit ». Cette première partie n'en fut pas moins animée, comme sur ces attaques opposant Guetov et Bergomi (ci-dessous) ou Sadkov et Vierchowod (ci-contre).

de se signer. C'est vrai, après tout, que chacun a dans son cœur une plage de ciel vers laquelle il se tourne en priant lorsque les circonstances sollicitent l'exceptionnel. Et le public criera *Olé !* quand l'arbitre Suédois Friedriksson, long, blond et lymphatique, sifflera le coup d'envoi.

Les Italiens défendent plus qu'un titre de champions du monde. Ils sentent confusément que la triple couronne mondiale de la Squadra Azzurra est sérieusement ébréchée depuis le triomphe espagnol de 1982. Les Italiens, qualifiés d'office pour le Mexique, n'ont disputé jusque là que des matches amicaux aussi peu convaincants les uns que les autres. Ils rétorquent, comme pour mieux s'en persuader, que rien ne vaut la compétition. La dure, la vraie. Celle qui vous donne la foi quand vous en manquez, et qui vous donne les foies quand vous ne croyez plus aux vertus du groupe.

Enzo Bearzot, l'entraîneur-sélectionneur, est plus pragmatique que cela. Et s'il a échappé à toutes les tempêtes depuis la croisade espagnole, c'est qu'il a un bon sens de condottiere. Il fait remarquer dès avant l'ouverture des hostilités qu'il est quasiment impossible de remporter deux Coupes du Monde d'affilée. Il fait référence aux lois implacables et incontournables de la probabilité. Ainsi se met-il à l'abri avant l'orage. Habile ! Mais il oublie simplement les exemples légendaires du Brésil victorieux en 1958 et 1962, et surtout de l'Italie couronnée une seconde fois en 1938 après avoir remporté sa première couronne en 1934. Bearzot a sans doute la mémoire lascive. Il sera toujours temps de se souvenir ! Pas si amnésique que ça, pourtant, Enzo Bearzot. Malgré tous les avatars de la sélection nationale, il a préféré en effet conserver l'ossature de la formation victorieuse quatre ans plus tôt. La colonne ver-

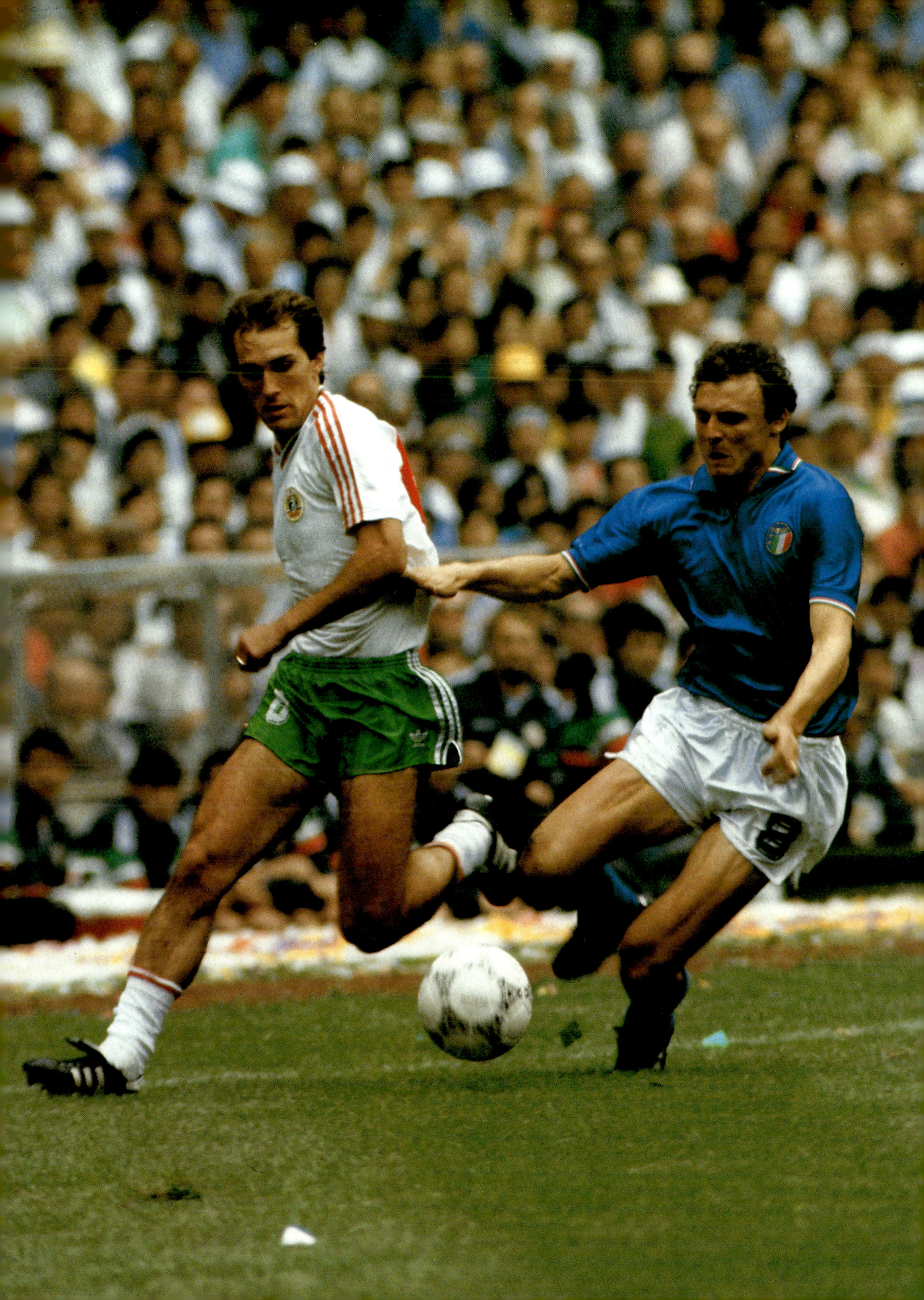

tébrale moins son ultime appendice, le gardien de but Dino Zoff qui, la quarantaine bien sonnée, a fini par rendre son maillot après une carrière prodigieuse et 112 sélections dans la Squadra Azzurra. Tous les autres sont là : de Cabrini à Rossi en passant par Tardelli, Scirea, Collovatti, Conti, Bergomi, Altobelli. Tous, mais avec quatre ans de plus et une pointe de vitesse quelque peu émoussée pour la plupart d'entre eux. D'ailleurs, ni Tardelli, ni Collovatti, ni Rossi ne sont sur le terrain du Stade Aztèque pour cette ouverture. Bearzot a préféré plus de sang neuf pour mieux dévorer le yaourt bulgare, et il a lancé Vierchowood en défense, un milieu de terrain tout neuf avec Bagni, de Napoli et Di Gennaro, et enfin Galderisi en attaque. La Bulgarie, elle, court toujours après sa première victoire en Coupe du Monde. En quatre participations à la phase finale, elle n'est jamais montée sur un podium. Cette fois, elle espère vaincre la malédiction. Son équipe est solide, homogène et surtout réaliste. Elle a évolué positivement en donnant plus de vivacité à un jeu qui était trop stéréotypé, plus physique qu'inspiré.

Ivan Vutsov, le sélectionneur bulgare, a mis du sel dans son équipe. Il a mis les pouces aussi en pardonnant à plusieurs de ses titulaires qui furent écartés un temps de la sélection pour avoir fait preuve d'un comportement « antisportif ». Une façon délicate de rappeler que ces joueurs avaient quelque peu forcé sur la dive bouteille. Le gardien Mikhailov et le buteur Sirakov ayant été pardonnés, ils peuvent tenir leur place. Et pour la Bulgarie, ce sera un véritable bienfait...

On joue et on ouvre vraiment après quarante-trois minutes de jeu. Les Bulgares défendent bien ; Sadkov bouscule Galderisi. Une faute qui demande réparation. Di Gennaro se propose pour donner ce coup-franc par dessus tout le monde en direction d'Altobelli. Et celui-ci inscrit le premier but du Mundial. Il sera également désigné comme le meilleur homme du match.

Les Bulgares, ne croyant plus en leur chance, n'ont dès lors que le seul souci de se défendre et ils le font bien. Les Italiens paraissent heureux de leur sort. Ils font mentir la légende qui veut que tous les matches d'ouverture soient plutôt du genre pourri. Zéro-zéro et sans génie. Retour en arrière sur vingt ans de Coupe du Monde : Angleterre-Uruguay en 1966, Mexique-U.R.S.S. en 1970, Brésil-Yougoslavie en 1974 et Allemagne-Pologne en 1978, rien que des ouvertures-bidon !

Les Italiens s'endorment alors sur des lauriers retrouvés, jusqu'à cinq minutes de la fin et l'égalisation-coup de bambou du « banni » Sirakov. C'est le premier coup de théâtre de ce Mundial. Il y en aura d'autres !...

Dimitrov (ci-dessous à g.) s'oppose avec quelque vivacité à l'attaque de Galderisi, mais Di Gennaro (ci-contre) peut ajuster un joli tir qui ne surprendra pas le gardien bulgare Mikhailov.

Double page suivante : Sirakov fut, avec l'ailier Mladenov, l'attaquant bulgare le plus dangereux, jusqu'à obtenir le but égalisateur tout en fin de match. Ici, le gardien italien Galli intercepte pourtant aisément un centre du même Sirakov.

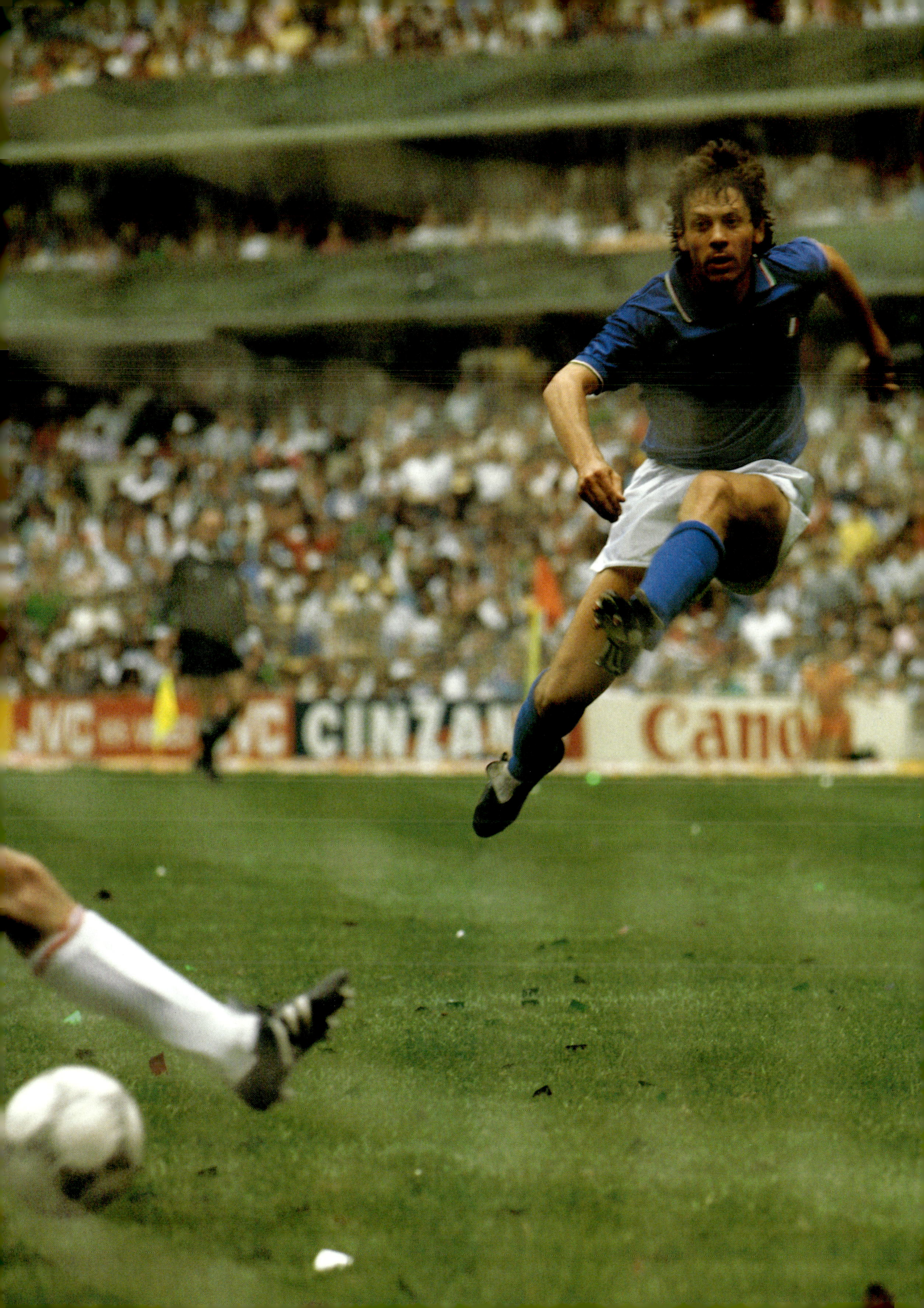
JVC
JVC
CINZA

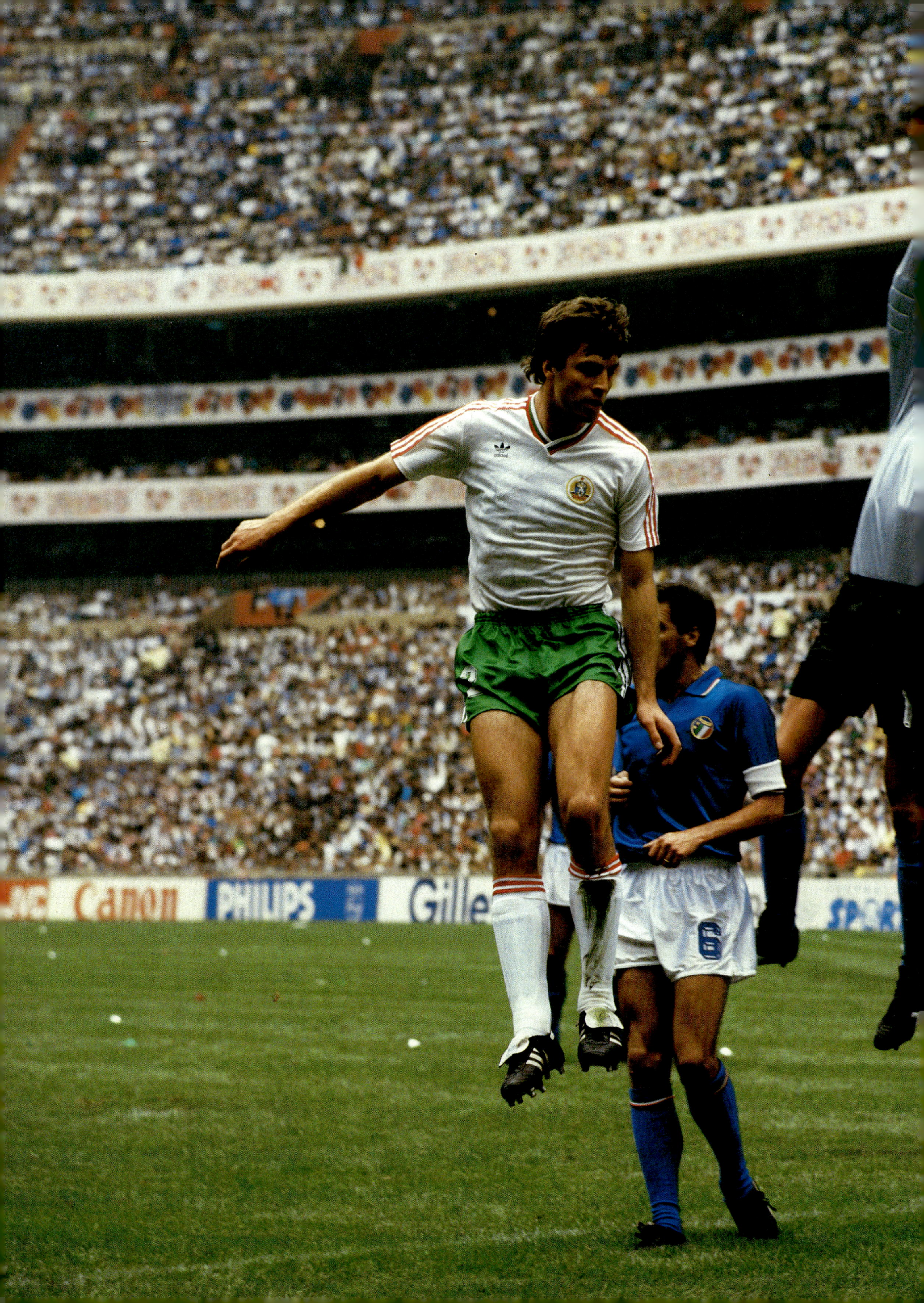
Canon
PHILIPS

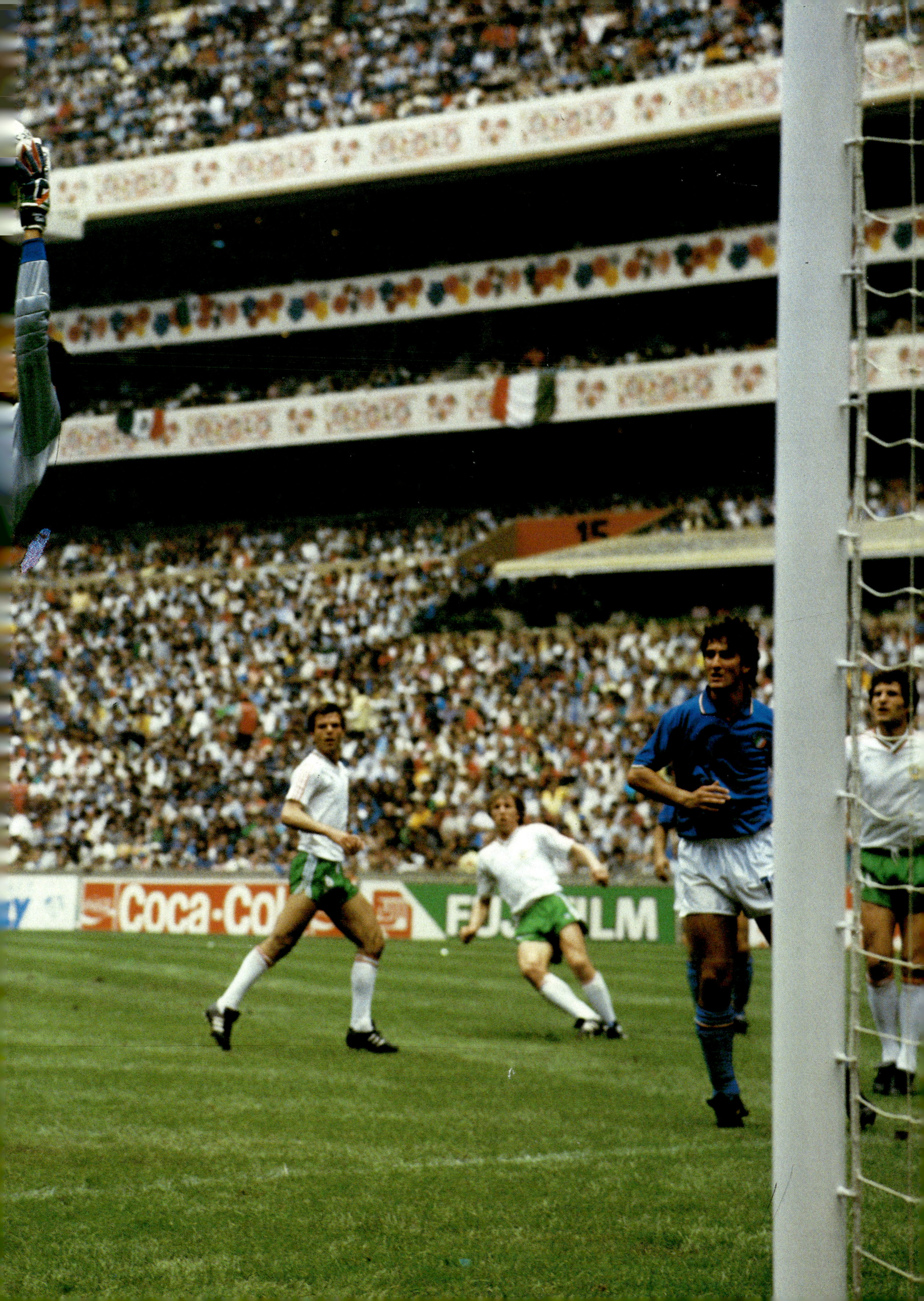

Coca-Col

UN P'TIT TOUR ET PUIS S'EN VONT

Début en demi-teinte des Français, et notamment de leur capitaine Platini (ci-dessus) face aux Canadiens. Avec leur jeu fruste mais très athlétique et engagé, les représentants du Canada gênèrent longtemps des Français en apparence peu motivés, et qui jouaient à un rythme de sénateurs. On ne retrouvait pas en eux les champions d'Europe de 1984. Il fallut un but de Papin, à onze minutes de la fin du match, pour assurer un pénible succès des « Bleus ». Ce départ un peu lent n'inquiéta pourtant pas Henri Michel et ses hommes, bien décidés à démarrer prudemment pour tenir la distance du Mundial. Effectivement, ils devaient aller crescendo et se qualifier sans problème. Ci-contre, beau duel aérien entre Max Bossis et Samuel.

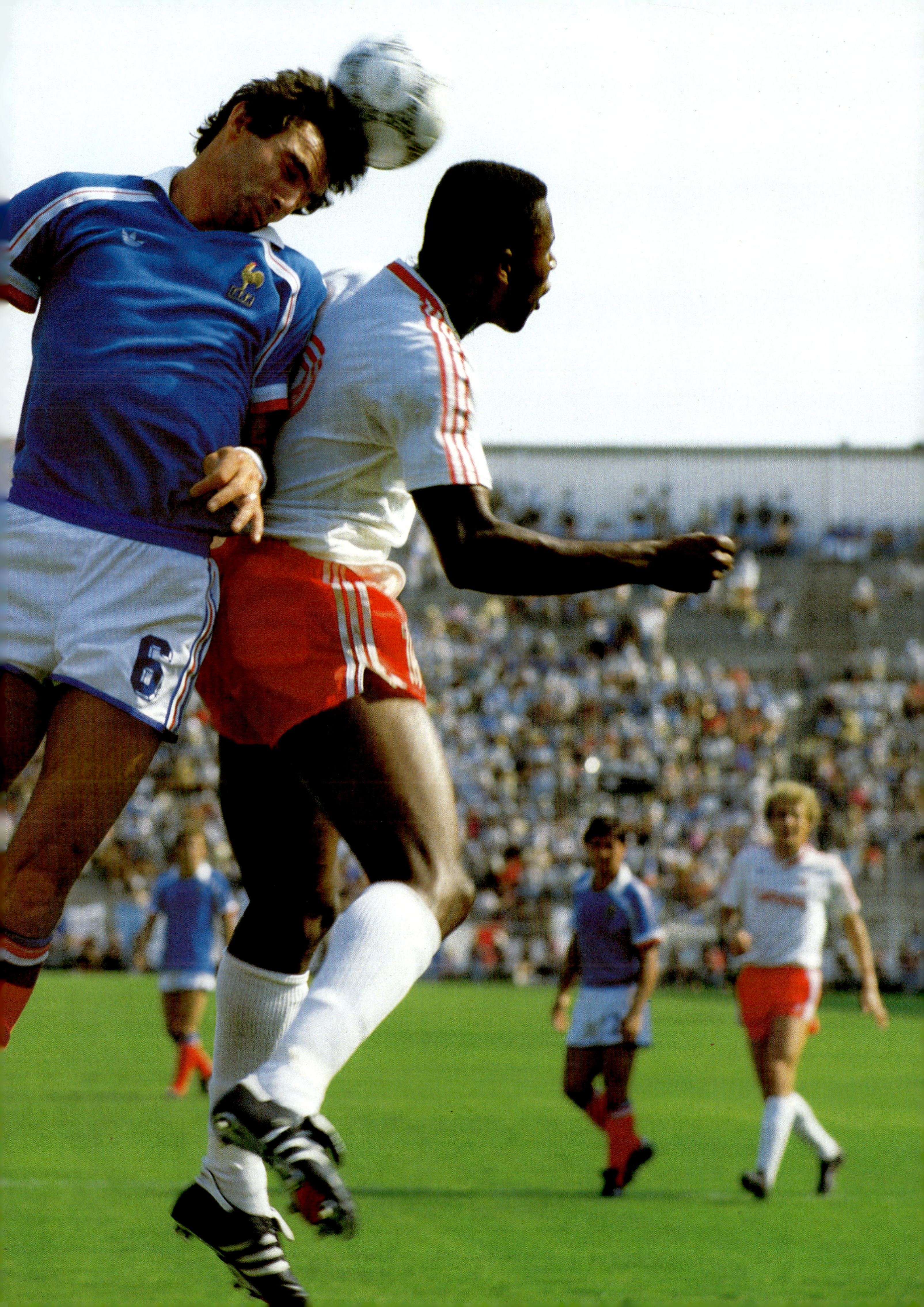

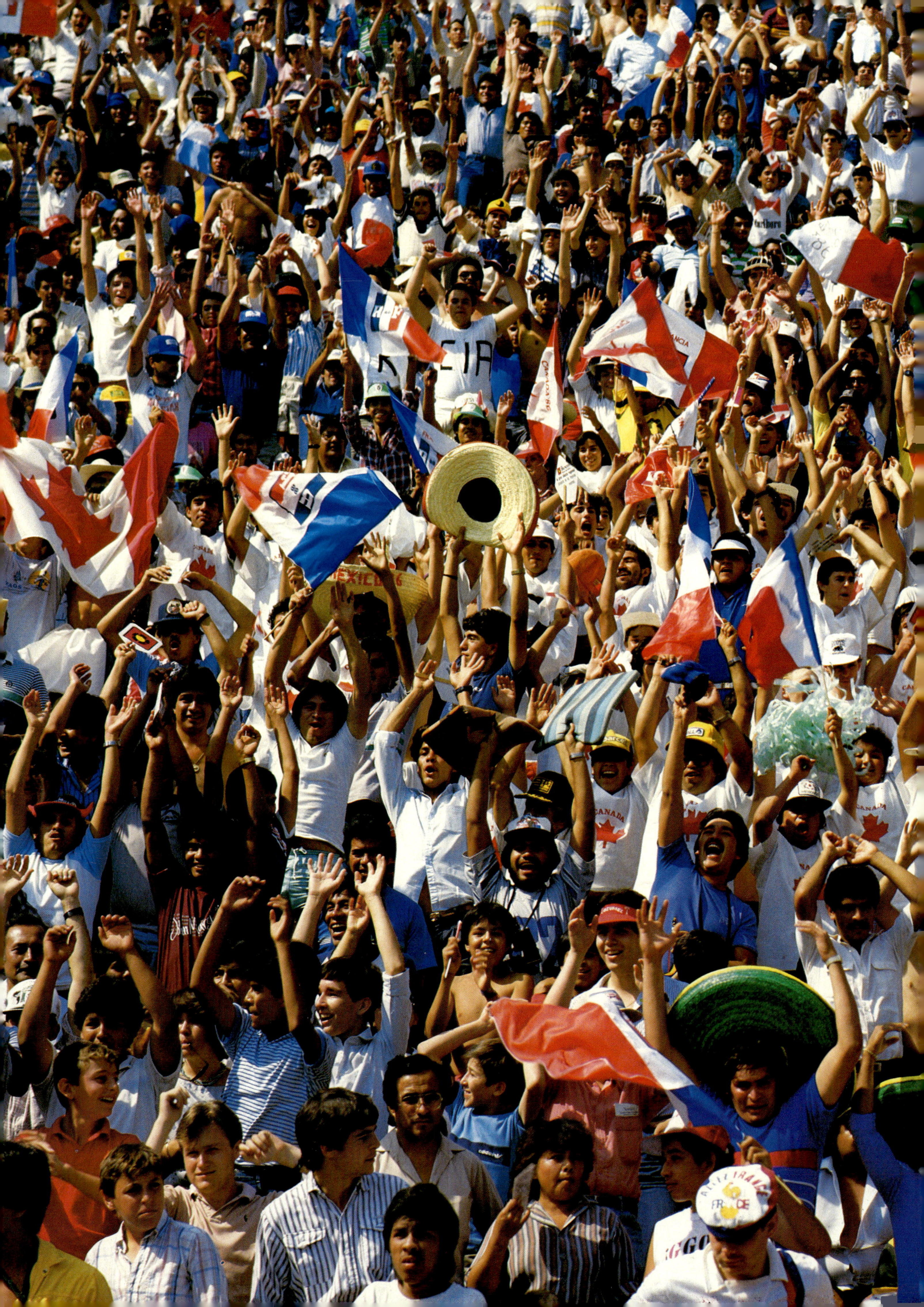
CANADA
FRANCE

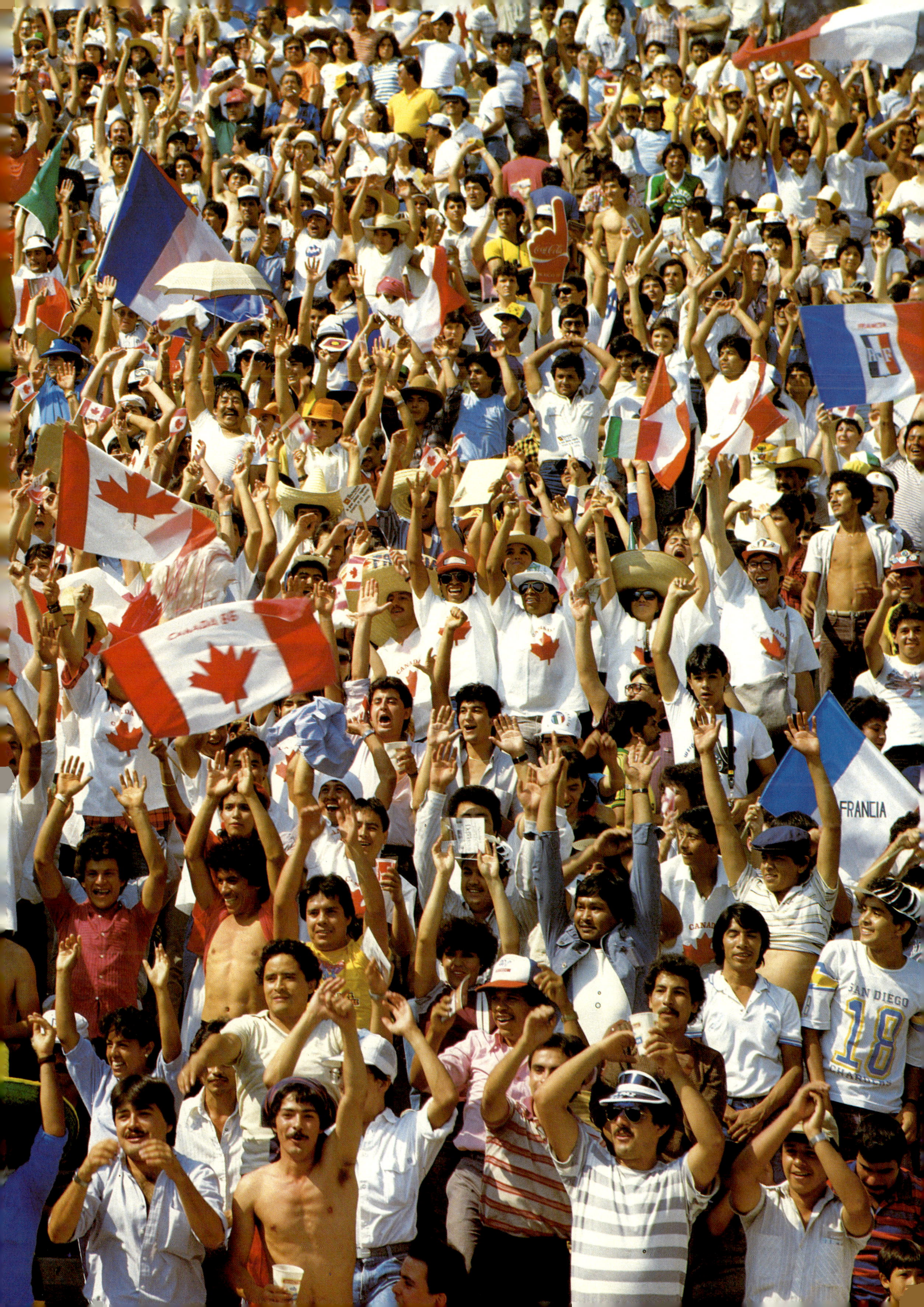
CANADA 86
FRANCIA
SAN DIEGO
18

Le premier tour d'une compétition comme le Mundial est à l'image de la grande parade du cirque avant les premiers vrais numéros. Un défilé charmant où l'on vient se montrer et où l'on ne démontre rien. Car cette piste aux étoiles a surtout pour objet de dérouler le tapis rouge pour les joutes à venir. Et si l'on s'attendait dès le départ à extirper les violons du bal, il a bien fallu mettre un bémol à ce concert. Bien sûr, ils étaient tous là, dans cette vitrine au verre grossissant, les Maradona, Platini, Socratès, Hugo Sanchez, Rummenigge et autre Conti, mais il faut bien reconnaître que ce prisme éblouissant a eu aussi des effets déformants. On a bien assisté à quelques éclairs magistraux de Maradona, à quelques fusées du genre longue portée de Platini, à quelques gris-gris deci-delà, mais ce ne fut rien de ce que l'on avait rêvé. Où étaient-ils donc, Socratès et Falcao noyés dans la masse, Hugo Sanchez meilleur comédien que stratège inspiré, Zico faisant tapisserie et Rummenigge jouant les doublures ? Bref, les étoiles n'étaient que météores pour mieux se préparer peut-être à illuminer ensuite le ciel du Mundial. Heureusement, les révélations ne manquaient pas, le Danois Laudrup, le Paraguyen Romero, le Portugais Futre, le Coréen Park Chang Sun, le Canadien Valentine par exemple, si bien que l'on pouvait se demander si l'on n'était pas tout simplement en train de se tromper de vedettes. Les stars au frigo et les sans-grades au culot !

Ce n'est pas si mal, après tout, que cette redistribution des cartes au moment où le fait de cacher son jeu relève de l'impuissance à pouvoir l'imposer ou du simple bluff.

Dans cette partie de poker menteur, les Bleus de France n'ont pas été, certes, les plus roublards. On peut même considérer que la sélection tricolore a pris cette épreuve par le bon bout. Dieu sait pourtant si l'on s'était fait du souci pour cette équipe de France après l'avoir vue courber l'échine durant les éliminatoires face à la Bulgarie

Consolation des Français après leurs difficiles débuts face au Canada : ce sont les équipes qui prennent les départs les plus lents qui réussissent le mieux dans un Tournoi aussi long qu'un Championnat du monde. Jean-Pierre Papin, qui allait marquer le seul but du match, tire ici à côté de la cage de Dolan (ci-dessus). Ci-contre, le Canadien Vrablic échoue sur Bats, sans que Tusseau ait besoin d'intervenir.

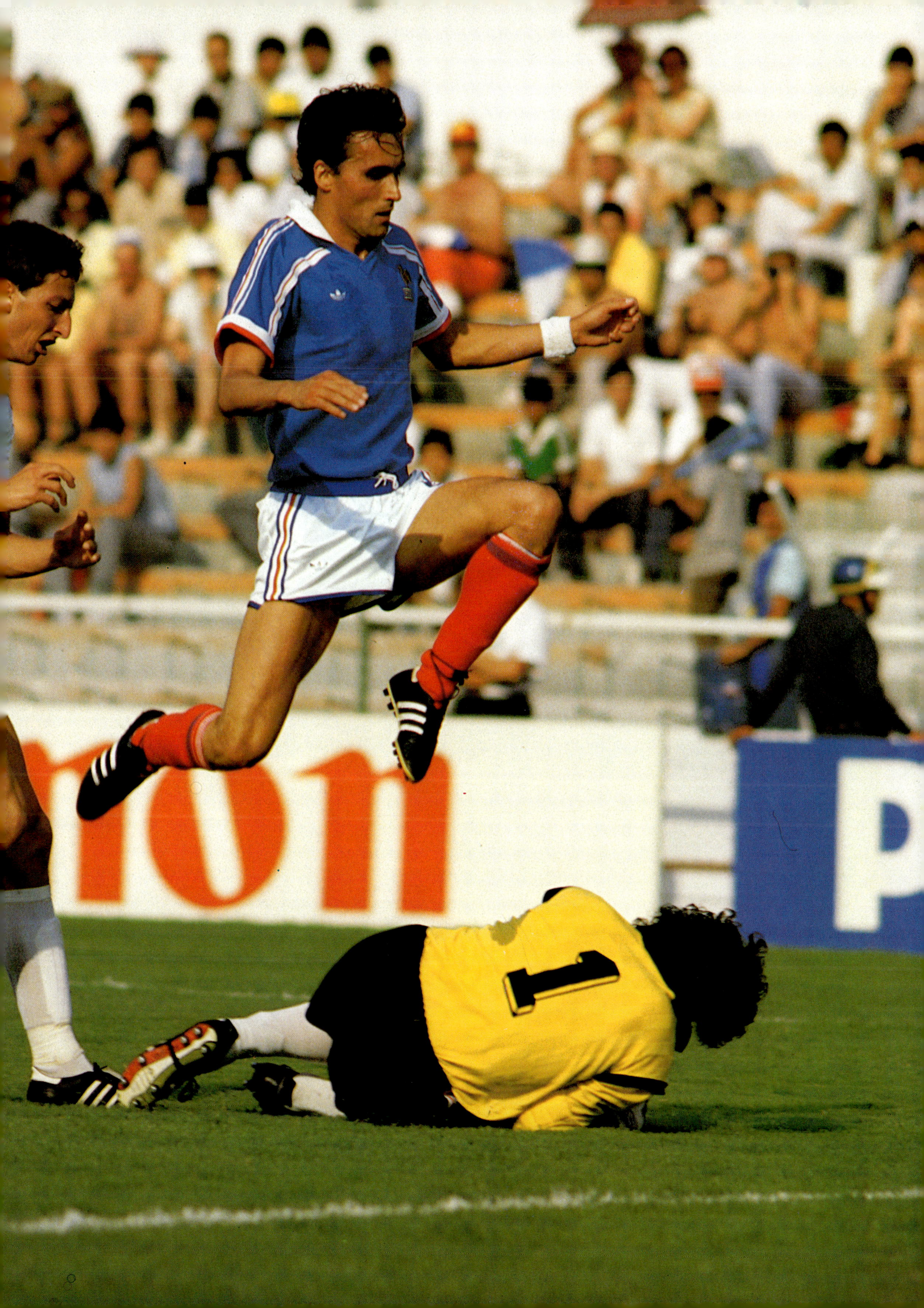

Nul ne sut jamais si ce coq « gaulois » avait fait le voyage depuis la France, ou s'il avait simplement été réquisitionné et francisé sur place par un supporter des « Bleus ». Toujours est-il qu'il se fit voir sur la pelouse, sinon entendre, jusqu'à ce qu'un arbitre de touche de France-Canada se saisisse de ce « 12e homme » de l'équipe de France, et l'expulse manu militari...

Double page suivante : Ça chauffe devant le but du Canadien Dolan, où la tête de Papin ne fera pas mouche cette fois. Rocheteau est à l'affût.

Page de droite : Duel serré entre Tigana et Ragan.

et à la R.D.A. (2-0 chaque fois). A l'évidence, le prestige de l'équipe de France acquis lors du Mundial espagnol de 1982 et surtout grâce à l'Euro 84, en avait pris un coup après ces deux défaites en terre étrangère. C'était comme si la France était incapable d'assurer le résultat loin de ses bases. On eut vite fait d'imputer au responsable de la sélection nationale une évolution qui se trouvait en porte-à-faux avec le style habituel de l'équipe. Histoire de mieux opposer Henri Michel à Michel Hidalgo. La qualification à la phase finale assu-

rée après deux victoires faciles obtenues à Paris sur le Luxembourg (6-0) et la Yougoslavie (2-0) ne nous avait pas éclairés pour autant quant à la faculté qu'aurait cette équipe à voyager loin et bien. Le premier tour de ce Mundial aura, au moins, servi à cela.

Pourtant, ce ne fut pas sans une ouverture plutôt ratée face aux modestes Canadiens. Des Canadiens qui venaient à peine de débarquer au Mexique et dont c'était la première expérience internationale à ce niveau. Des Canadiens superbement organisés compte tenu du fait qu'ils n'ont guère l'occasion de se trouver réunis sous le même maillot. Privés de championnat national, ils viennent tous d'horizons différents, qui des Etats-Unis, qui d'Europe, pour faire une pige, comme on dit, avec la tenue écarlate. Eh ! bien, ce sont ces Canadiens-là qui donnèrent tout d'abord à la France une fameuse trouille en déstabilisant complètement le système de jeu de l'équipe championne d'Europe. A la vérité, l'équipe de France ne sut jamais par quel bout prendre la sélection mise sur pied par Tony Waiters. Elle bafouilla constamment pour dire son texte, si bien que l'on finit par se demander si seulement elle l'avait appris. Elle jouait mal, elle tâtonnait, elle semblait ne pas faire tout à fait le poids face à des gaillards solides comme des bucherons et rapides comme des purs-sangs. A un point tel qu'Henri Michel fut bien obligé d'admettre l'incapacité française à maitriser le style de jeu britannique. « Les Anglais roulent à gauche, nous à droite, dit-il. Nous n'arriverons jamais à les comprendre ! » Le fait est que ces Canadiens, qui n'avaient pourtant pas inventé l'eau chaude, firent tant et si bien qu'ils arrivèrent à tourner en bourriques les onze « intellos » de la bande à Michel. De quoi se taper la tête contre les troncs d'érable !

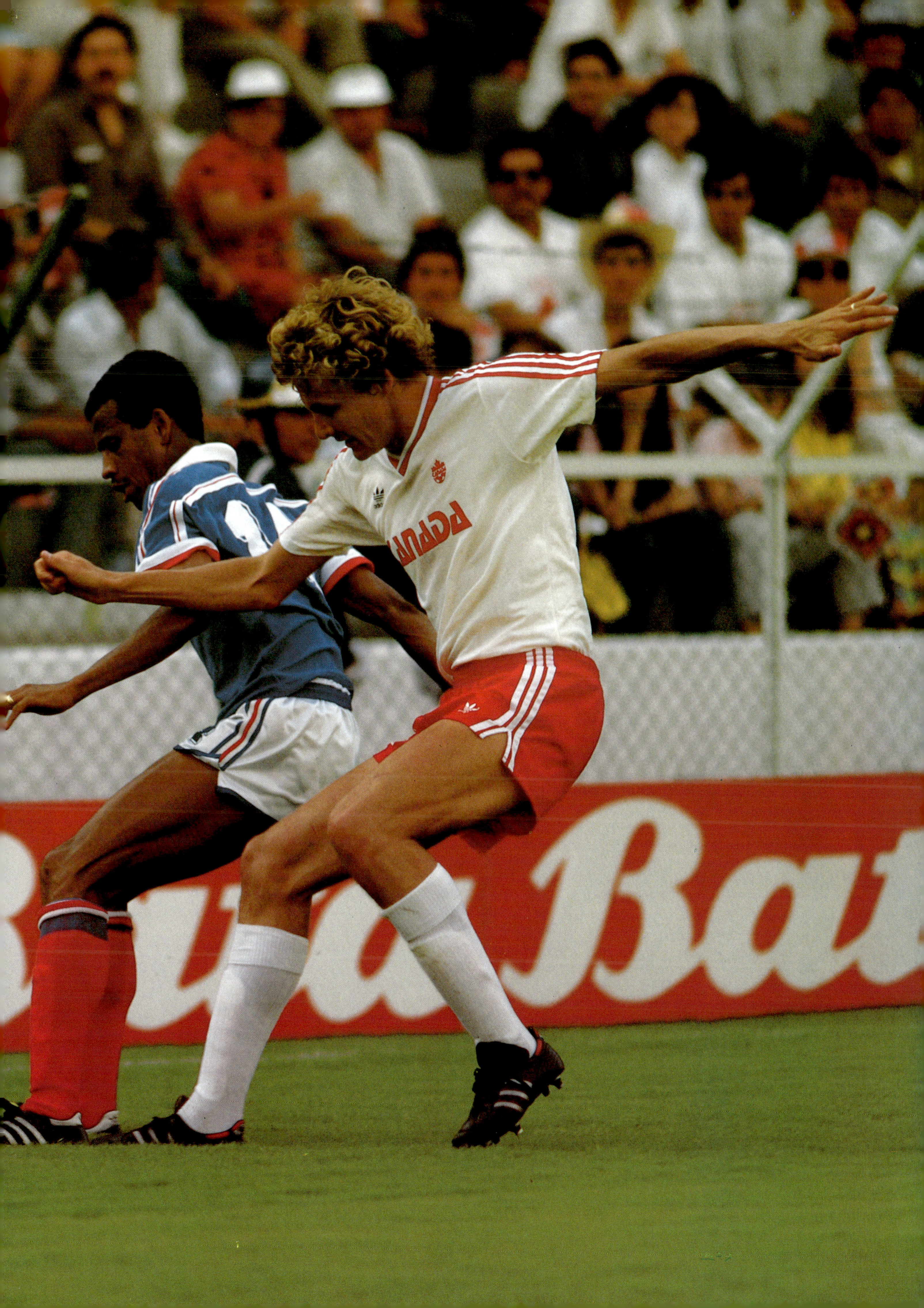
CANADA

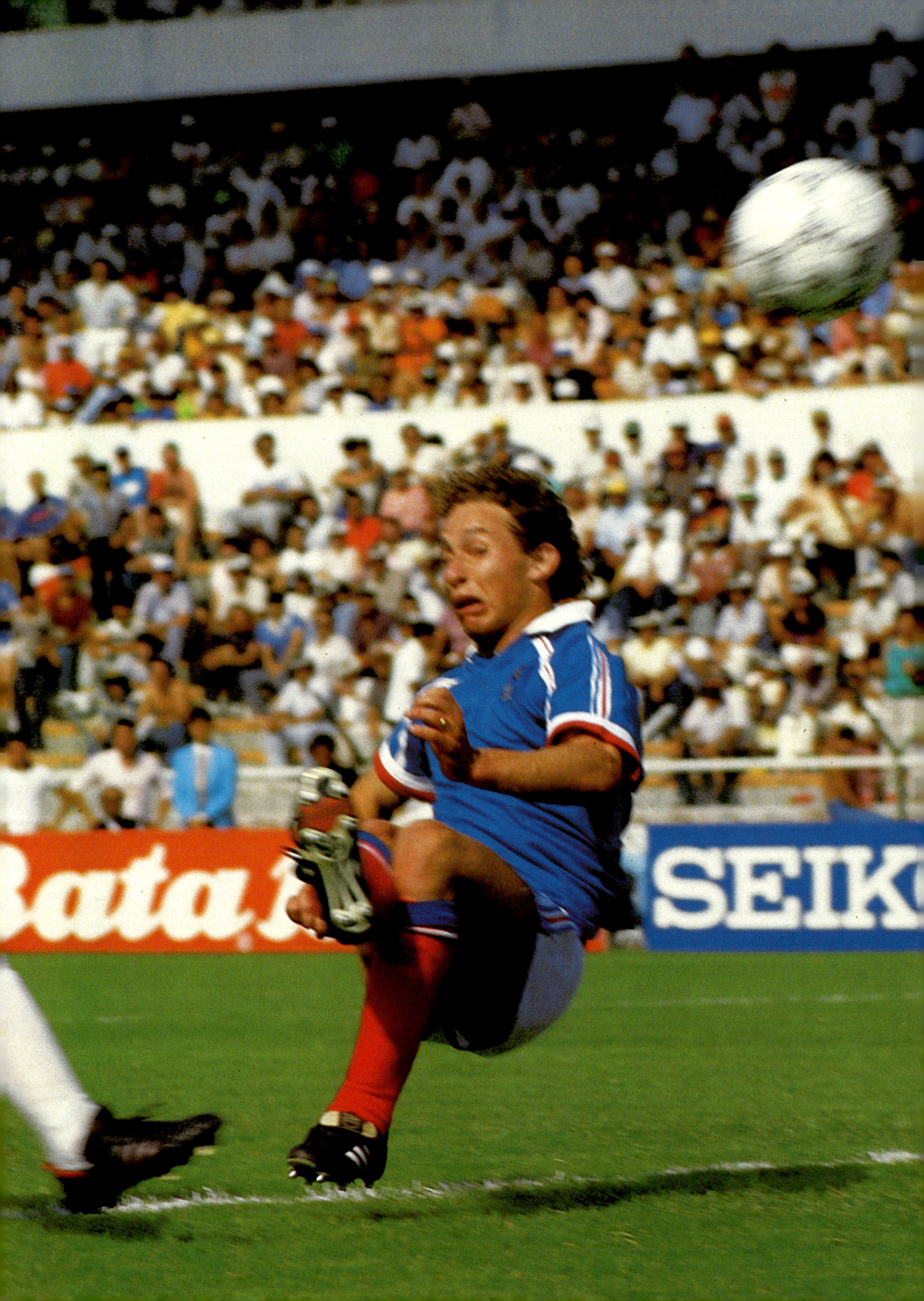
Bata
SEIK

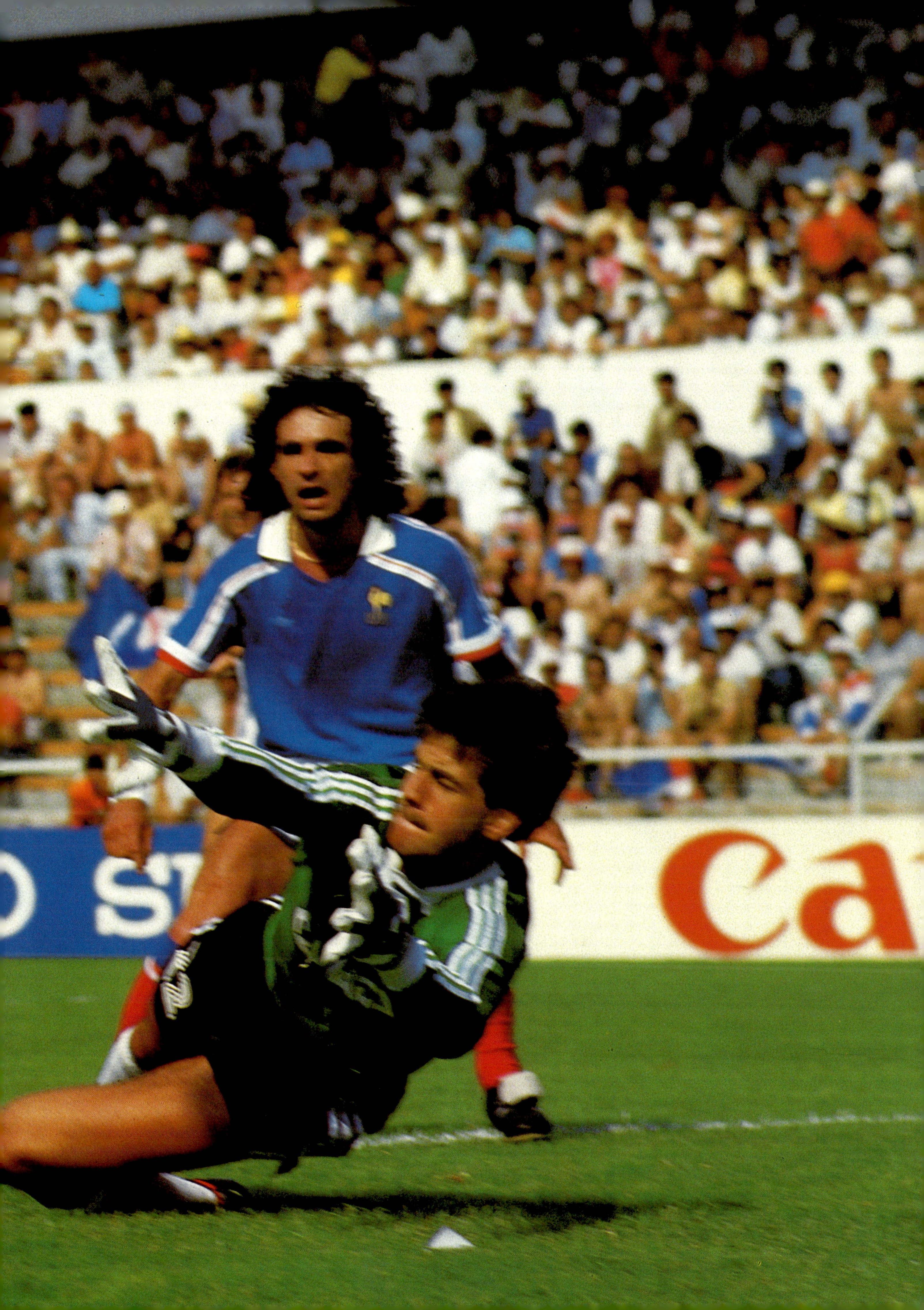

Il y eut heureusement un but de Jean-Pierre Papin, tout au bout du match, qui libéra tardivement la France d'un sacré fardeau ; on ne peut pas dire pourtant qu'il eut pour effet de remettre vraiment les pendules à l'heure, les Canadiens jouant jusqu'au bout leur rôle de trouble fête. « Personne n'aime jouer contre nous », avait avancé Bruce Wilson, le capitaine canadien, qui n'avait pas cru si bien dire. Et de toute façon, le Mundial n'est pas à proprement parler une histoire d'amour. C'était donc aux Tricolores à faire la preuve qu'ils avaient les moyens de faire sauter la porte que l'on avait verrouillée devant eux. Ils n'y parvinrent qu'en une seule occasion, bien tard.

C'était à la fois nécessaire et suffisant !
A vrai dire cette victoire, bien que tirée par les cheveux, procurait à l'équipe de France la satisfactin légitime de s'imposer dans un match d'ouverture. Avant elle, seule l'équipe tricolore de Suède en 1958 y était parvenue en écrasant le Paraguay 7 buts à 3. Une performance que furent incapables de rééditer ceux de 66 (1-1 contre le Mexique), ceux de 78 (1-2 contre l'Italie), et ceux de 82 (1-3 contre l'Angleterre). Comme quoi il y avait tout de même de quoi se gargariser après l'épine canadienne qui ne passait toujours pas...
Il était judicieux dès lors de faire allusion aux problèmes spécifiques de ce Mundial mexicain, chaleur et altitude. Deux causes qui pouvaient éventuellement expliquer certaines défaillances.

Dès leur arrivée au Mexique, il apparut nettement que les joueurs français éprouvaient de sérieuses difficultés respiratoires. A une altitude moyenne de l'ordre de 2 000 mètres au-dessus du niveau de la mer, ils se montrèrent incapables lors des premiers entraînements d'enchaîner des séries de sprints. Narines pincées, gorge en feu, ils cherchaient désespérément à retrouver leur souffle. D'ailleurs, Tusseau et Fernandez durent avoir recours aux masques à oxygène pour retrouver leurs esprits. La condition physique des Français n'étant pas en cause, il fallut bien mettre ces difficultés sur le compte d'une période d'adaptation plus ou moins longue selon les individus. D'une manière générale, l'aptitude à fournir un effort intense pendant plus de deux minutes est très nettement réduite à haute altitude. La réduction de la pression barométrique entraîne alors une diminution de la pression partielle de l'oxygène dans l'air inspiré. Tout le système d'échanges gazeux (respiratoire et circulaire) qui amène l'oxygène nécessaire aux processus aérobies des tissus, notamment des muscles, s'en trouve modifié car il y a diminution de la quantité d'oxygène dans le sang. L'organisme s'efforce alors de compenser en inspirant un volume d'air plus fort. C'est, en fait, tout le mécanisme métabolique qui se trouve perturbé.

Autre effet de l'altitude, la déshydratation. L'air, en effet, s'y fait plus rare et y devient plus sec. Pour combattre ces effets, les médecins poussent les joueurs à boire, même quand ils n'ont pas soif ; environ deux litres de liquide par jour : de l'eau additionnée de magnésium pour favoriser l'excitabilité musculaire, du potage, du thé ou du café. Une fois n'est pas coutume, la F.I.F.A. réagit promptement après un rapport médical concernant le problème de la déshydratation pendant les matches. Elle recommanda donc aux arbitres d'autoriser le « ravitaillement en vol » des joueurs. Ainsi les petits sachets d'eau en plastique purent-ils passer de mains en mains et de bouche en bouche pour permettre aux footballeurs de s'hydrater suffisamment en cours de jeu.

Il faut considérer encore que l'altitude peut provoquer chez certains individus une excitabilité nerveuse plus grande et jouer sur le psy-

On n'a pas retouvé le Brésil d'antan au cours de son match inaugural contre l'Espagne. Les Brésiliens remportèrent un succès étriqué (1-0) et plutôt heureux, dans la mesure où l'arbitre australien Bambridge refusa aux Espagnols le but tout à fait valable qu'ils inscrivirent à la 53e minute de la rencontre, la barre ayant projeté le ballon dans les buts brésiliens avant de ressortir... Ici, Julio Alberto bloque Alemao sous le regard d'Edson (à terre). A droite : l'excellent libero espagnol Maceda prend le meilleur dans cette bataille aérienne.

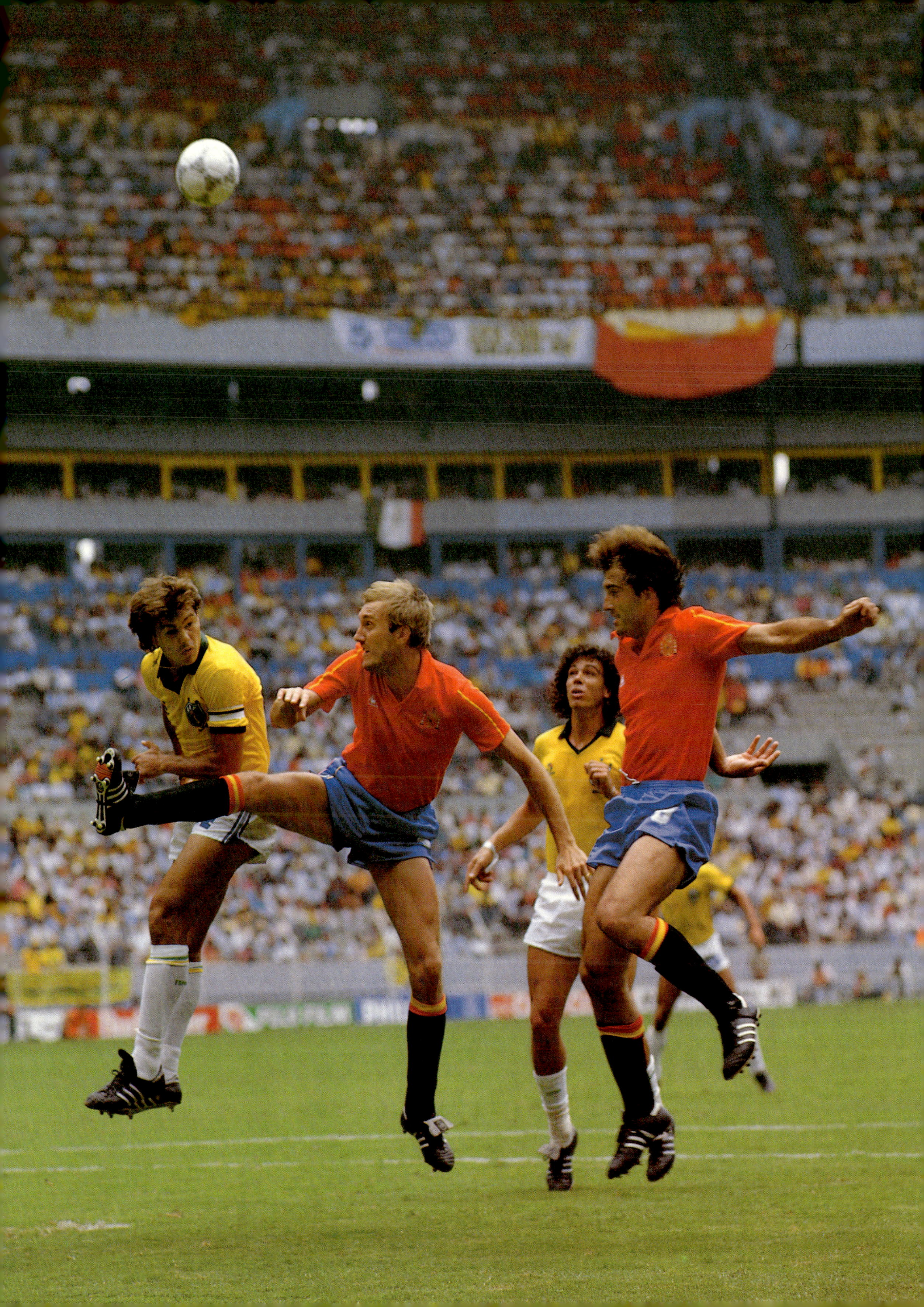

chisme en agissant notamment sur le sommeil. Joël Bats, notamment, ne cacha qu'il souffrait d'insomnies depuis son arrivée au Mexique.
Et puis, la chaleur. Très souvent supérieure à 30° à l'ombre au moment où étaient disputés les matches, à partir de 12 h et de 16 h pour des impératifs de retransmission télévisée. Pour remédier aux effets néfastes de la chaleur, le Dr Vrillac, médecin de l'équipe de France, avait demandé aux joueurs de porter des bracelets éponge. Il expliquait que cela permettait d'y insérer des capsules plastiques de gel réfrigérant. Tout avait donc été prévu pour affronter chaleur et altitude, mais apparemment le premier match des Français contre le Canada, qui avait révélé bien des lacunes, pouvait faire penser que bien des Bleus avaient du vague à l'âme et des jambes en béton. Des excuses qui en valaient bien d'autres...
Finalement, ce fut une équipe de France aiguillonnée par les critiques et par conséquent remontée comme une pendule qui affronta les Soviétiques sur le terrain de Leon. Ceux-là venaient d'infliger une sévère correction (6-2) à des Hongrois pris en flagrant délit de farniente. Et le test pouvait avoir valeur de symbole.
Malgré le couac enregistré face au Canada, Henri Michel demeura fidèle à l'équipe qui force la décision dans sa tête, avec son milieu de terrain magique composé des quatre que l'on sait (Tigana, Fernandez, Giresse et Platini), et un tandem Battiston-Bossis en défense centrale. Faire de Bossis le stoppeur de l'équipe de France alors qu'il est le libero d'un Racing triomphant, tel était le pari de Michel. On peut dire aujourd'hui qu'il le réussit fort bien, Bossis prenant peu à peu la mesure du très pertinent Belanov, pour le réduire à l'impuissance totale. Et l'impuissance d'un attaquant est un spectacle souvent pénible...

M. Bambridge va-t-il intercepter la balle ? Elle échappe en tout cas au ballet que forment Maceda, Tomas, Casagrande et Alemao devant l'arbitre australien, tout surpris - et à juste titre - de se trouver en si belle compagnie !

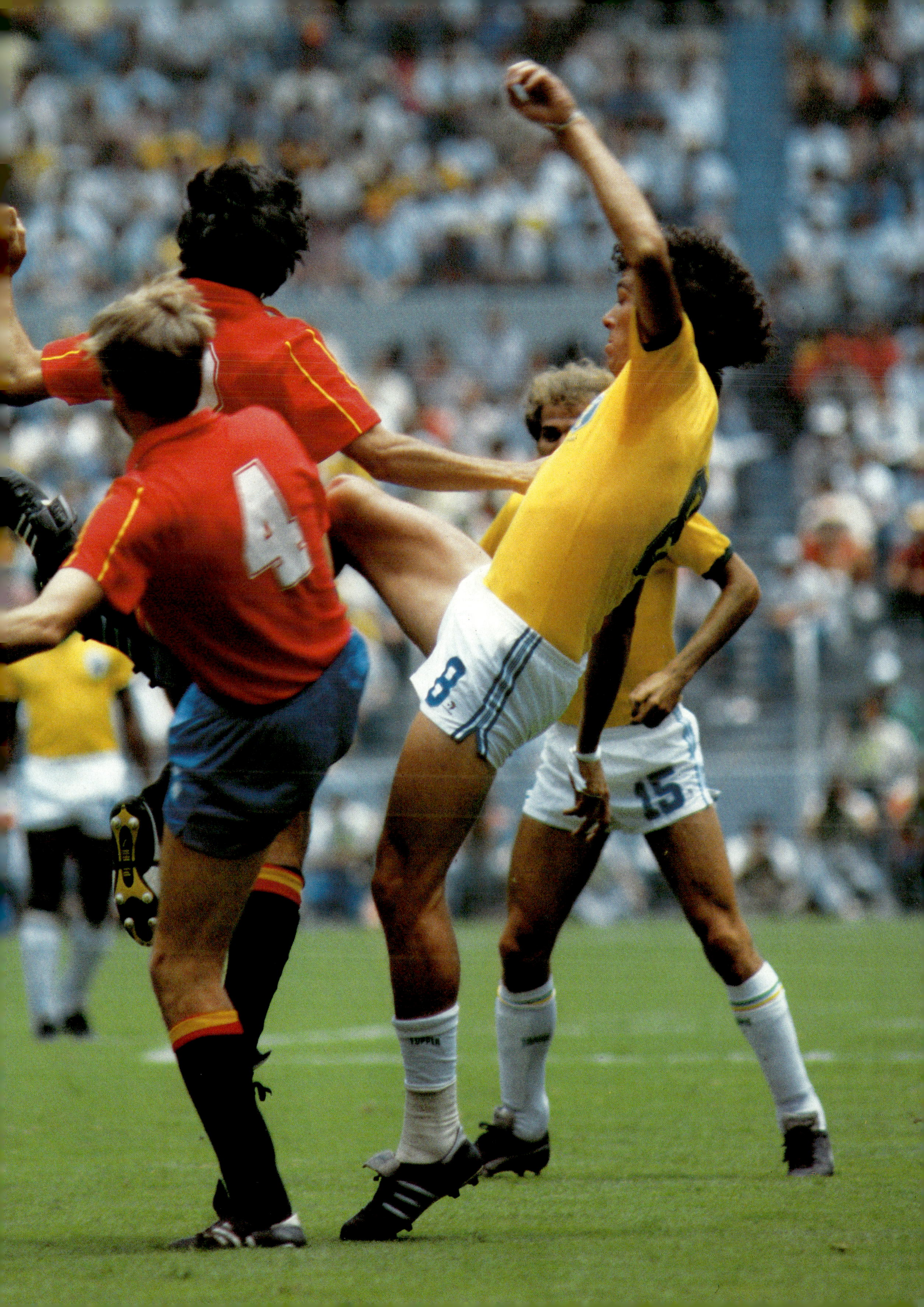

Si bien que, par la grâce d'une équipe de France plus apte à travailler son devoir de classe, les Soviétiques furent dépouillés du label de « terreurs », dont on les avait affublés après le massacre de la Hongrie. Les Français jouaient bien. Ils paraissaient transformés tant au point de vue de leur organisation collective que sur le plan individuel. Ils répondirent ainsi du tac-au-tac aux grands élans de l'ours soviétique et la partie atteignit un niveau bien plus que convenable pour un match de premier tour. L'équipe chère à Henri Michel, celle qui fait des anciens de toujours jeunes combattants, se retrouva complètement pour mettre des bâtons dans les rouages de l'impressionnante machine russe. La défense tenait le choc, le milieu tournait rond et l'attaque perforait. C'était comme si les Bleus étaient allés chercher tout au fond de leurs cartables la partition qu'ils n'avaient même pas entamée contre le Canada. Le ballon leur tenait aux pieds et ils en faisaient un usage intelligent à défaut de le glisser fréquemment dans les filets de l'immense Rinat Dassaev.

Bref, c'était comme un bonheur retrouvé. On se surprenait à le vivre égoïstement jusqu'à ce que Vassisli Rats, vingt-cinq ans, jeune demi du Dynamo Kiev, allumât un pétard de 25 mètres qui laissa Bats baba. Un tir tracé ainsi qu'une ligne dans

Double page suivante : Le but de la controverse. L'Espagnol Michel a tiré sur la barre, et la balle a ricoché dans le but brésilien, derrière la ligne, avant de ressortir. « Pas de but », a dit l'arbitre australien. Pas de but non plus. Ci-contre, Edinho marquant... de la main, et ses camarades jubilant dans l'espoir vain que M. Bambridge validera le point. Mais l'arbitre, cette fois, ne s'est pas trompé...

Ci-dessous : Explosion de joie, justifiée celle-là, qui salue le seul but validé de la partie, marqué à la 62e minute par le grand Socrates, tendant ses poings vers le ciel de Mexico. A droite : âpre duel au sol entre l'Espagnol Buttragueno, qui sera beaucoup plus heureux dans la suite du Tournoi, et le Brésilien Edinho.

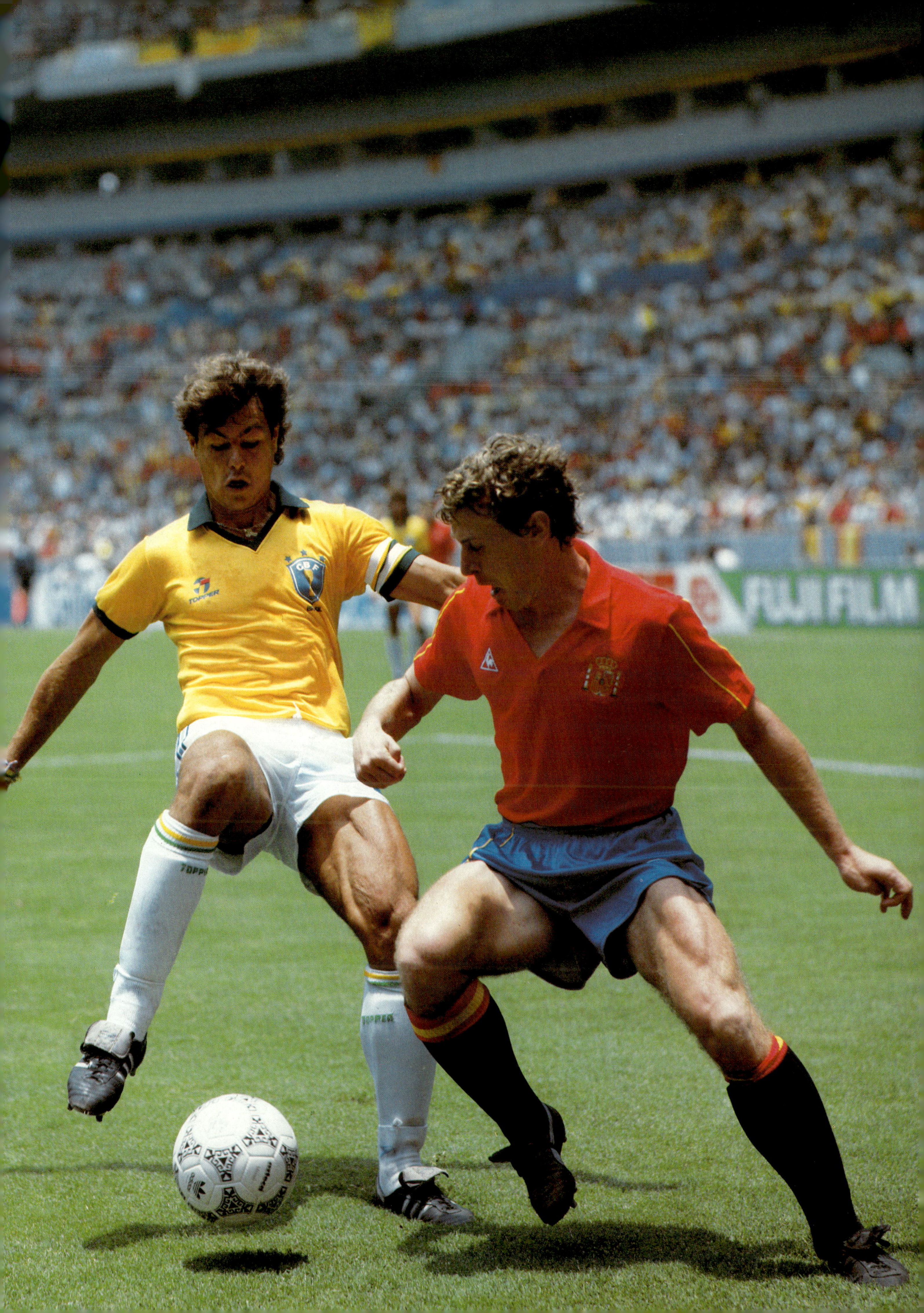
FUJI FILM
TOPPER

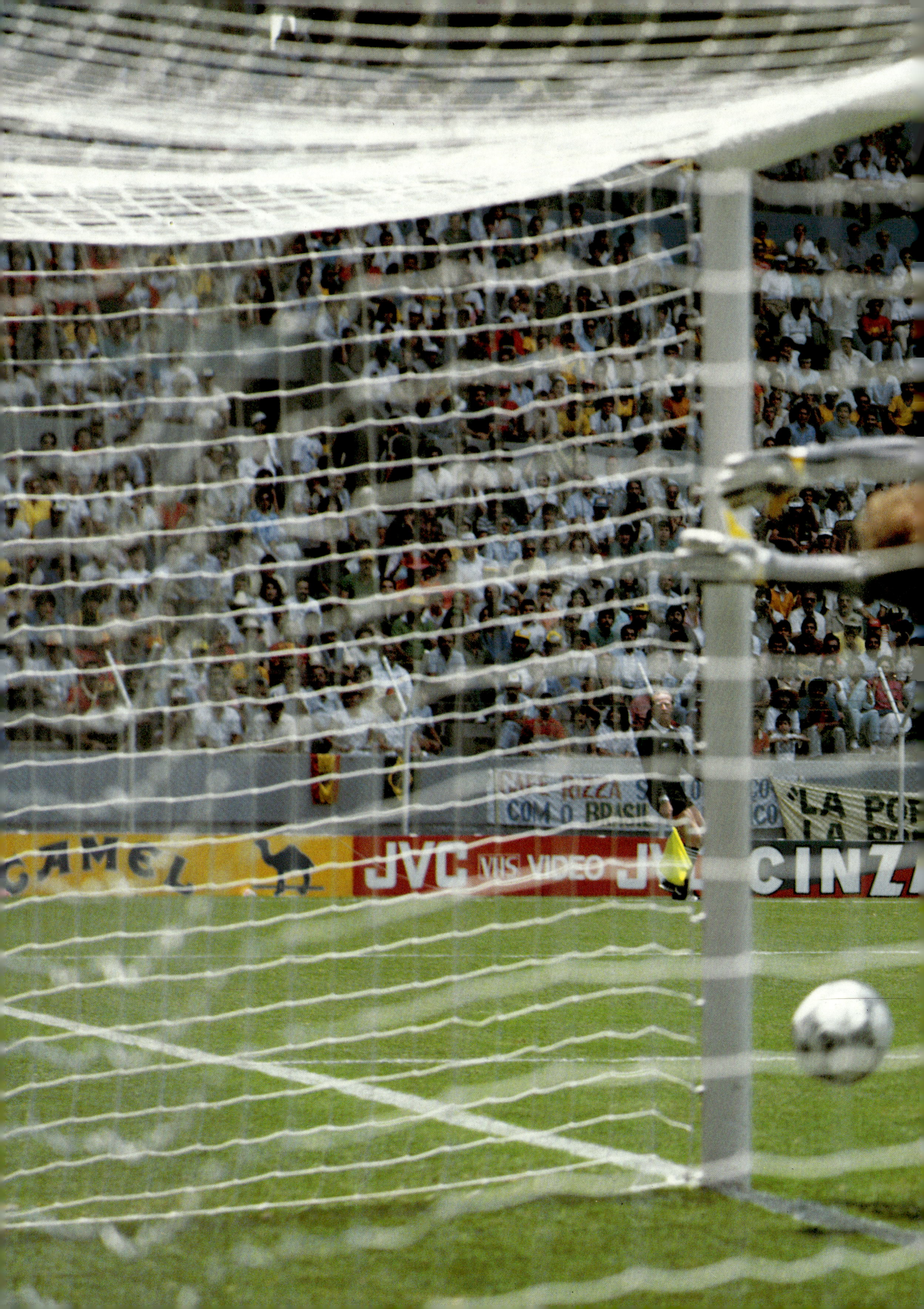
CAMEL
JVC
VHS VIDEO

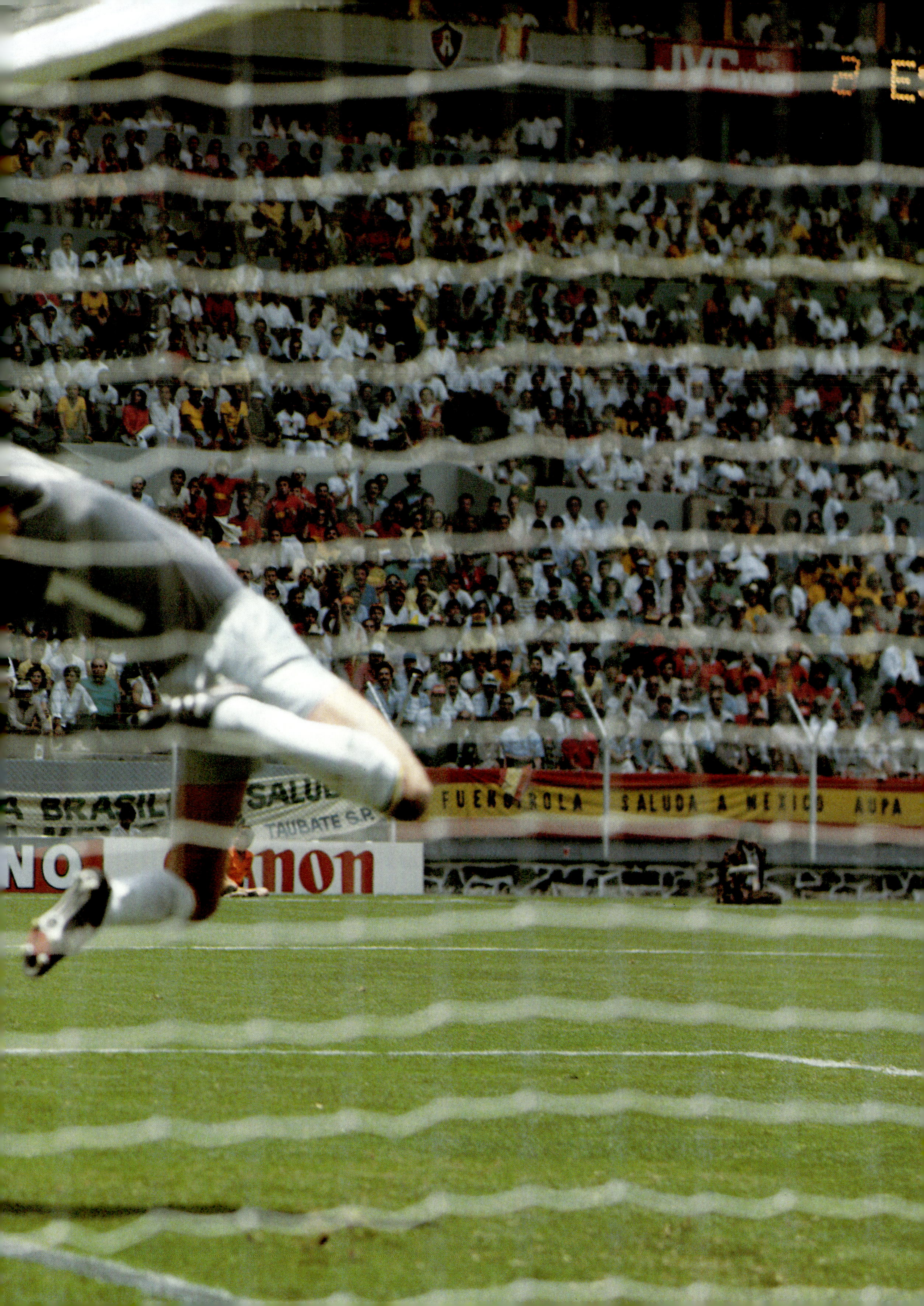

BRASIL
TAUBATE S.P.
SALUDA A MEXICO
AUPA

l'atmosphère poisseuse de Leon.
Ce qui fit, dès ce moment-là, la grandeur de la France, ce fut son incroyable volonté à forcer le destin. On vit alors de très grandes choses entre Platini et Stopyra. D'autres encore, de très belles, entre Platini, Giresse et Ayache. La chasse était lancée dans le sillage de ce but soviétique qui aurait pu être assassin. Chacun jouait à l'unisson du copain d'à-côté et personne ne songeait à se transformer en sauveur unique de l'équipe. La stabilité était trouvée. Elle se manifestait par une participation de tous à la tâche commune. C'était le retour aux sources pour cette France qui avait fait ses armes en 1978 en Argentine et qui les avait aiguisées en 1982 du côté de Séville.
Cette fois, il n'était pas question de laisser les mailles du tricot s'effilocher sur le feston jauni d'un terrain mexicain. Il y avait bien mieux à faire. Et ce fut peut-être cette inspiration de tous les instants qui pro-

Un de ces terribles orages dont Mexico a le secret s'abattit sur le Stade Aztèque peu avant le premier match du Mexique. La pelouse, bâchée comme un court de tennis, ne fut dégagée qu'en dernière minute. Opérant avec un enthousiasme que l'orage n'avait pas douché, les Mexicains prirent le meilleur sur le gardien belge Pfaff, par une superbe tête de Quirarte après 24 minutes de jeu.

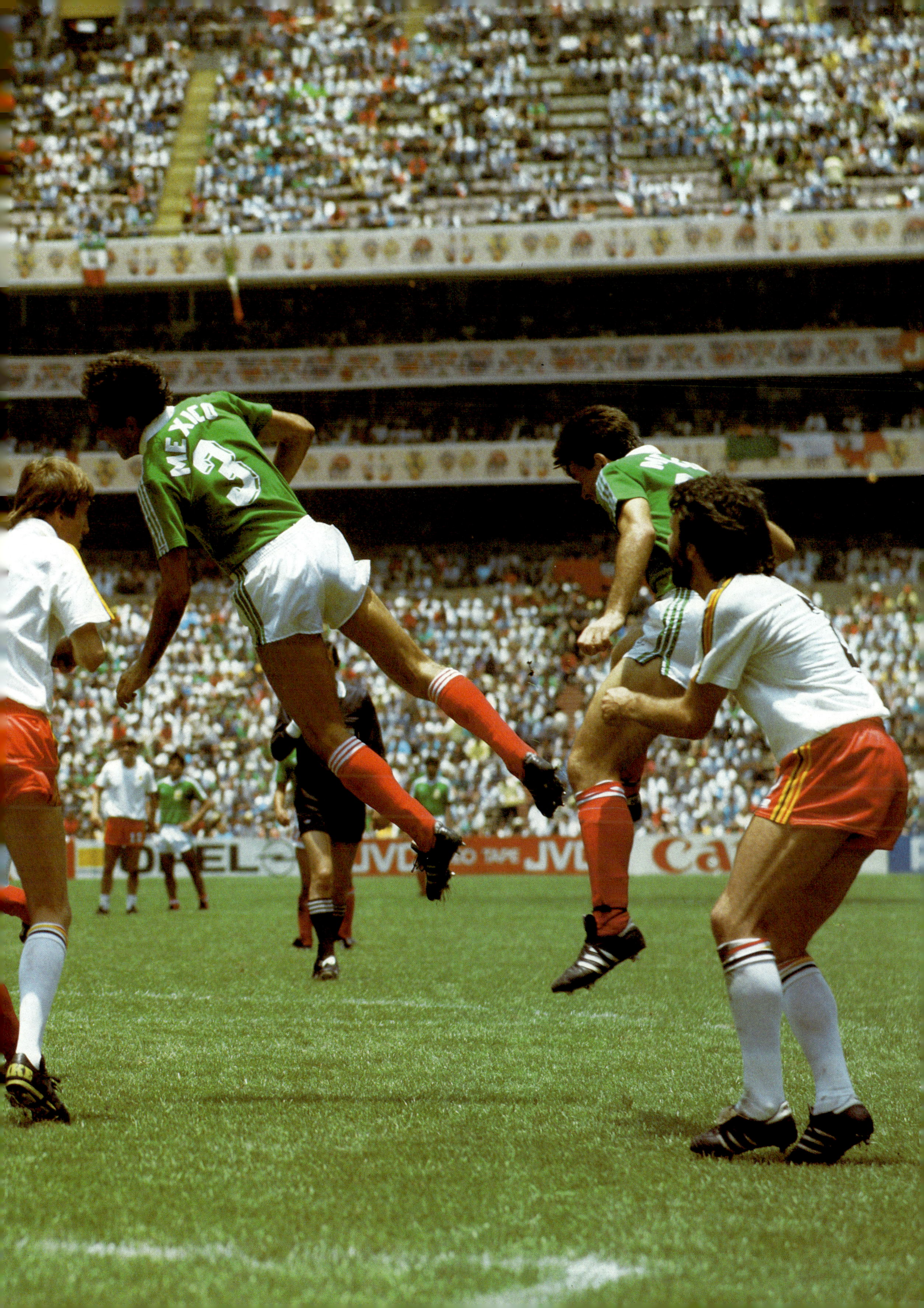
MEXICO
3
JVC

En dépit de sa victoire (2-1), le Mexique ne parvint pas à convaincre, et son gardien Pablo Larios, souvent plus spectaculaire qu'efficace, eut son lot de travail face aux Belges. Sur ces images, il s'oppose par deux fois aux assauts du capitaine belge Ceulemans, dont l'activité ne se relâcha guère à proximité du but mexicain.

cura au trio Stopyra-Giresse-Fernandez la recette d'un but d'égalisation bien dans la norme de leurs ambitions. La passe d'Alain Giresse, ainsi qu'un fruit porté par dessus l'arrière-garde soviétique jusque sous le nez de Luis Fernandez, buteur et sauveur. A ce niveau, il faut considérer cette réussite à sa juste valeur, sachant que Fernandez est un réalisateur tout à fait occasionnel : en trente participations avec le maillot frappé du coq il inscrivait, à ce moment-là, ce qui était seulement son 4e but. L'ironie veut que ce fut le deuxième marqué au seul Dassaiev après un match réussi en 1983 au Parc des Princes.

Tout ne fut ensuite que péripéties jusqu'aux ultimes assauts d'un Papin aussi fringuant qu'aux premiers instants. Il restait donc de cette égalisation et de ce match nul des Tricolores l'opiniâtre volonté qu'ils avaient eu de voler la vedette aux Soviets. Et si l'équipe de France avait joué à contre emploi face au Canada, elle se trouvait digne désormais de reprendre pour elle-même l'étiquette de favori que l'on avait collée aux Soviétiques après leur écrasante victoire sur la Hongrie.

Laquelle Hongrie aspirait à redorer son blason en affrontant les nôtres. Mais à l'évidence, le 6-0 de l'affront soviétique était encore imprimé dans toutes les mémoires magyares, car ce fut une équipe encore sous influence qui se proposa aux appétits tricolores. Les Hongrois venaient de se défaire des Canadiens par 2 buts à 0, donc un résultat somme toute plus flatteur que celui enregistré par les Français ; restait pourtant à savoir si la vaillance canadienne ne s'était pas altérée au fil du temps et des températures mexicaines.

Autant dire que la Hongrie constituait un problème à plusieurs inconnues avant ce débat décisif pour la participation aux huitièmes de finale. Il n'échappait à personne que les Hongrois avaient été les premiers parmi les Européens à se qualifier pour le Mexique en dominant notamment l'Autriche et les Pays-Bas lors des éliminatoires. Personne n'oubliait non plus que ces Hongrois avaient donné la leçon à la sélection brésilienne au Nepstadion de Budapest le 16 mars précédant. Trois à zéro pour la Hongrie face à des Brésiliens cueillis à froid à tous les sens du terme...

C'étaient là des références qui pouvaient faire pendant à la déculotée récemment subie face aux Soviétiques. D'autant que le sélectionneur

Gyorgy Mezzey, à la fois futé et brillant, posait en préambule la question : « Pourquoi aurions-nous peur ? », histoire de dire que les Hongrois ne craignaient plus rien, sinon que le ciel leur tombe sur la tête. Car pour ce qui était de la qualification, lui comme ses joueurs sentaient bien qu'ils ne pourraient pas empêcher la France de terminer seconde de ce groupe C. Mezzey répondait d'ailleurs lui-même à sa question : « On peut avoir peur de la bombe atomique, de certaines maladies, mais le football n'a rien d'effrayant ! » Si ce n'est pour le sélectionneur qui peut craindre pour ses attributions... De ce côté là, encore, Mezzey semblait paré. « Quand on fait ce métier, il faut savoir accepter le moment où il faut faire sa valise... ». Nul ne savait alors si Mezzey s'attendait à devoir rendre son tablier, mais le fait est qu'il s'y préparait !

Sur le papier, la formation magyare aurait pu présenter quelques points communs avec l'équipe de France. Bon quadrillage du terrain, jeu court et varié, changement de rythme permanent, le tout orchestré par le jeune et talentueux Detari, le Platini hongrois. Mais tout cela n'était que théorie, vite balayée par la réalité du match. Lourds, sans inspiration, sans punch et sans imagination, les Magyars descendants de cette grandes lignée de footballeurs qui ont notamment donné Puskas et Kocsis à l'Europe du football, n'étaient que des ersatz. Ils ne produisaient pas l'impression de pouvoir aligner trois passes de suite sans commettre d'erreurs de placement ou de trajectoire. Bref, ils marchaient à côté de leurs godasses, trop médiocres, en tout cas, pour ne pas laisser à penser que leur mental avait été atteint au plus pro-

Les scènes de bataille, comme celle qui oppose ici Lineker et Federico, furent à peu près tout ce qu'on put retenir du médiocre match entre l'Angleterre et le Portugal. La défaite des Anglais (0-1) fut sévèrement jugée outre-Manche, où l'un des grands quotidiens londoniens n'hésita pas à barrer sa première page de ce titre lapidaire : « Idiots ! ».

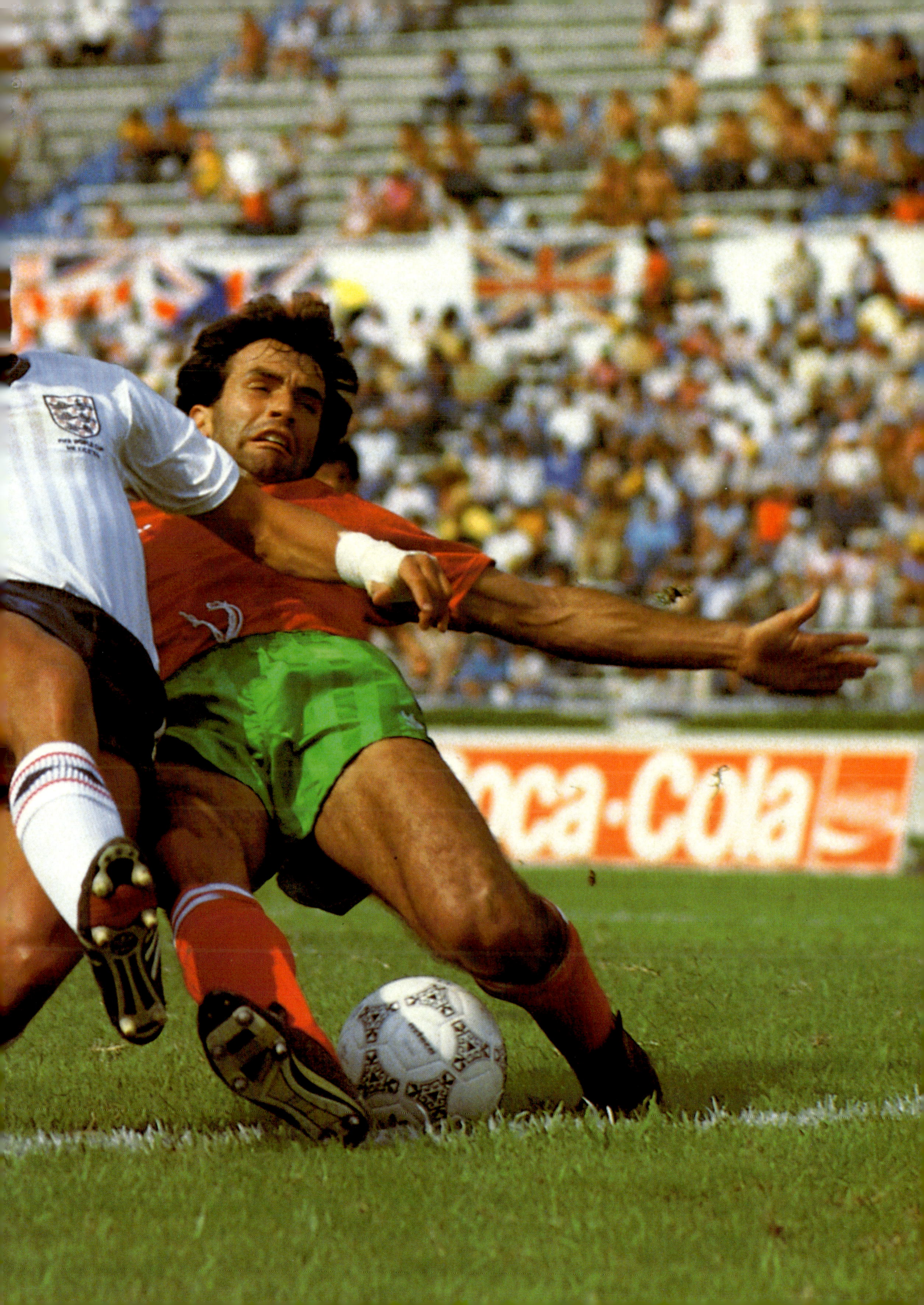
oca-Cola

Bien contrôlé par la défense portugaise, l'avant centre anglais Hateley n'eut que rarement l'occasion d'inquiéter la gardien Bento. En quête de réhabilitation après leur défaite face au Portugal et leur match nul avec le Maroc, les Anglais se sauvèrent in extremis à la faveur d'un net succès sur la Pologne. Et ce furent les Portugais qui, en dépit de leur succès inaugural, reprirent l'avion les premiers, pour s'être inclinés ensuite tour à tour face à une petite Pologne et à un étonnant Maroc.

fond. A l'évidence, c'étaient des fantômes qui tentaient de donner la réplique à une équipe de France qui n'arrivait pas réellement, pour sa part, à élever le débat.

Pendant près d'une demi-heure, elle se perdit en d'inextricables recherches, gâchant quelques mouvements collectifs prometteurs. Ceci, jusqu'à ce qu'une belle envolée de William Ayache sur le côté droit se poursuive par un superbe centre pour la tête de Stopyra qui ouvrit la voie d'un premier but, mérité mais tout de même laborieux. Il y eut ensuite quelques tentatives de Battiston, de Bossis et de Fernandez qui auraient définitivement fait le break si elles avaient pu connaître un meilleur sort. Heureusement, il y eut plus tard un second but de Tigana, le premier de sa carrière internationale, mais aussi le plus beau collectivement sur le front du Mundial, en conclusion d'une action menée depuis les bases arrières françaises par Amoros et Rocheteau et poursuivie par Platini et encore Rocheteau. Du beau, du bon travail collectif, comme on aime le voir faire à cette équipe de France. A 2-0, les Hongrois n'avaient plus que leurs yeux pour pleurer. Il restait à Platini à faire admirer sa vista en offrant sur un plateau un troisième but à Dominique Rocheteau. Ainsi fut fait et ponctuée cette large victoire de l'équipe de France, une équipe qui entrait dans l'histoire pour avoir glané cinq points sur six possibles, avec cinq buts pour et un contre, ce qui constituait le meilleur score jamais réalisé en Coupe du Monde par une formation tricolore.

Deux victoires, un match nul à son tableau de chasse, l'équipe de France pouvait se déclarer satisfaite. Comme elle n'avait pas la mémoire courte, elle pouvait aussi se souvenir qu'en 1978, en Argentine, elle avait disparu dès le premier tour non sans avoir fait naître les prémices de futures conquêtes. C'est en Argentine d'ailleurs que s'était formé l'ossature du onze tricolore ; c'est là-bas qu'il se frotta aux dures réalités de la compétition de très haut niveau, c'est là-bas encore que nos joueurs apprirent à ouvrir les yeux sur un monde où il ne suffit pas de bien jouer pour gagner, ou de faire le beau pour le beau. Là-bas, l'Italie puis l'Argentine lui donnèrent de formidables leçons de réalisme.

En 1982, le bilan fut plus brillant. Les tricolores avaient retenu les leçons de Buenos Aires et de Mar del Plata. En Espagne, ils comptaient à l'issue des trois premiers matches du premier tour une défaite (3-1) contre l'Angleterre, une victoire sur le Koweit (4-1) et un match nul avec la Tchécoslovaquie (1-1)..

Et si l'on devait se référer au Mundial espagnol, où les Français étaient allés jusqu'aux demi-finales après avoir obtenu ces trois points seulement au premier tour contre cinq cette fois, on pouvait envisager raisonnablement une carrière encore plus brillante. Mais le Mexique se révélait plus surprenant que l'Espagne dans ses chambardements. Alors ?...

Alors, ce que les Français pouvaient espérer en allant le plus loin possible dans la compétition, c'était bien de repartir du Mexique les poches bourrées d'or...

« Le principe est simple, explique Jean Garnaud, le trésorier de la Fédération française de football. Plus on avance dans la compétition plus on paye. » Une qualification pour la finale assurait chacun des Tricolores d'une prime supplémentaire de 400 000 francs qui aurait donc enflé le trésor amassé jusque là. En cas de finale, on pouvait estimer les gains de chaque joueur de l'équipe de France aux alentours du million de francs. Et si l'on dépassait le cadre des joueurs pour considérer maintenant toute la délégation française, techniciens d'encadrement et membres administratifs ou chargés de l'intendance, c'est 10 millions de francs de primes qui devaient être versés. Ainsi que le faisait remarquer Jean Garnaud, le budget de l'équipe de France pour ce Mundial frôlait les 26 millions de francs avec trois types de dépenses. En premier lieu, le remboursement aux clubs des salaires et charges sociales des sélectionnés au prorata de leur mobilisation depuis le stage en altitude de Font Romeu. Au total, cette indemnisation était évaluée à dix millions de francs pour les deux mois.

Ensuite viennent les primes dont nous venons de parler. Puis l'intendance qui représente l'investissement le moins important : de 5 à 6 millions de francs. « Mais c'est elle qui me procura le plus de tracas, ajouta Jean Garnaud. A Guanajuato, par exemple, nous avions réquisitionné tout un hôtel, obligeant la boîte de nuit de l'établissement à fermer ses portes. Mais les propriétaires se sont rattrapés sur le service et la nourriture. Rien que pour ouvrir les bouteilles de vin de Bordeaux que nous avions amenées avec nous, ils nous réclamaient 4 000 pesos à chaque coup de tire-bouchon, soit 50 francs environ par bouteille débouchée. Nous avons réussi à marchander et à fixer le prix du bouchon à 2 000 pesos seulement... ».

D'autre part, pour ses trois matches de préparation disputés au Mexique, l'équipe de France versa une indemnité de 7 000 dollars à chacun des sparring-partners qui lui furent opposées. Il est évident que les Français n'étaient pas intéressés à la recette de ces matches, dont le bénéfice était destiné aux victimes du tremblement de terre. Par la suite, pendant la compétition elle-même, chaque sélection dut verser 9 231 dollars à un fonds de reconstruction de Mexico. Comme quoi le Mundial pouvait aussi avoir valeur humanitaire.

Il y avait encore toutes les petites dépenses au jour le jour. Chaque joueur tricolore reçut ainsi une indemnité journalière de 160 francs pour ses cartes postales, les timbres, les coups de fil, ou les piles des transistors. Quand on sait le tarif des communications téléphoniques entre le Mexique et la France, il est à parier que les notes de télé-

Face à l'Uruguay, l'Allemand Matthäus expédia d'entrée un boulet de canon en direction du but adverse, mais manqua sa cible alors que la défense était battue. Alzamendi, lui, fut plus heureux, qui donna l'avantage à l'équipe sud-américaine. Les Allemands ne se désunirent pas et furent souvent dangereux, comme sur ce puissant tir décoché sur la barre par Augenthaler. L'égalisation n'était pas loin...

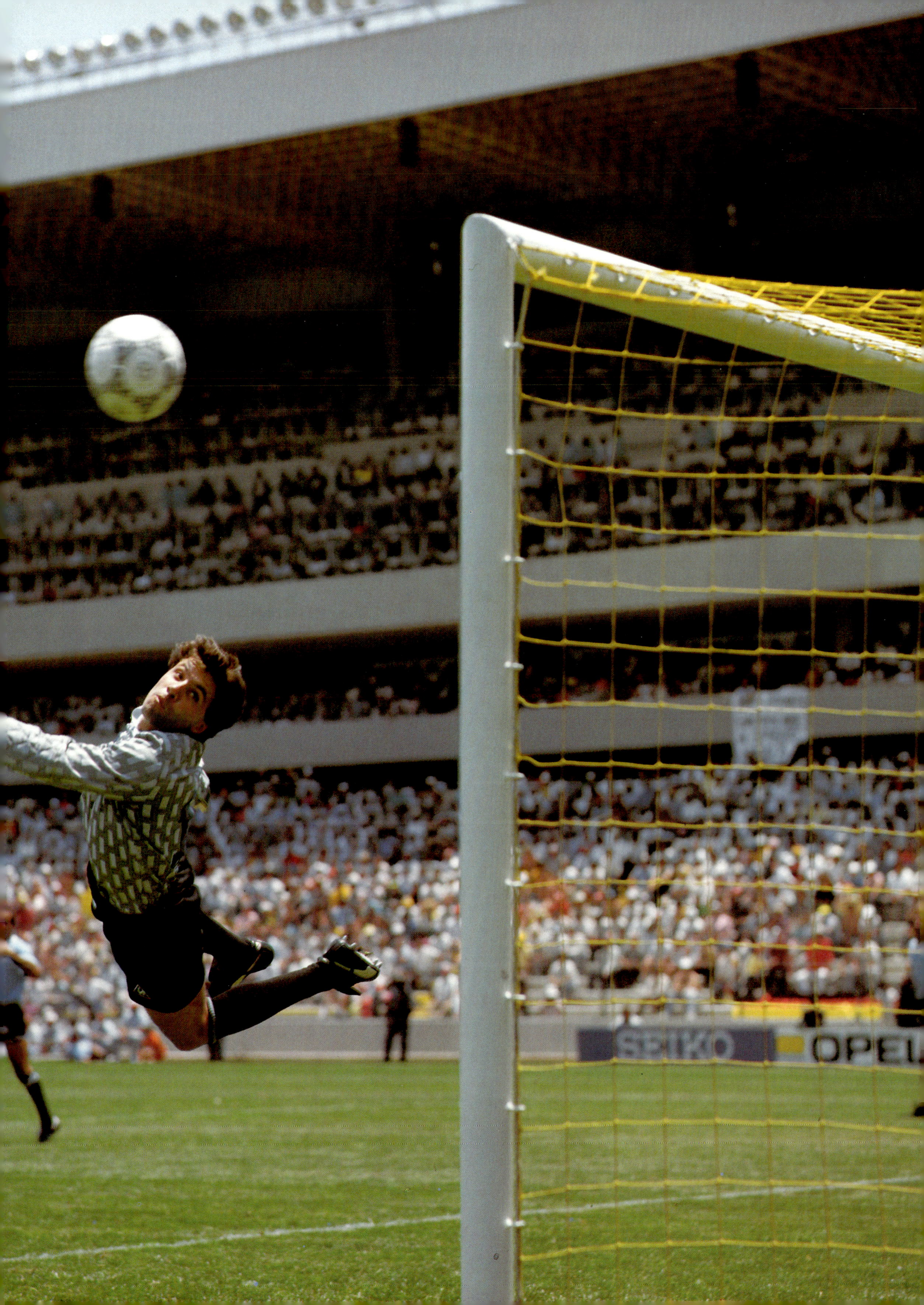
SEIKO

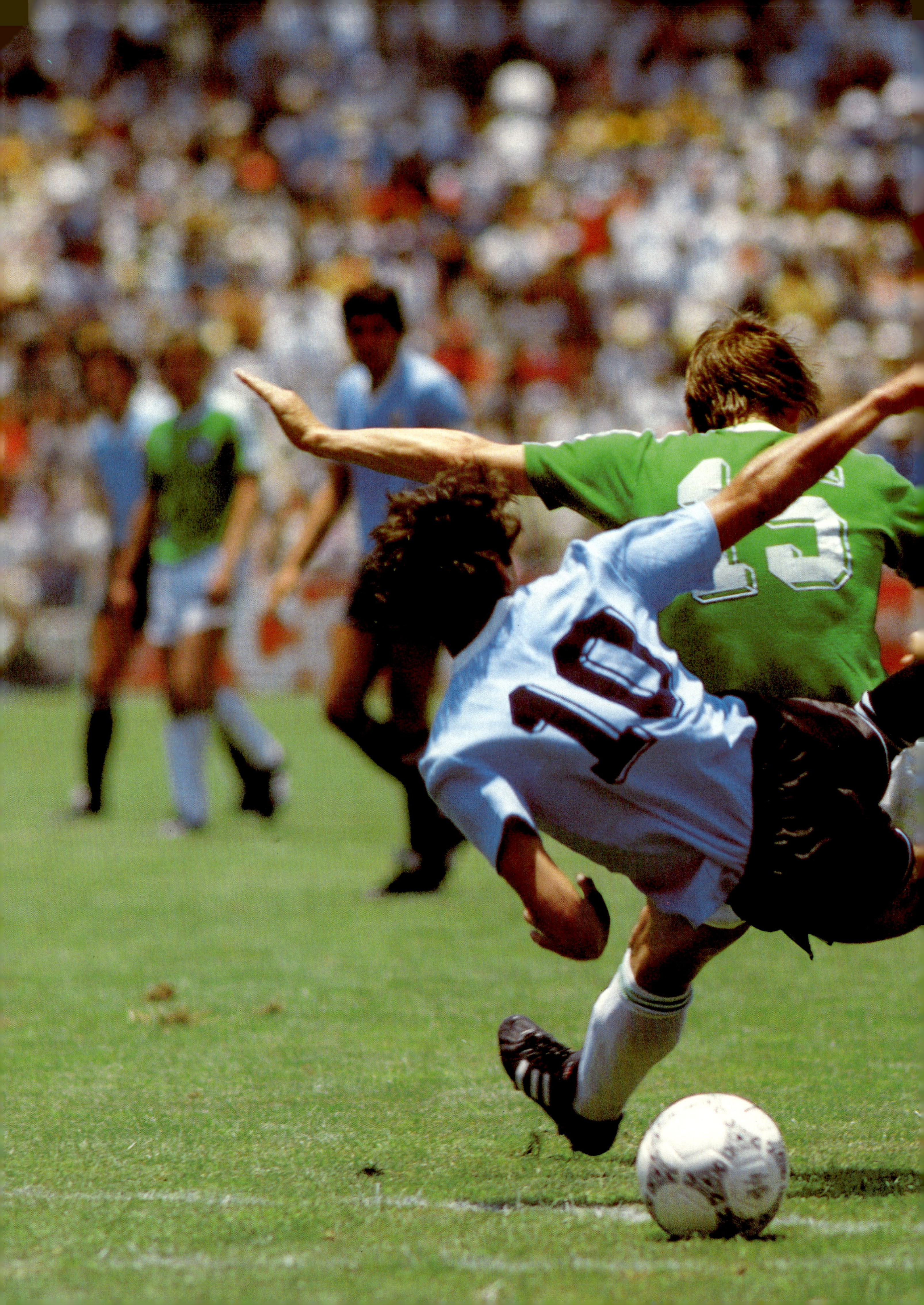

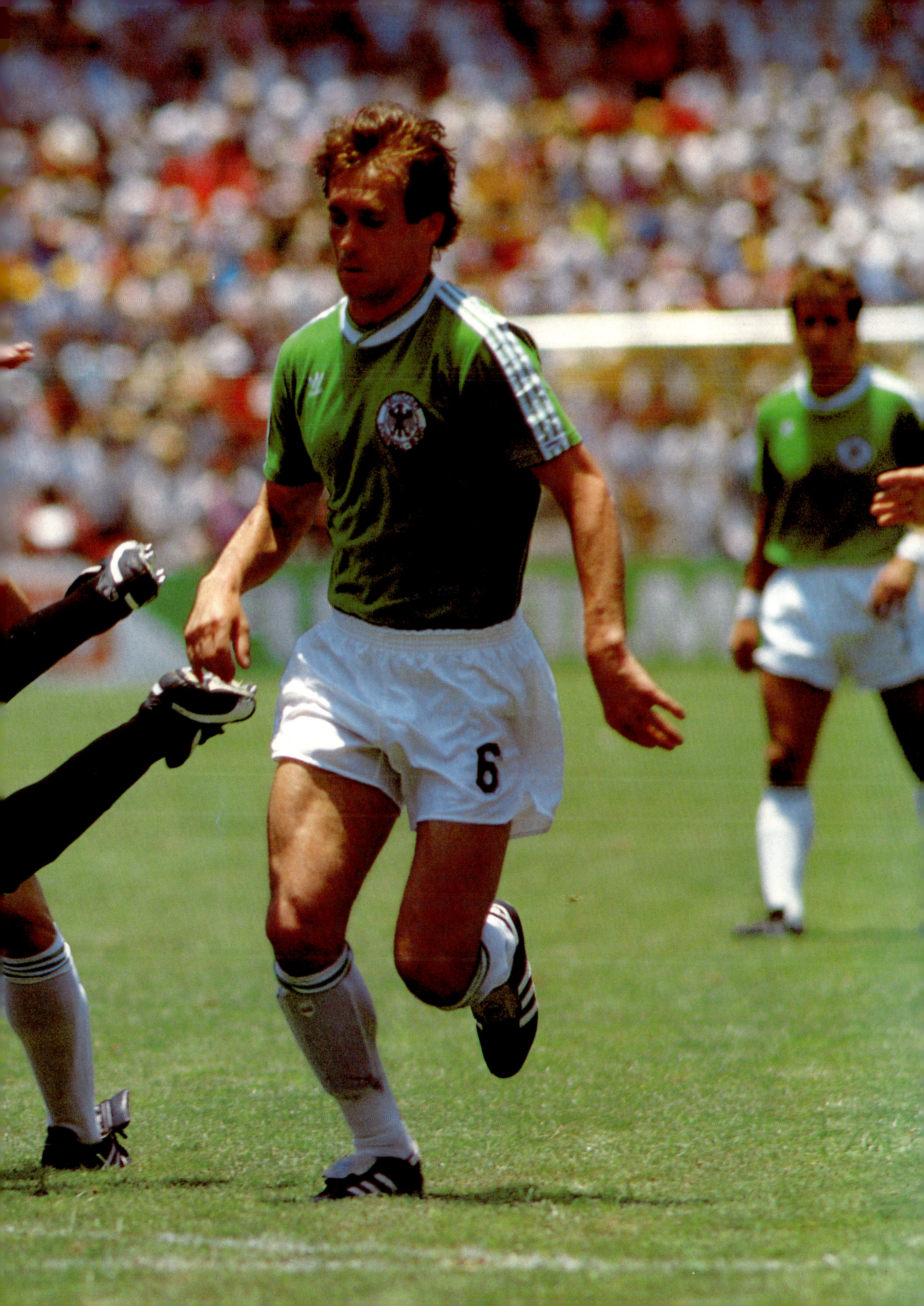
6

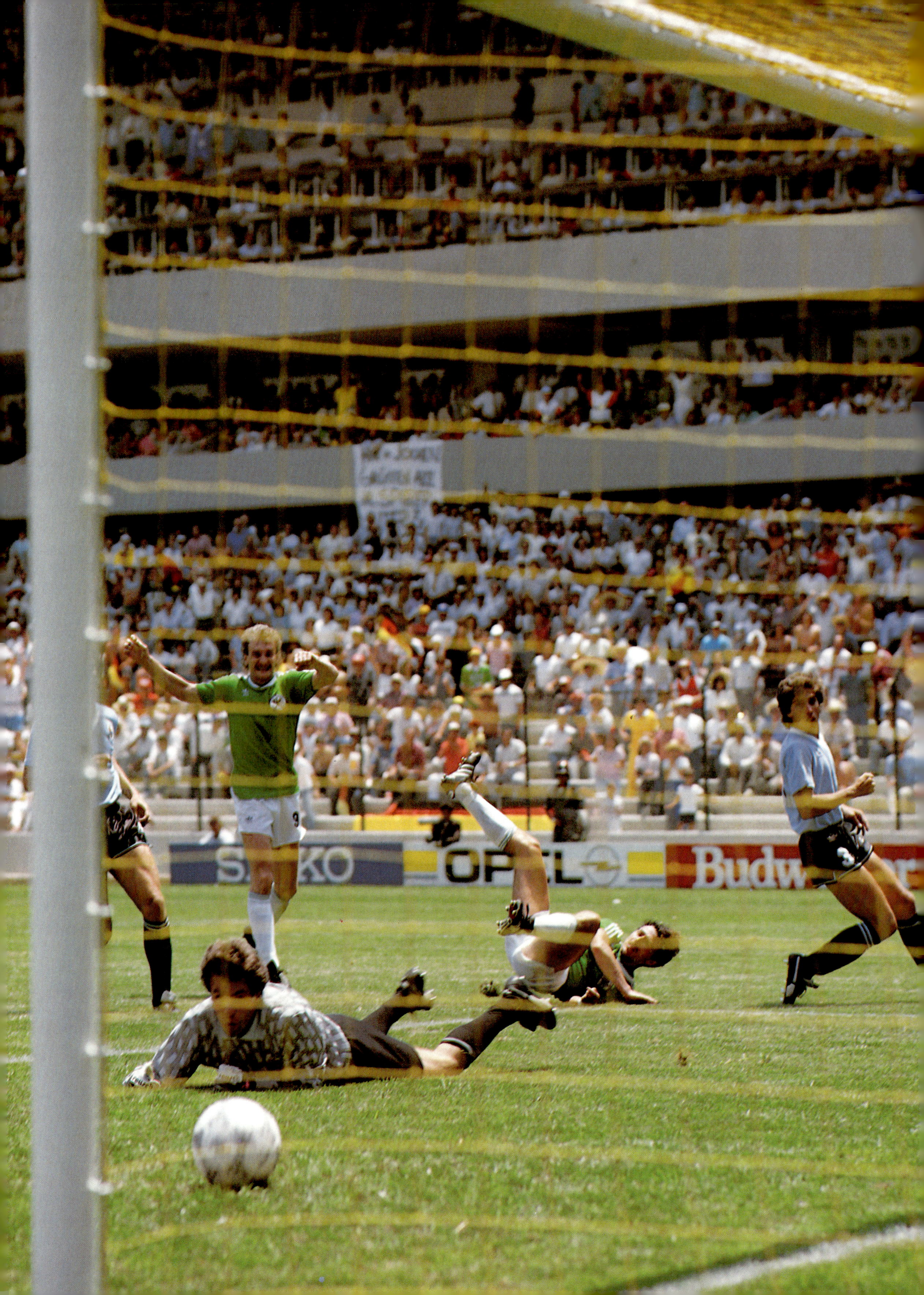
OPEL

phone durent faire l'objet d'un budget à part... En outre, chaque femme de joueur, chaque compagne ou petite amie put percevoir une somme de 8 000 francs afin de se rendre au Mexique à la fin du premier tour pour participer à ce repos de guerrier que l'on dit indispensable aux grandes conquêtes... Voilà pour les sorties ; côté rentrées, outre les sommes versées par les « sponsors », la F.I.F.A. octroya à chacun des 32 membres qui composaient les délégations nationales une somme quotidienne de 125 dollars par personne. De plus, chaque équipe percevait un forfait par match de l'ordre d'un million deux cent mille francs. A cela viendrait s'ajouter la somme répartie à la fin du Mundial en fonction des recettes et du niveau de compétition atteint.

« Pour notre part, considérait Jean Garnaud, nous estimions cette somme à 5,5 millions de francs avec le Mundial ! »

Le bilan financier de l'opération Mexique pour la sélection française pouvait faire ressortir un petit déficit que Jean Garnaud se refusait à chiffrer avec exactitude. Quoi qu'il en fût, on pouvait être assuré que les sponsors de l'équipe de France n'hésiteraient pas à le combler rapidement sans se faire tirer l'oreille...

En revanche, l'élimination précoce du Portugal allait creuser un trou de 2,5 millions de francs dans le budget de la fédération portugaise qui ne pouvait pas compter, pour sa part, sur une participation aussi spontanée de ses sponsors.

On n'en était pourtant pas encore, chez les « grands », à estimer le rapport financier de ce Mundial. Il s'agissait avant tout pour eux d'échapper aux plus mauvaises surprises d'un Tournoi qui en fut riche.

Surprenant, ce championnat ? Oui, et à plus d'un titre.

Car, si l'on admettait depuis le

Double page précédente : L'Uruguay, équipe la plus brutale de ce Mundial, ne s'est pas embarrassée de fioritures. Francescoli se jete ici entre Augenthaler et Eder à la manière d'un kamikaze.

L'égalisation allemande, enfin. A six minutes seulement de la fin du match, Allofs surprend le gardien uruguayen. Un but partout. Völler est le premier à féliciter Allofs de sa réussite. Mais les Allemands ont eu chaud...

C'est **Diego Maradona**, super-star de l'équipe d'Argentine, qui réussit le but égalisateur face à l'Italie (1-1) à la 34e minute du match. L'homme que le sélectionneur italien Bearzot avait désigné pour être son ange gardien ne put s'opposer à ce but. Il s'agissait de Salvatore Bagni, défenseur habituellement impitoyable, qui se trouve être non seulement l'équipier de Maradona à Naples, mais aussi son ami. De fait, Bagni traita toujours Maradona plutôt gentiment au cours de ce match, se contentant de le retenir par le maillot - ce dont témoignent ces deux vues, « pendant » et « après » - plutôt que de lui opposer une résistance plus rude.

Le chasseur de buts italien Alessandro Altobelli, qui évite joliment ici (page suivante), le gardien argentin Pumpido, a eu droit à « son » but, même si ce ne fut que sur un penalty qu'il transforma dès la 7è. minute, donnant un avantage provisoire à l'Italie.

Mundial espagnol qu'il n'y avait plus de « petites » équipes, on n'avait pas imaginé qu'elles feraient aussi bien au Mexique. On découvrait, nous l'avons vu, un Canada étonnant, mais aussi une Corée du Sud virevoltante, une équipe d'Irak appliquée et sérieuse, une Algérie douée mais trop sereine et un Maroc tout à fait génial. S'il n'y avait qu'un élément à retenir de ce premier tour, on accorderait sans l'ombre d'un doute la priorité à la performance marocaine.

Le Maroc restera la révélation de ce Mundial 86. Son équipe, surtout, aura écrit la plus belle page du football africain, en étant la première sélection venue d'Afrique à pouvoir franchir le premier tour d'une compétition mondiale.

Le Maroc avait échoué une première fois dans cette entreprise. C'était en 1970 et déjà au Mexique, puis ce fut le tour du Zaïre en 1974, de la Tunisie en 1978 et enfin de l'Algérie et du Cameroun en 1982. L'exploit marocain prend ainsi sa juste valeur. Il amena d'ailleurs M. Dris Bamous, le président tout neuf de la Fédération marocaine, à revendiquer très vite une troisième place pour les Africains dans la représentation par continents pour la prochaine Coupe du Monde. Il faut bien convenir à ce sujet qu'en limitant à deux équipes la participation africaine, la F.I.F.A. a fait preuve d'un certain attentisme. On n'espérait certes pas des responsables du football international qu'ils entrent à fond dans le jeu du tiers-mondisme, mais qu'ils considèrent au moins à sa juste valeur la qualité d'un football en plein devenir, au lieu de réduire l'Afrique à la portion congrue. Alors que, dans le même temps, on permettait par tradition à la Grande-Bretagne d'être représentée par trois formations (anglaise, écossaise et irlandaise du Nord). Or, il était au moins une équipe britannique qui n'avait pas grand chose à faire au Mexique. L'Irlande du Nord, en effet, ne réussit même pas à servir de faire-valoir à ses adversaires du Brésil, d'Algérie et d'Espagne, tant elle fut médiocre et inconséquente. La qualification marocaine fit la démonstration, en tout cas, que le football africain méritait plus de considération.

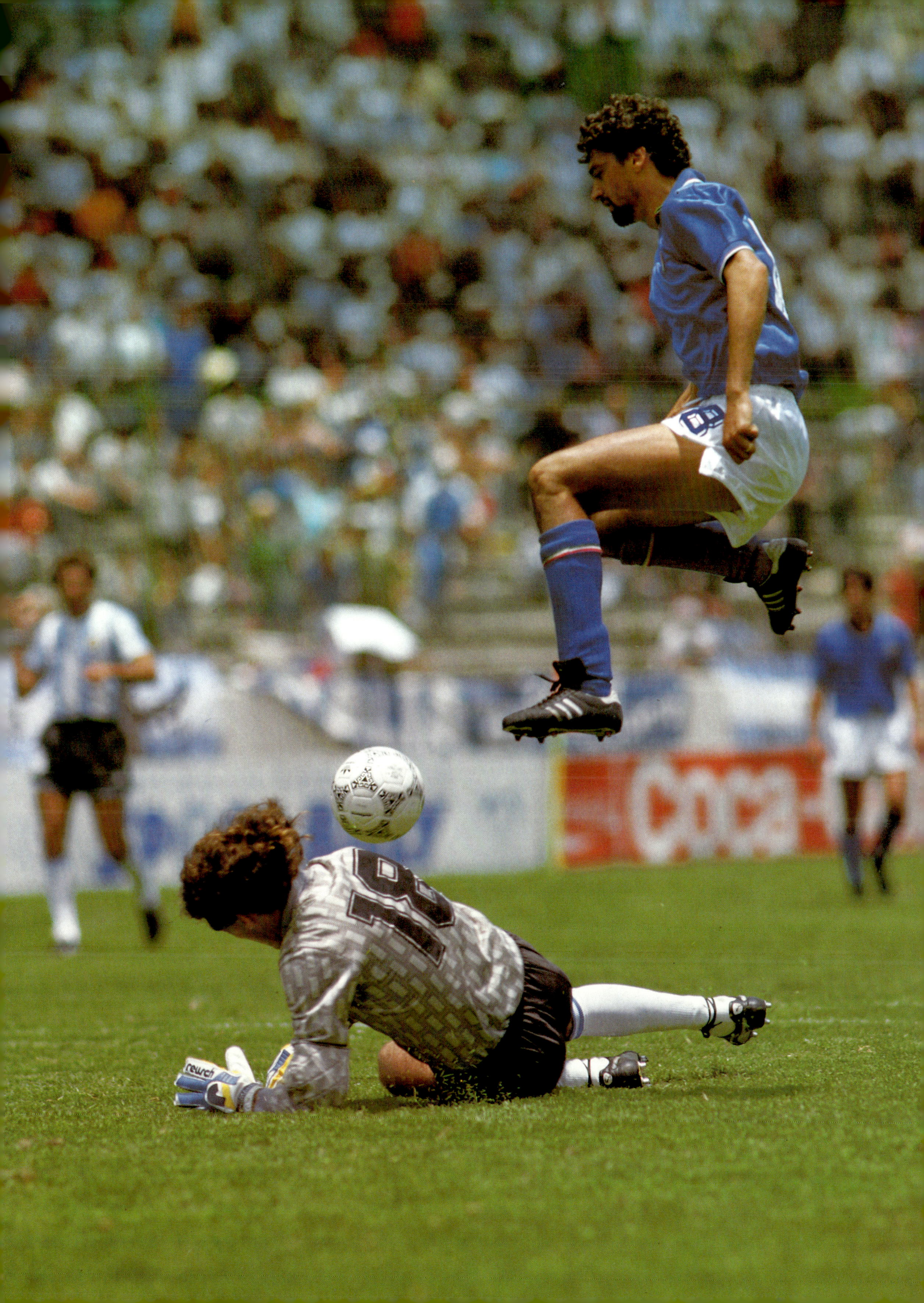

Pour preuve, le parcours sans faute des Marocains durant ce premier tour. On n'en espérait pas tant de leur part. Mais, saisis d'ambition et confiants en leurs moyens, ils faussèrent complètement les données du problème dans leur groupe. A grands coups de sape en défense et avec un énorme culot offensif, les Marocains escaladèrent une à une les marches qui les conduisaient tout droit dans la légende. Plus préoccupés, d'ailleurs, de démontrer la solidité et la cohérence de leur jeu que de défendre, ils poussèrent Polonais et Anglais au bord de la dépression, terminant leurs débats avec eux sur le même score de 0 à 0.

Casquette de l'armée US vissée sur le crâne, son éternelle cigarette blonde au bord des lèvres, José Faria, le « technico » brésilien qui avait pris l'équipe du Maroc en mains un an et demi plus tôt, se contentait de dire : « Mon objectif était de passer le premier tour. Après, ce sera du bonus pour mes joueurs. » Objectif atteint, M. Faria ! Le Maroc premier de son groupe à Monterrey, qui l'eût cru ! Qui aurait imaginé aussi qu'Abderrazak Khairi crucifierait à lui seul toute l'équipe portugaise.

Abderrazak Khairi n'a pas encore jugé utile de s'expatrier et de quitter Rabat. Il est jeune encore et jusqu'ici, même s'il était de tous les déplacements de l'équipe nationale, son univers semblait se limiter au banc de touche. Face au Portugal, José Faria, pris d'une inspiration subite, décida d'en faire un titulaire à part entière. Dès la première mi-temps, Khairi sortait la grosse artillerie. Un tir de vingt-cinq mètre du pied droit, un autre de vingt mètres du gauche, le Portugal était K.O. Il ne resta plus à Merry Krimau qu'à parachever ce triomphe en portant le score à 3 à 1. Trois buts qui faisaient entrer le Maroc dans l'histoire du football, et qui assuraient fortune et considéra-

Bataille au sol et dans les airs, comme ici, entre Soviétiques et Français : Bossis et Belanov (ci-dessus), Bossis, Battiston, Zavarov et Yaremtchouk (ci-contre).

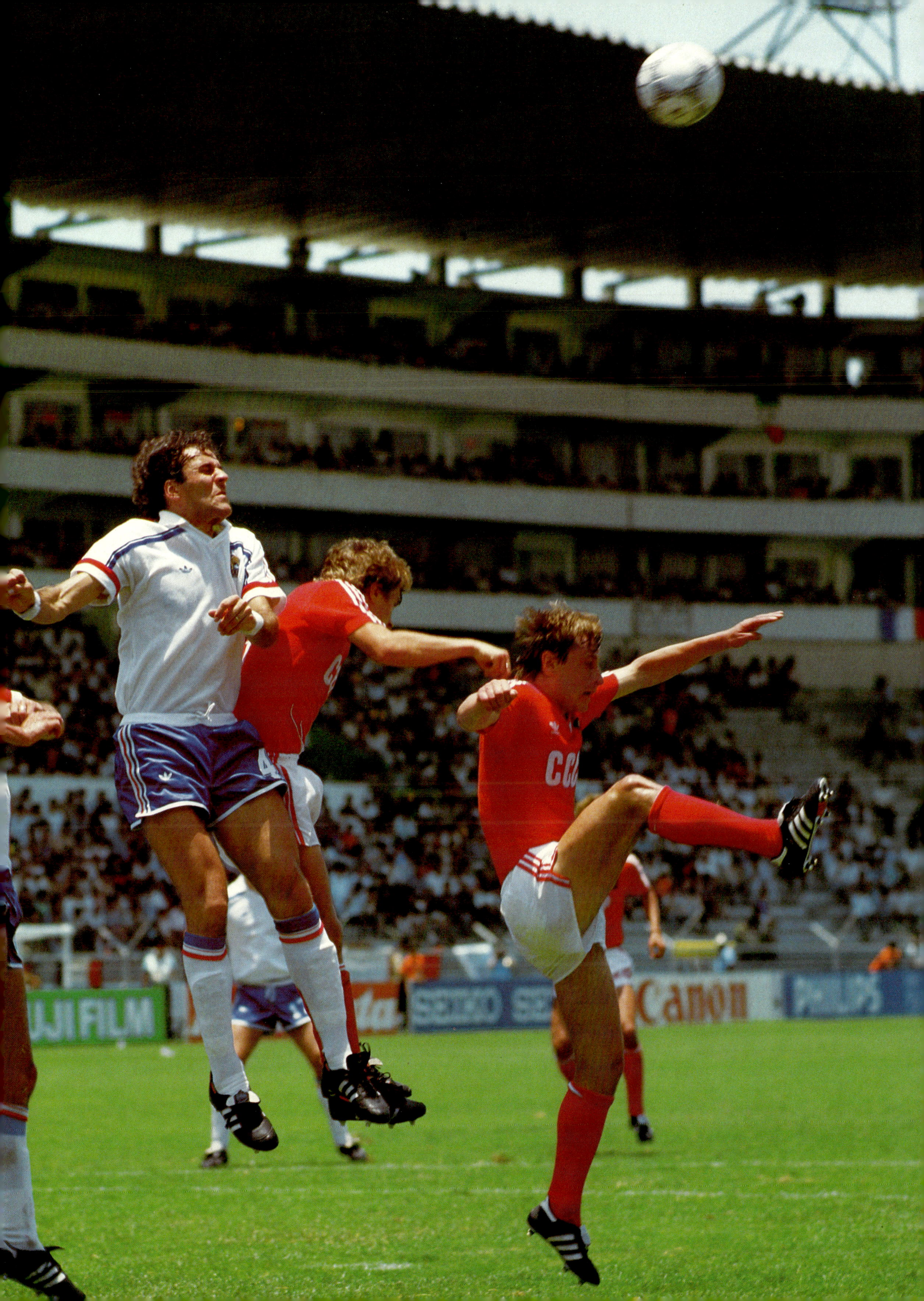

FUJI FILM
SEIKO
Canon
PHILIPS

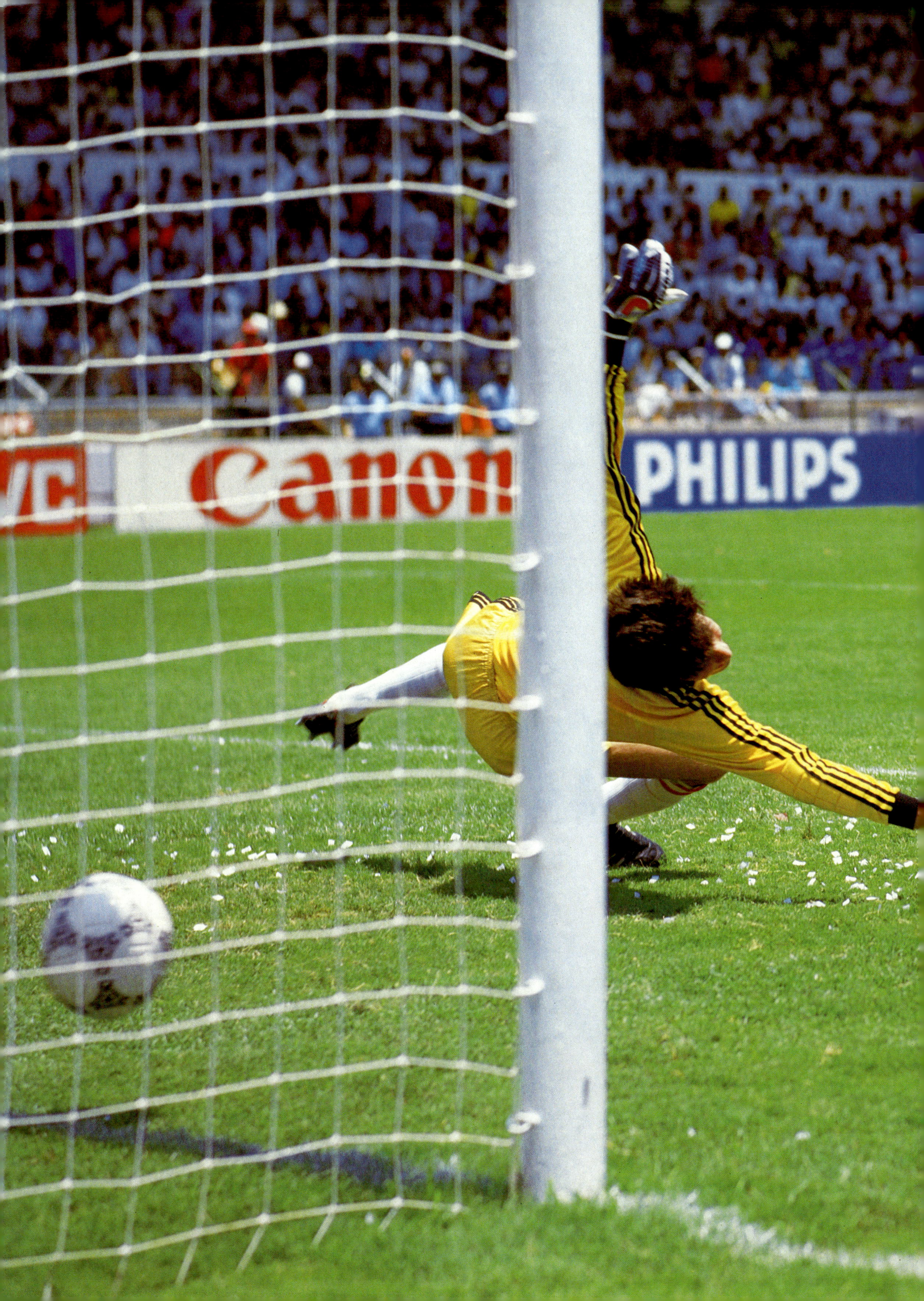
Canon
PHILIPS

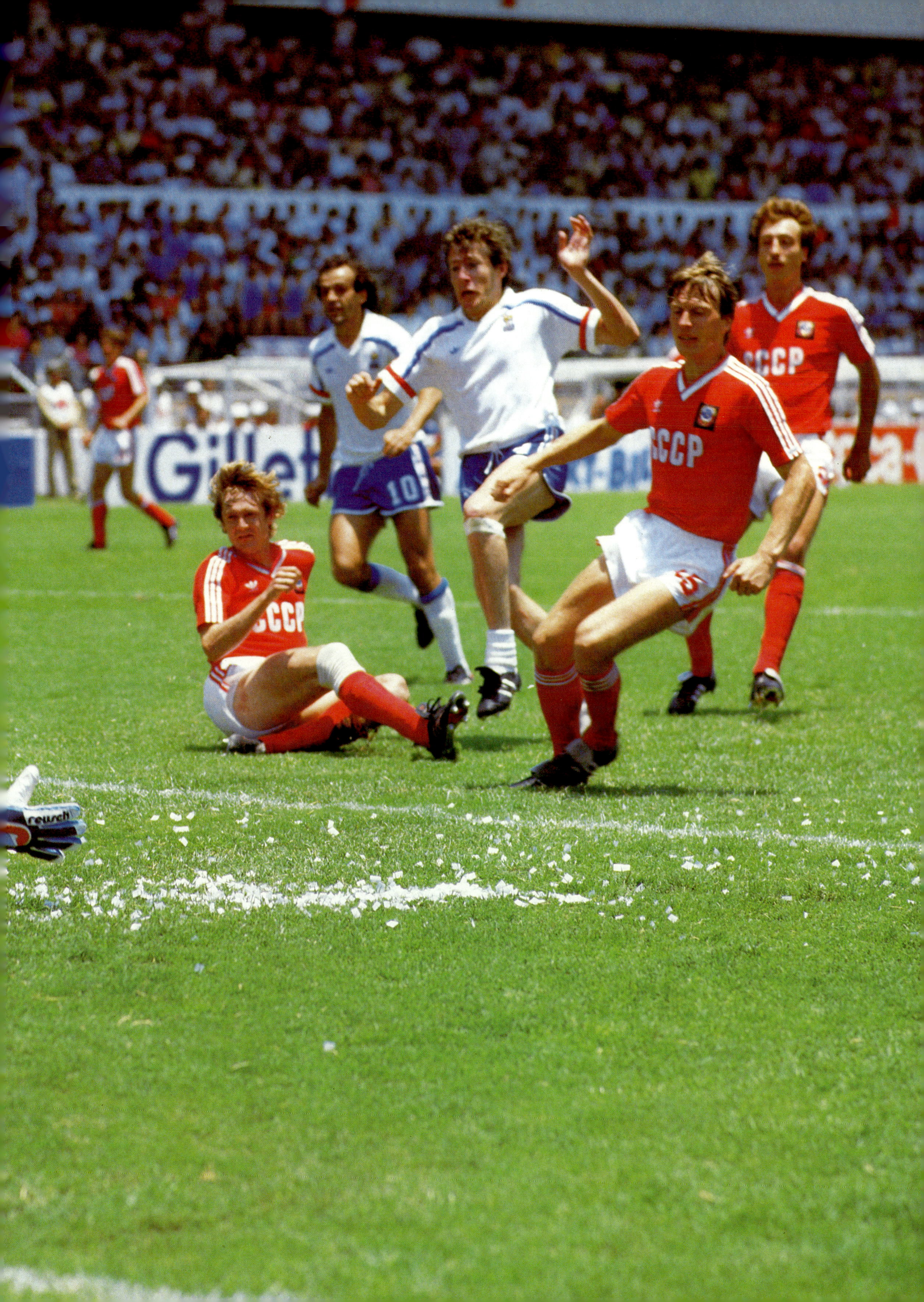
CCCP
CCCP
CCCP
10
Gillet
reusch

Double page précédente : Le but de la délivrance. Sur une superbe passe lobée de Giresse, Luis Fernandez – flanqué de Michel Platini – trompe Dassaev et remet les deux équipes à égalité huit minutes avant la fin du match. Les Soviétiques avaient ouvert le score par un boulet de canon de Rats, à la 54ᵉ minute.

Les Soviétiques apparaissaient comme l'un des épouvantails du Tournoi après leur triomphe (6-0) face à la Hongrie. Mais les champions d'Europe surent leur donner une réplique sans complexe, faisant oublier leurs timides débuts face au Canada. La France reprenait place parmi les favoris du Mundial !

tion à des joueurs pour la plupart inconnus jusqu'à cette surprenante victoire. Le roi Hassan II fit la promesse d'en faire des millionnaires : quant à leur réputation, elle est désormais assurée. Un homme tel Mohammed Timouni, qui surclassa tout le monde sur le terrain de Guadalajara contre le Portugal, aurait eu déjà quelques touches avec l'Inter de Milan.

Mais, dans son langage de baroudeur du football qui mêle l'arabe, l'espagnol, le portugais, l'anglais et le français, José Faria laissa tomber : « Au Maroc, Timouni est un Dieu. On ne le laissera pas partir aussi facilement. »

Faria, qui n'a pas pour habitude de se laisser submerger par les détails, nota simplement que son équipe avait sans doute été crispée par l'enjeu et le prestige du Mundial dans un premier temps, et qu'elle retrouva ensuite seulement toute sa joie de jouer. Une joie que partageait d'ailleurs l'ensemble des joueurs marocains, parmi lesquels Krimau estimait fort justement que les footballeurs du continent africain avaient ainsi fait la preuve qu'ils étaient désormais au même niveau que ceux des autres joueurs de la planète... foot.

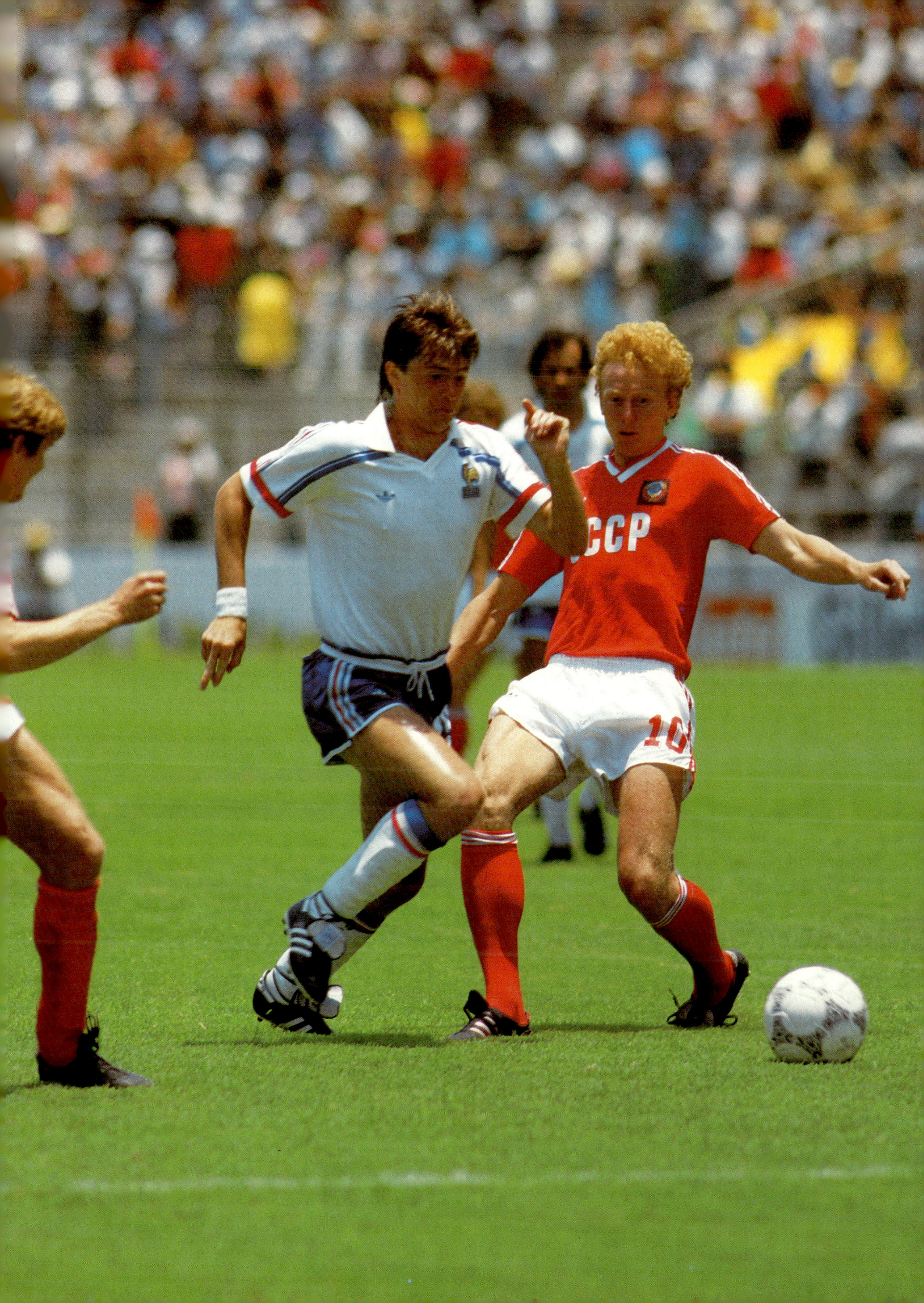

Page suivante : Le Brésil, qui n'avait déjà pas brillé face à l'Espagne, enregistra un succès pareillement étriqué (1-0) face à l'Algérie. Ce qui confirma l'une des évidences du premier tour, à savoir qu'il n'y a plus dans pareil Tournoi aucune équipe négligeable.

Double page suivante : Qui aura le dessus, de l'Algérien Guendouz ou du Brésilien Careca ?

Comment ne pas gagner, quand on a d'aussi charmants supporters derrière soi ?

A ce moment de la compétition, il ne fallait surtout pas demander à l'entraîneur brésilien du Maroc si ses troupes n'avaient pas profité contre l'Angleterre de la sortie de Robson blessé ou de l'expulsion de Wilkins, ou bien encore si les 45 degrés de température sévissant durant le match n'avait pas empêché les Anglais de développer leur jeu habituel. Il serait entré dans une des somptueuses colères dont il a le secret. « Tout ça, c'est le football », se contentait-il de déclarer. Il savait bien, Faria, que son équipe n'était pas venue là pour disputer la finale au Stade Aztèque de Mexico ou bien encore pour rogner sur la suprématie des grandes nations du football. « Il nous suffit de donner une dimension internationale valable à notre équipe. C'est tout. Notre ambition s'arrête là. »

Il fallait bien reconnaître que depuis son arrivée à la tête de la sélection marocaine, Faria n'avait connu que des succès et que, par conséquent, son œuvre n'avait subi aucun coup d'arrêt depuis trois ans. Ce travail donnait ses premiers fruits au Mexique. Faria pouvait en être satisfait. Le Roi aussi !

Dans ce groupe F, on avait un peu vite enterré les Anglais après leur défaite (1-0) face aux Portugais et leur match nul contre le Maroc. On avait oublié tout simplement qu'il n'y a rien de plus revanchard qu'un Anglais vexé. Et les Anglais étaient vexés par les critiques, vexés par leurs propres résultats, vexés de devoir rentrer chez eux prématurément alors qu'ils avaient dit si haut et si fort qu'ils étaient au Mexique pour un bout de temps. Alors, Gary Lineker se chargea de régler son compte à la Pologne, tout seul, comme un grand. Trois buts qui en annonçaient d'autres, trois buts en un peu plus d'une demi-heure. Trois buts du beau Gary, irrésistible à la pointe de l'attaque anglaise. Trois buts qui ouvraient le chemin de la résurrection.

Dans le sillage de Lineker, l'équipe toute entière sortit de sa torpeur. Les quelques joueurs entrés en jeu pour pallier aux défections de Bryan Robson, blessé à une épaule, et de Wilkins, suspendu, suffirent à donner au groupe le courage, la vitesse et la fraîcheur physique qui lui avaient tant fait défaut jusque là. Dans ces conditions, les Polonais jouèrent le rôle du sac de sable entre les poings d'un puncheur assassin. Ils étaient assurés, c'est vrai, de participer aux huitièmes de finale, mais ils n'avaient pas pensé que le match se déroulerait selon ce scénario. Ils n'avaient pas trop de regrets à formuler. Lorsqu'elle joue ainsi, l'Angleterre est tout simplement imbattable. Et, comme le fit remarquer avec justesse Bobby Charlton, champion du monde en 1966 et aujourd'hui commentateur pour une chaîne de TV britannique : « Ne dites jamais à un Anglais qu'il est mauvais, c'est le seul moyen de le rendre excellent ! ». L'Angleterre venait enfin de se rendre compte qu'elle disputait une Coupe du Monde. Elle avait failli s'en apercevoir un poil trop tard. A quatre vingt-dix minutes près, elle serait rentrée chez elle, mortifiée sans doute mais sans autre espoir ! C'est ce qui arriva à une équipe d'Algérie prompte à cultiver les paradoxes. On l'attendait, celle-là ; on la guettait au détour du groupe D qui lui avait donné l'Irlande du Nord, le Bresil et l'Espagne pour adversaires. Une chance sérieuse

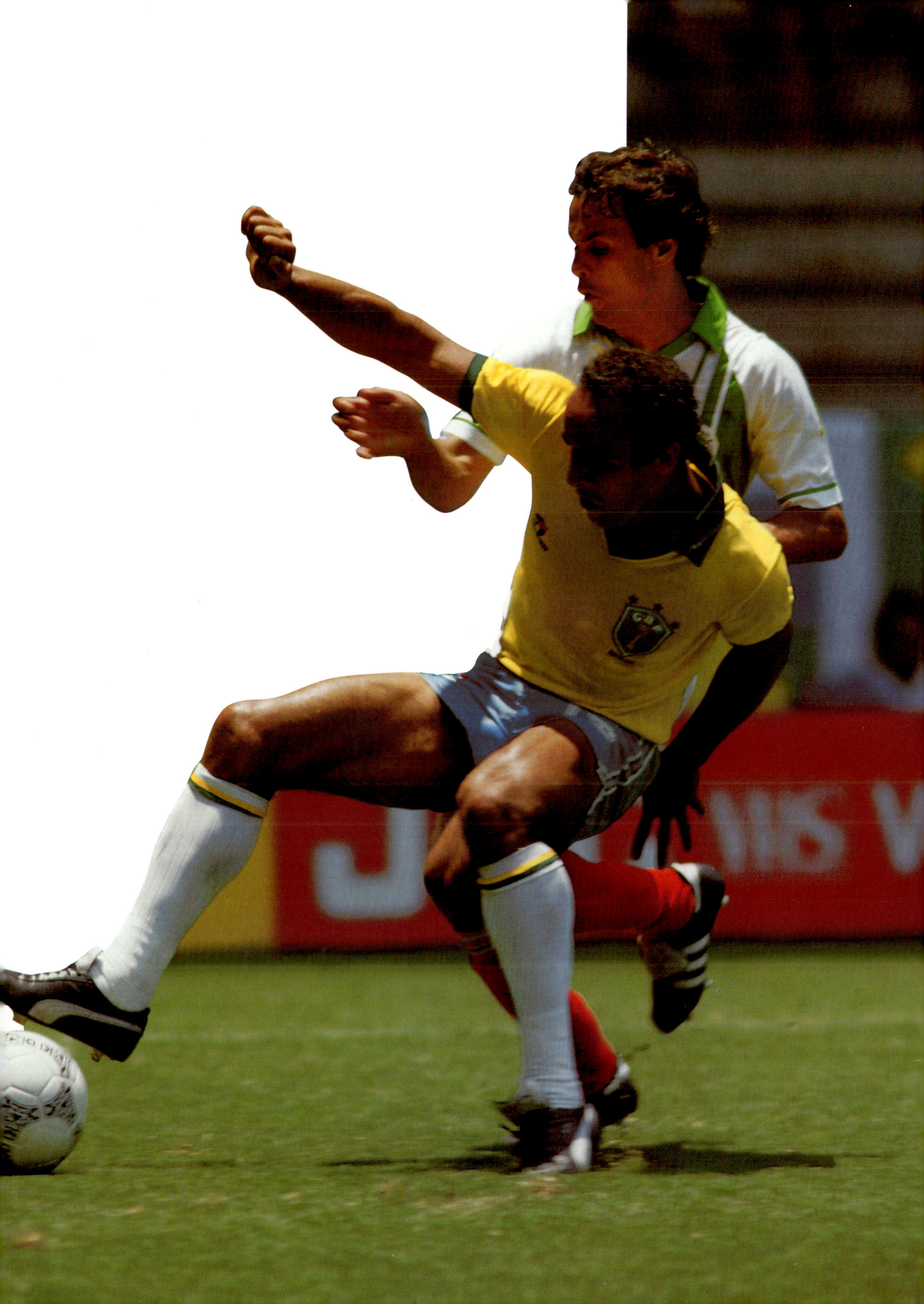

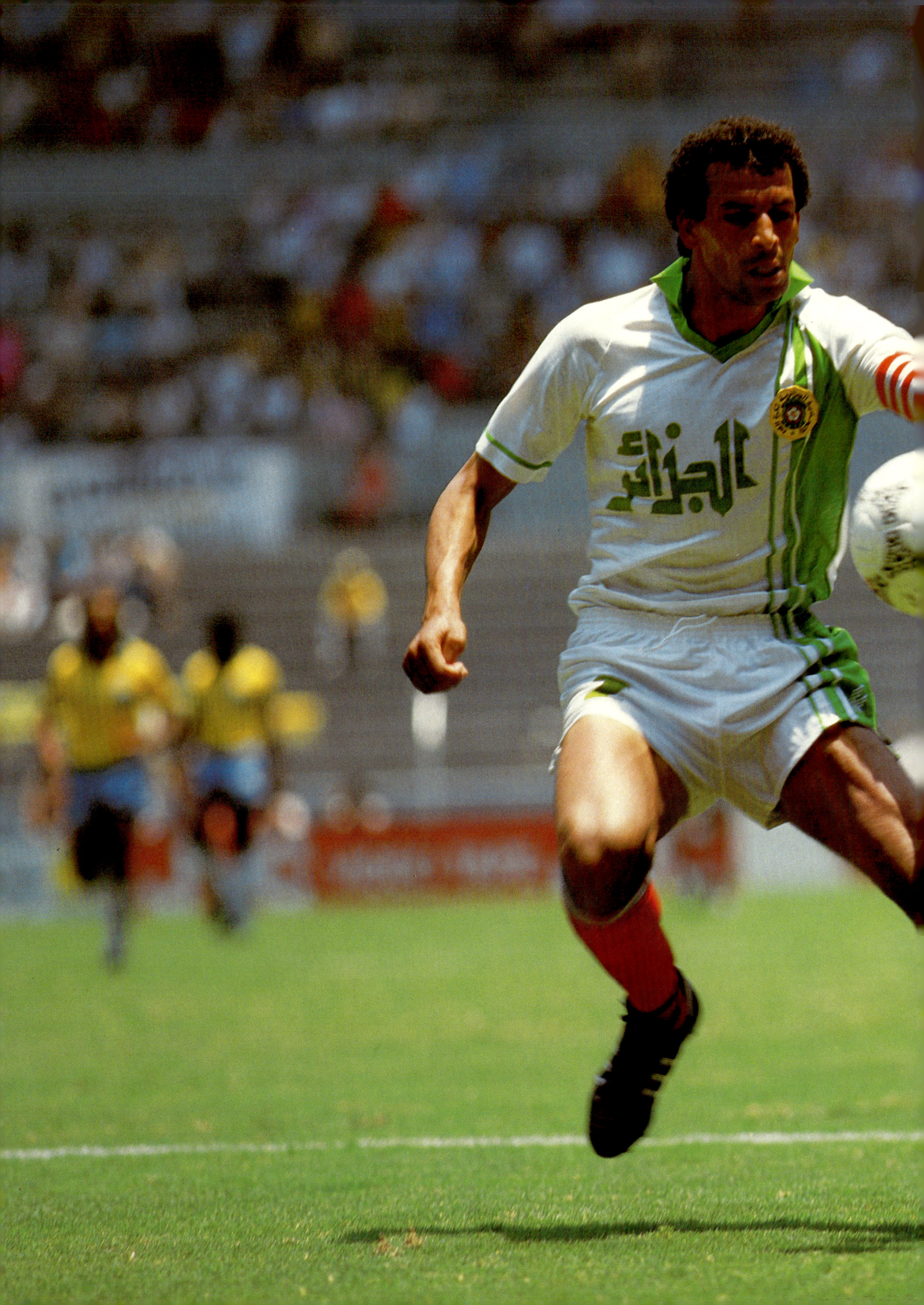
الجزائر

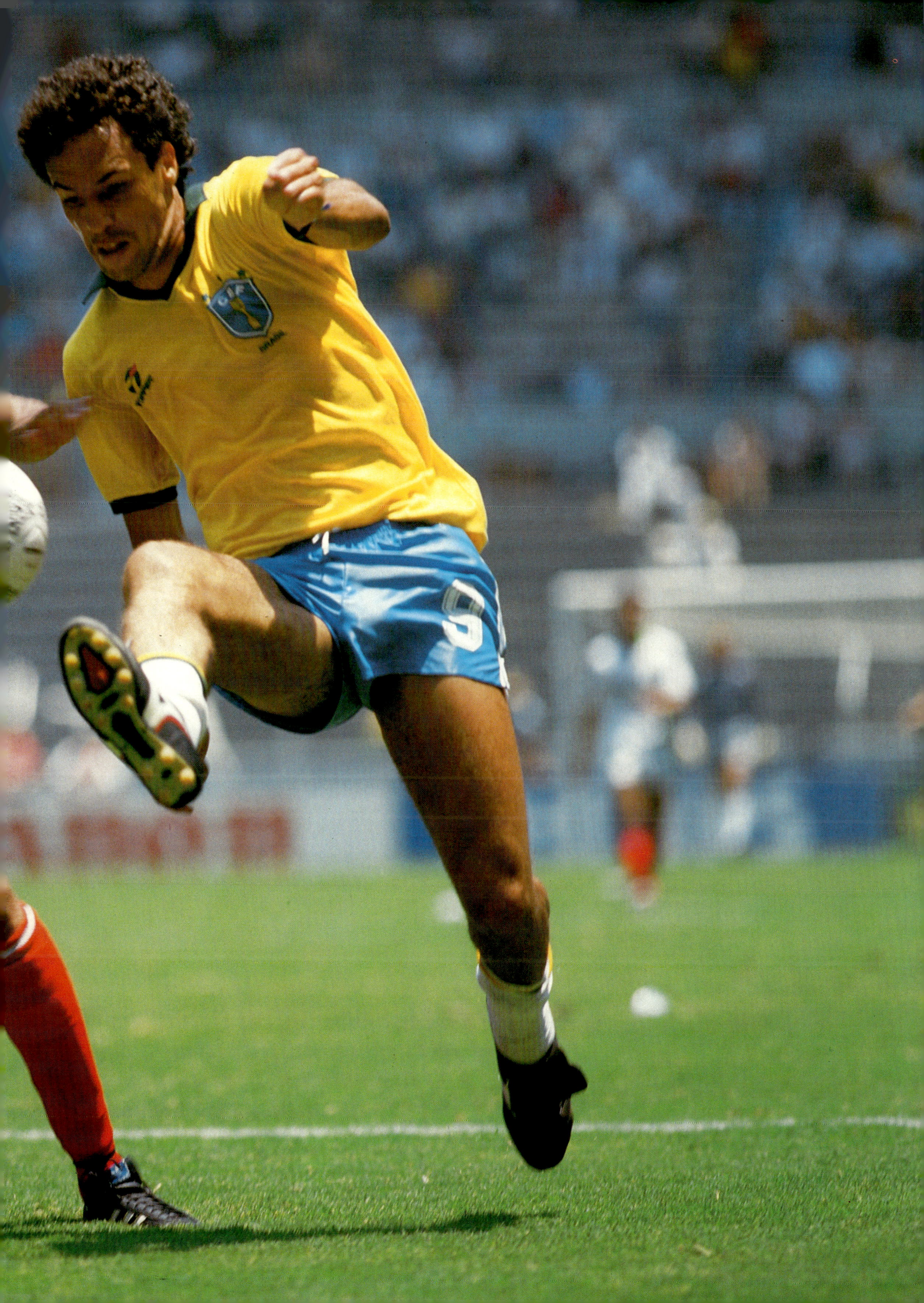

de la retrouver en huitièmes de finale si elle réussissait à étaler son jeu fait de finesse et d'inspiration. Pour tout dire, on aurait misé plus sûrement sur l'Algérie que sur le Maroc. Eh ! bien, on aurait eu tort ! L'Algérie fut incapable d'imiter son voisin du Maghreb et de prendre le même convoi pour les huitièmes de finale. L'Algérie dut plier bagages avant même que ses artistes aient pu déployer tout l'éventail de leur talent. L'Algérie victime d'elle-même, victime de sa naïveté sans doute, mais victime aussi de son orgueil. Ce sont là des faiblesses qui ne pardonnent pas dans un monde où la balle ronde peut également tuer... les illusions.

Après leur résultat nul (1-1) contre l'Irlande du Nord, on s'était dit que les Algériens avaient effectué leur tour de chauffe et qu'ils allaient enclencher le turbo et changer de vitesse pour passer le virage du premier tour en compagnie des Brésiliens avec qui ils partagent certaines qualités. Et ce fut précisément face à ces Brésiliens que l'Algérie tomba dans le piège de la naïveté évoqué plus haut. Nacer Drid, le gardien, et deux de ses défenseurs qui se regardent sans réagir, cela suffit à Careca pour vous fusiller. Les Algériens avaient beau faire, ils pouvaient toujours asti-

Quoique supérieurs aux Ecossais, les Allemands échouaient régulièrement devant la cage du gardien Leighton (ci-contre). Les Ecossais avaient même ouvert le score par Strachen. Il fallut aux Allemands courir après ce but, comme ils avaient dû le faire déjà devant l'Uruguay. Völler égalisa rapidement, mais il fallut attendre plus longtemps le but d'Allofs, qui donnait la victoire à l'Allemagne, au grand plaisir de ce jeune supporter mexicain.

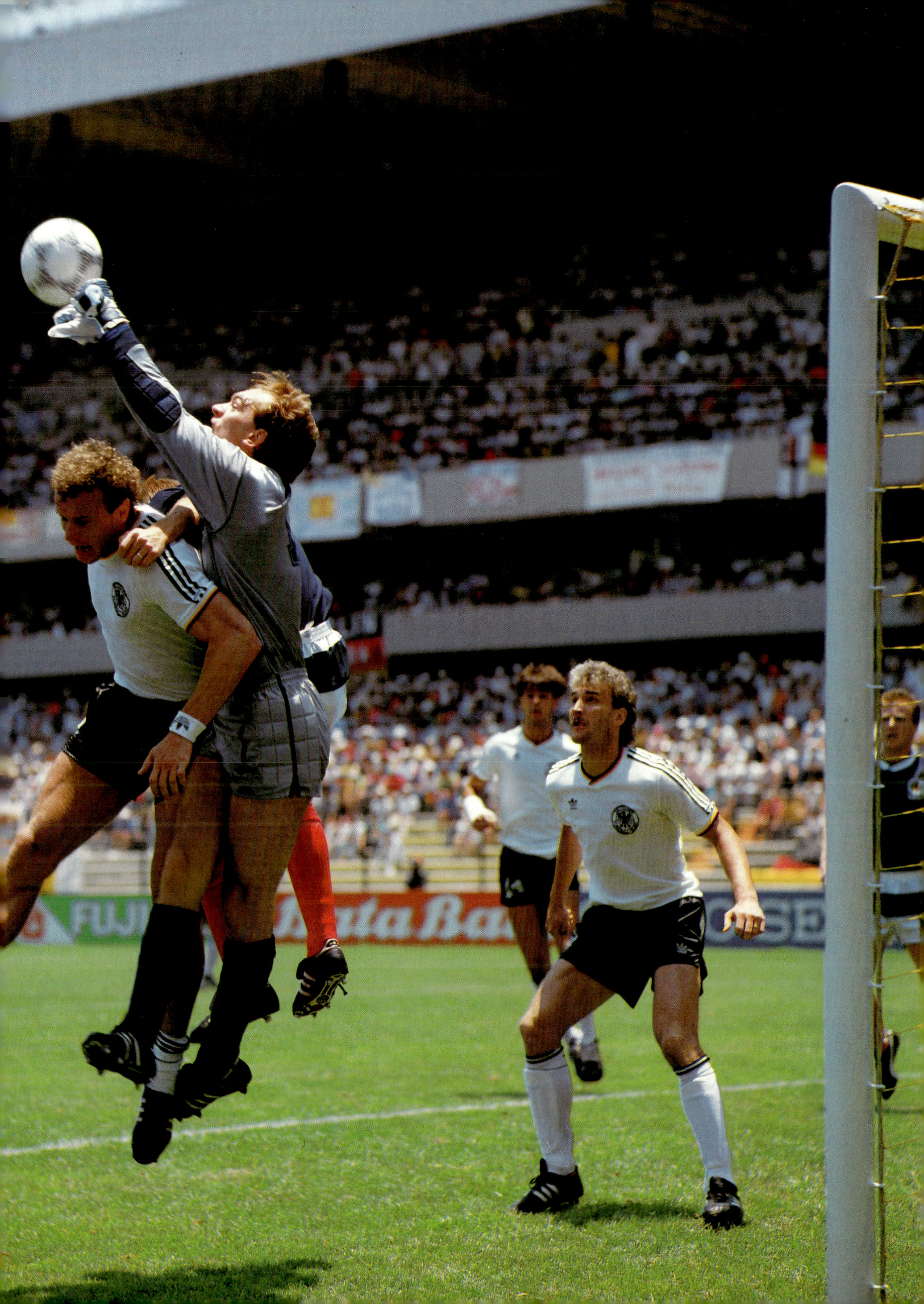

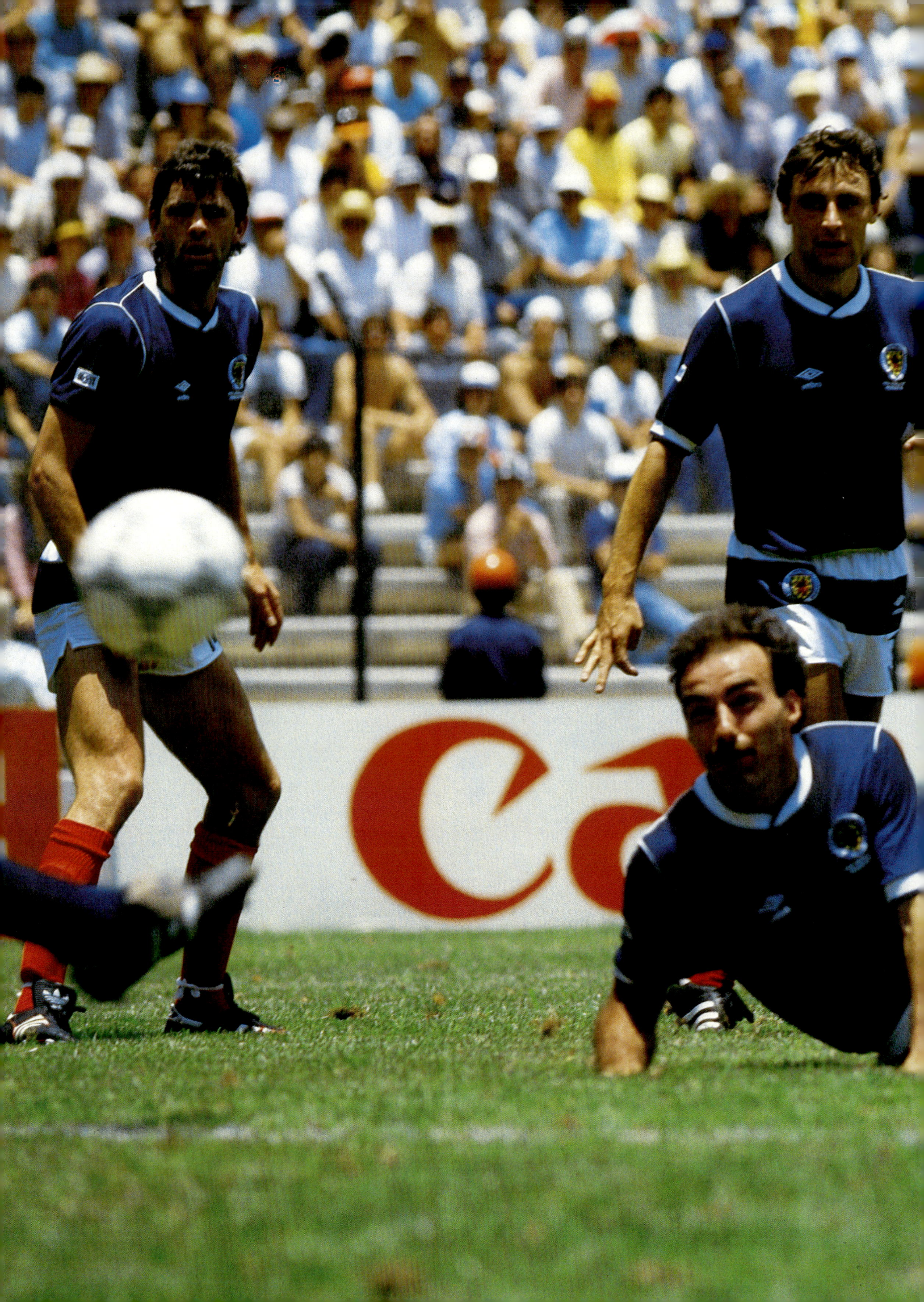

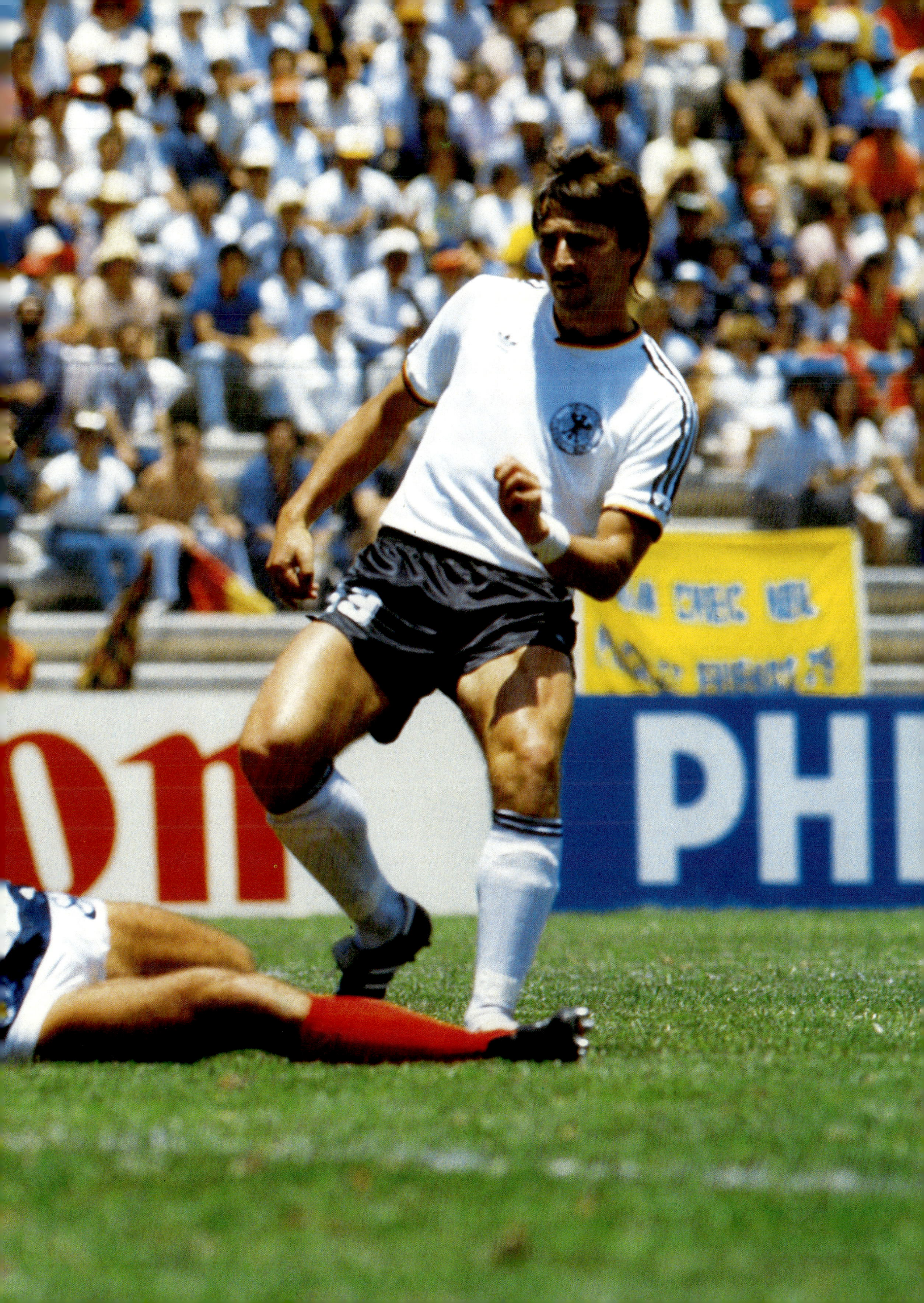

quer les beaux gestes, il n'en restait pas moins qu'ils étaient battus. Si le football n'était fait, comme les peintures, que de jolies effets, l'Algérie pourrait prétendre à un titre toutes catégories. Mais il est fait, hélas, de dures réalités, et celle qui lui crevait les yeux ce jour-là pouvait tout au moins lui servir de révélateur. Il lui restait encore l'Espagne pour se sortir d'affaire. Et l'espoir était encore de mise dans le camp algérien dopé par la qualificaion des voisins du Maghreb.

Mais, ce jour-là, contre l'Espagne, l'Algérie fut méconnaissable. Débordée, dépassée, elle fut éliminée à l'issue d'une partie qu'elle disputa... sans vraiment la jouer. Ce fut le second paradoxe de cette sélection algérienne. Excès de confiance ou excès de zèle, allez donc savoir ? Pourquoi donc Rabah Saabane ne prit-il pas la décision qui s'imposait après le K.-O. de Nacer Drid, son gardien, et qui commandait son remplacement immédiat ? Une minute plus tard, l'homme était ridicule devant Julio Salinas et Ramon Caldere qui se jouèrent de lui pour planter le premier des trois buts espagnols. Pas vraiment de sa faute, Drid. Il était encore groggy et sérieusement touché.

Il fut facile alors de mettre Saadane en accusation. Eh ! oui, encore l'inexpérience, la naïveté... Mais il n'y avait pas que lui. Un but, après tout, c'est fait pour être remonté et ça se remonte. Mais ça se remonte quand tout tourne rond dans les caboches. Ce qui n'était pas le cas dans l'équipe algérienne. Les uns s'étaient pris pour des profs de technique appliquée. Il s'agissait surtout de ceux qui forment la « légion étrangère », les Bensaoula, les Madjer, les Harkouk, les Maroc, ceux qui savent qu'ils n'ont rien à envier aux meilleurs techniciens du monde, et qui donnèrent l'impression d'être un peu trop fiers de leur technique. Un peu comme si le dia-

Double page précédente : Le but d'Allofs face à l'Ecosse, qui assurera l'accession de l'Allemagne aux huitièmes de finale.

Jusqu'au bout, les Ecossais ne s'avouèrent pas battus. Ils avaient bien résisté (0-1) aux Danois et allaient partager les points avec l'Uruguay. Mais ils ne pourraient plus rien contre une défense allemande bien regroupée, à l'image de McAvennie contré ici par Karl-Heinz Förster.

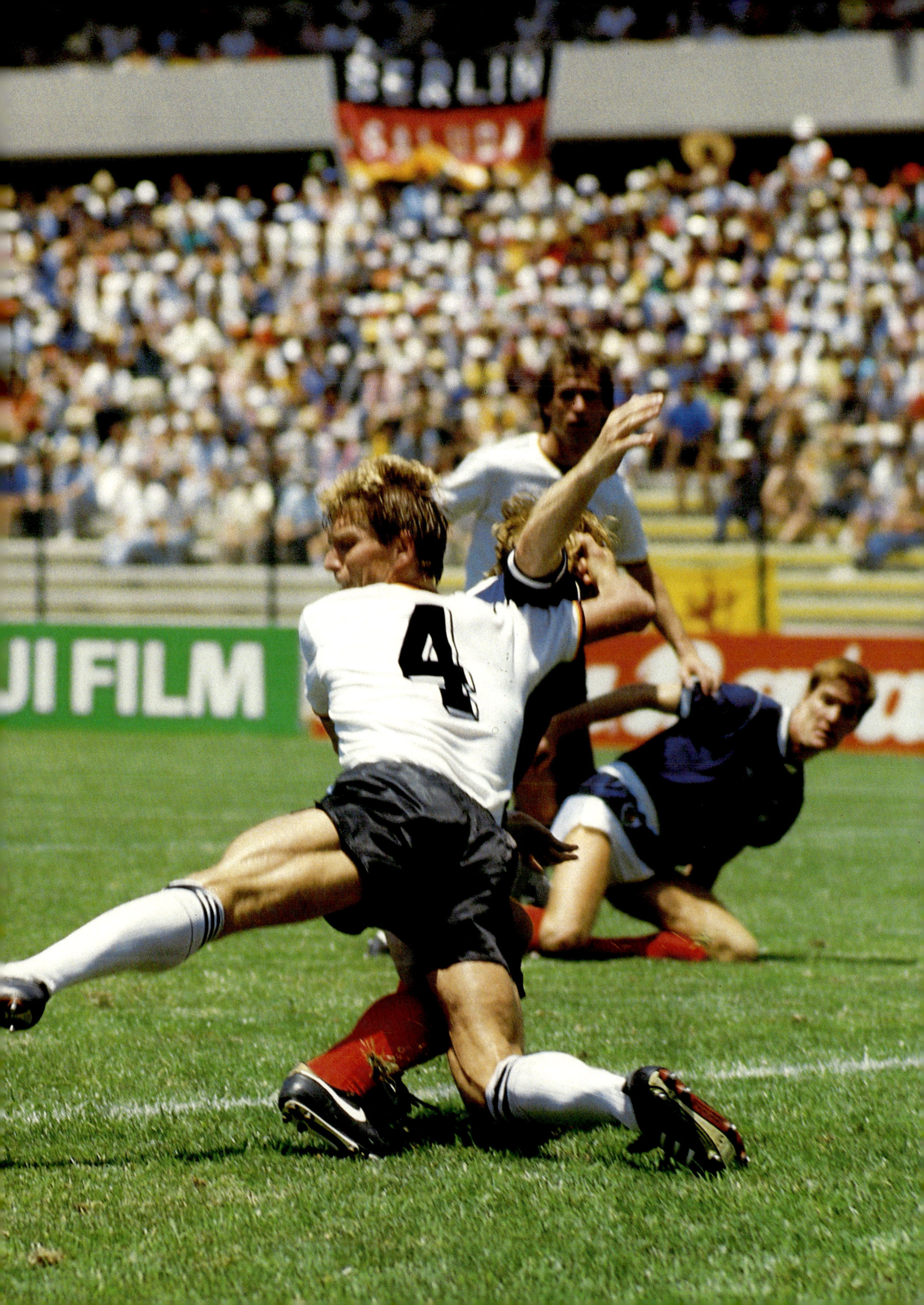
BERLIN
JI FILM
4

mètre de leur tour de tête avait grossi à la mesure de leurs ambitions. Ils se mirent à jouer contre nature, en se regardant le nombril. L'arrogance de ceux-là pouvait contraster avec la simplicité des autres. Mais quand les uns tiraient à droite, les autres tiraient à gauche, et personne n'avançait. Chacun se prenait pour Nijinski. Et c'était à celui qui en ferait le plus dans le domaine du contentement de soi. A les voir si lents, si lourds, si obsédés à vouloir paraître beaux, on s'était surpris à penser qu'ils se regardaient jouer. C'était comme s'ils avaient oublié à Alger ou à Tizi Ouzou la vivacité des gestes, la flamboyante inspiration qui avait illuminé le premier tour du Mundial espagnol. En fait, pour eux, tout s'était joué dans la tête et ils furent les victimes d'un certain échec schizophrénique.

Disons qu'au passage, ils furent laminés par une équipe d'Espagne qui était en train, précisément, de renouer avec les valeurs premières du football, simplicité et réalisme. Un deuxième but pour Ramon Caldere, puis un troisième de Eloy Alaya, la leçon était dure pour l'Algérie. Car, si elle n'a plus rien à apprendre sur le plan de la technique, il lui reste encore à faire connaissance avec l'humilité.

Cette humilité qui permit justement à l'Espagne de se refaire une identité après le Mundial de 1982 où, devant son public, elle atteignit souvent les sommets de l'incohérence. Elle avait perdu son football, semblait-il. Mais Miguel Munoz, an-

Mortifiés par l'U.R.S.S., les Hongrois avaient soif de réhabilitation devant la France. Mais ils ne purent pas grand chose contre les Français, en dehors de quelques gestes plutôt « négatifs », comme ce coup de pied de Varga à Tigana (ci-dessus) et ce fauchage de Michel Platini par le capitaine Guraba, sous le regard de Dajka.

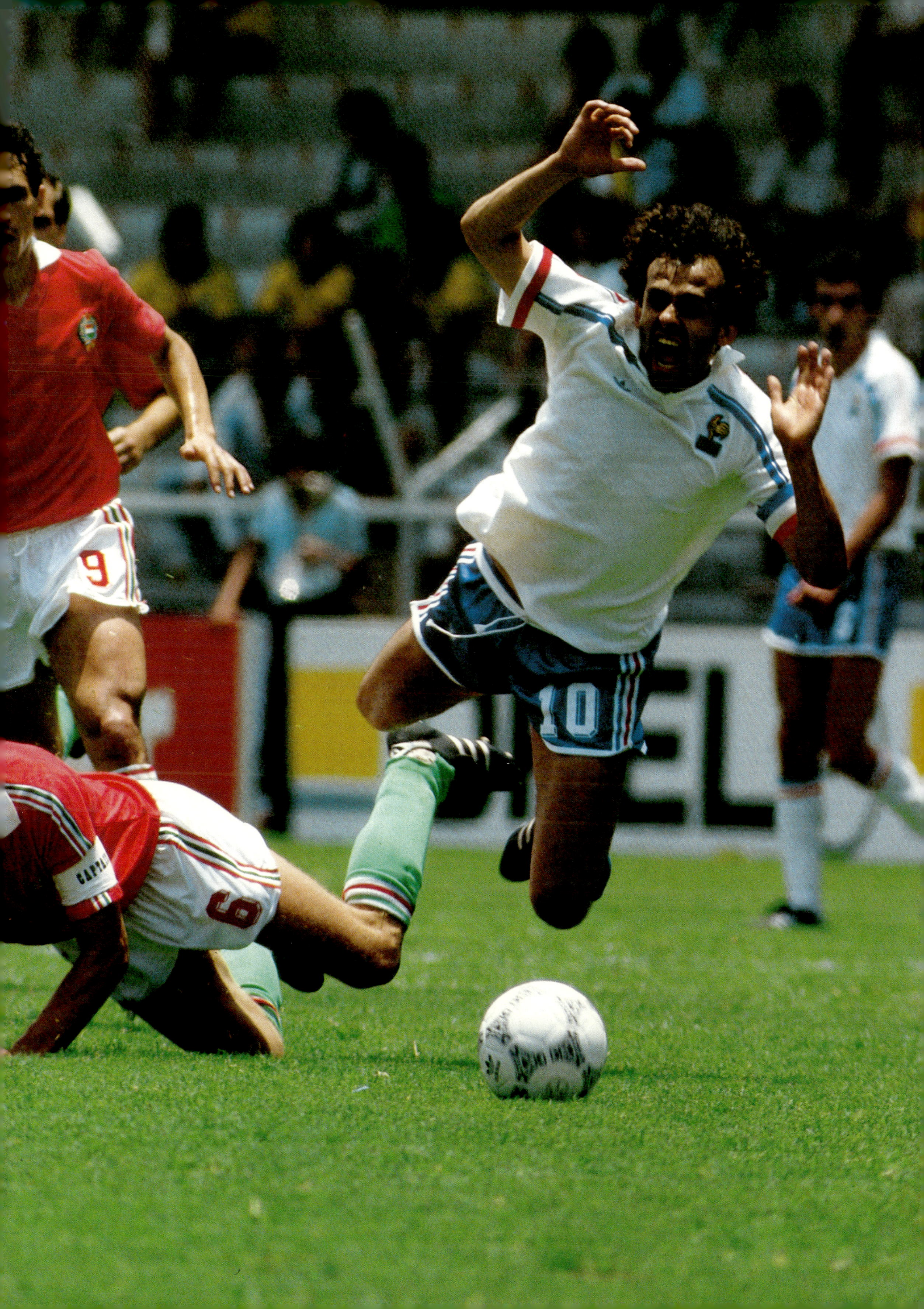

cien Grand d'Espagne et du Real, arriva pour faire de la sélection nationale le buvard où vient s'inscrire le style des meilleures formations de club du pays. On continuait à dire que le football espagnol ne valait que par ses clubs, Munoz a voulu que la sélection en profite, qu'elle devienne le reflet de ce jeu-là. Et il y est parvenu. Dans ce premier tour du Mundial, l'Espagne apparut telle qu'en elle-même. Rugueuse et solide en défense, inspirée et agile en attaque. Un mélange super avec un indice d'octane suffisant pour faire carburer la formation ibérique à un très haut régime.

Battus par le Brésil après s'être fait voler un but tout à fait valable, les Espagnols corrigèrent ensuite Irlandais et Algériens ; c'était suffisant pour se redonner des couleurs. Histoire de faire revivre la finale du dernier Championnat d'Europe où ils avaient donné tant de fil à retordre aux Français.

Et les Brésiliens de Télé Santana ? On s'activa autour d'eux à couper leurs victoires en quatre... Trois succès, pourtant, en trois matches. Carton plein. C'était bien, mais on faisait la grimace en considérant leur production. On chipotait, on disait que ce Brésil-là avait la couleur du Brésil, l'odeur du Brésil, le rythme du Brésil... mais que ce n'était pourtant pas du vrai Brésil ! Bref, comme si on leur reprochait d'avoir empêché leurs adversaires de les vaincre. En jouant chichement, bien au dessous de leurs possibilités, ils terminèrent premiers de

Même s'il ne fut pas toujours au sommet de son art, Michel Platini joua un rôle déterminant dans la qualification de la France. Il se montra en net regain de forme face à la Hongrie, où il fut toujours dangereux dans les dix-huit mètres adverses.

Double page suivante : **Jean-Pierre Papin fit étalage d'un beau tempérament de battant, comme ici devant l'arrière hongrois Sandor Sallai, sous les yeux de Antal Roth et Michel Platini. La Hongrie, qui put seulement se défaire du Canada, fut l'une des grandes déceptions du premier tour.**

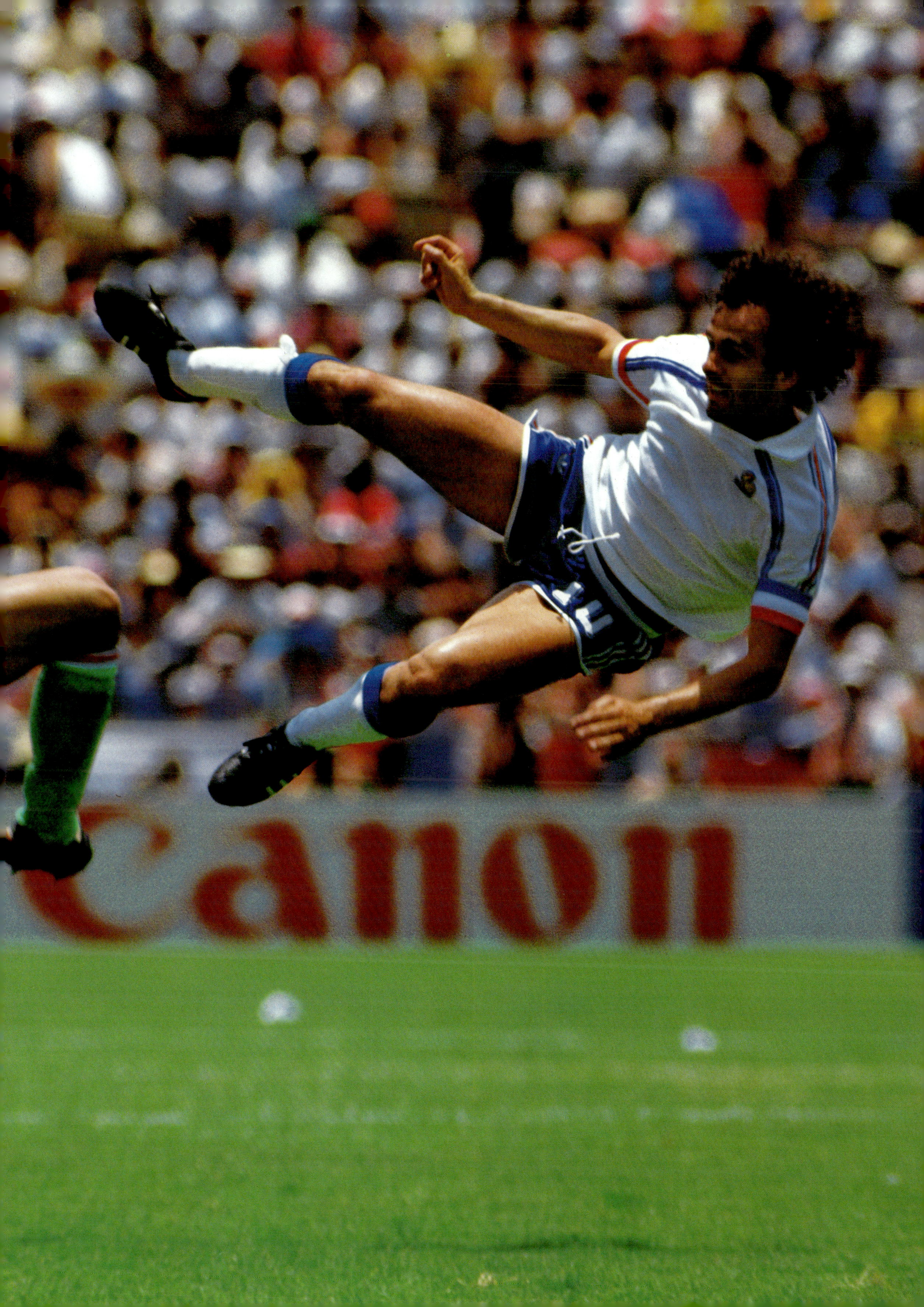
Canon

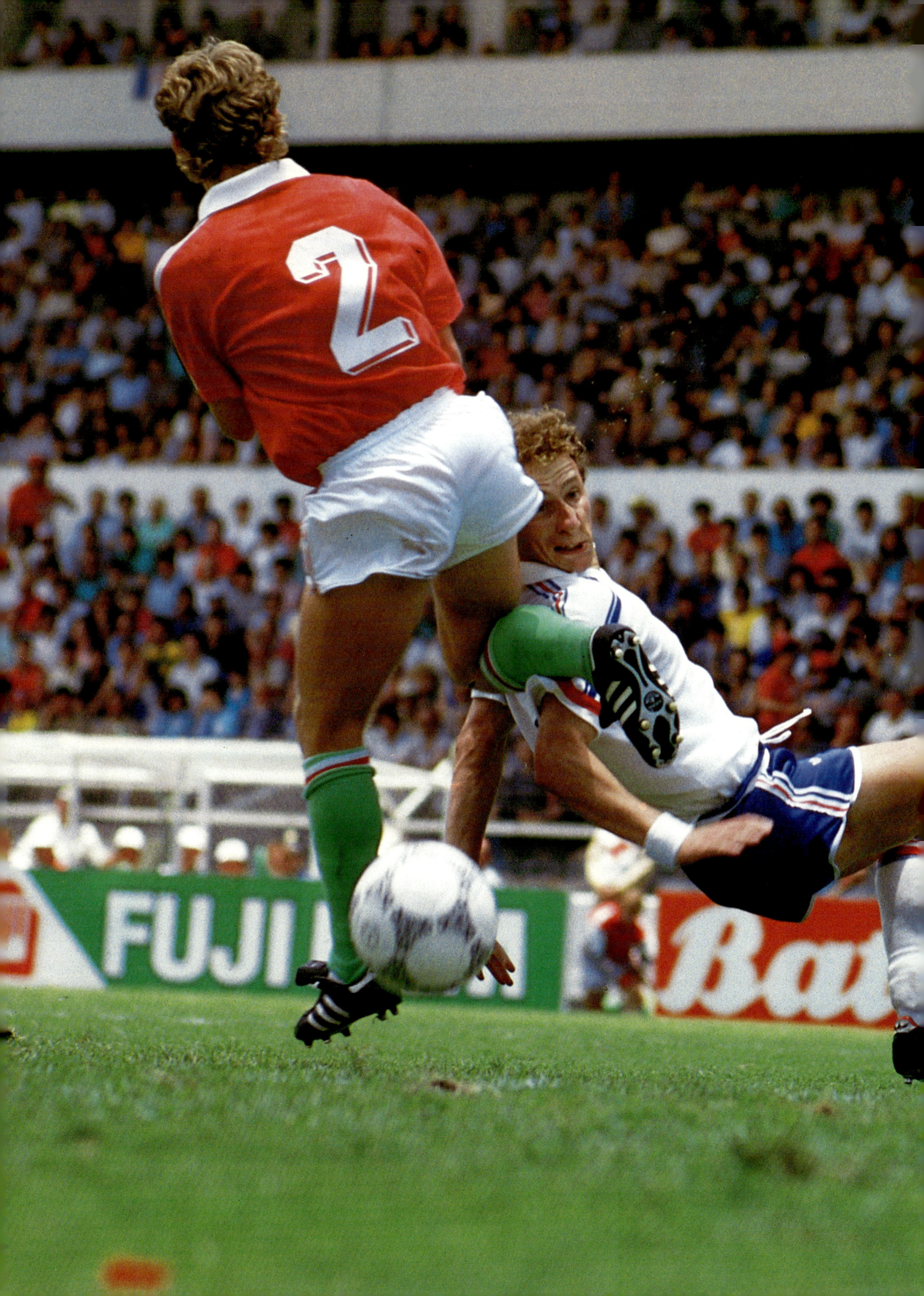
2
FUJI

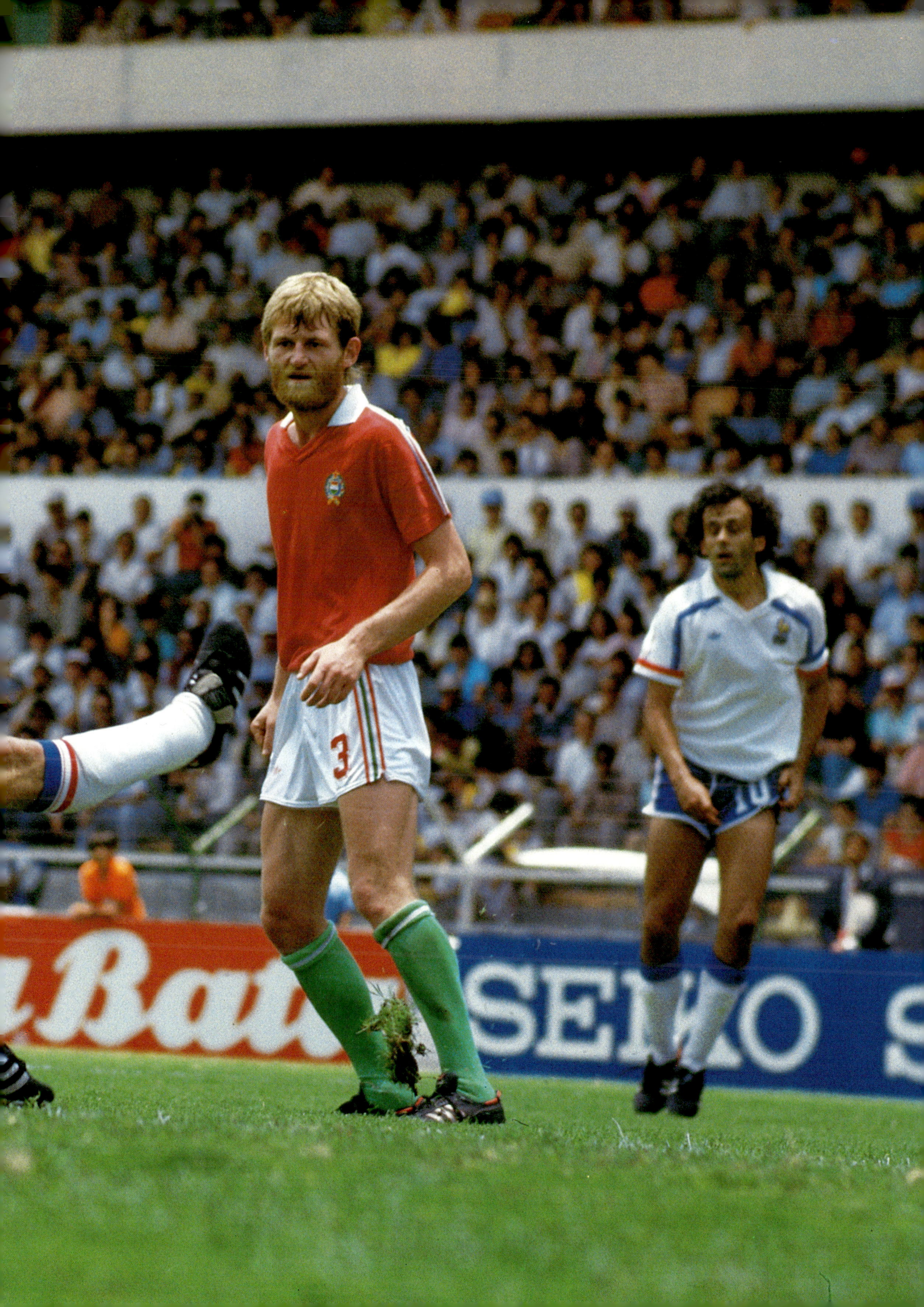
SEIKO

Les Anglais ont pris un départ très lent et difficile, au point que leur qualification parut longtemps compromise. Battus par le Portugal et tenus en échec par le Maroc, ils se rachetèrent in extremis face à la Pologne (3-0) grâce à leur traditionnel *fighting spirit* mis en évidence par ces images. En dépit de ce retour, c'est le Maroc qui se qualifia en première position dans leur groupe.

leur groupe, on ne voyait pas où était le drame. On pouvait se demander seulement ce que cela donnerait lorsqu'ils se mettraient à bien jouer. En vérité, ils faisaient peur... Car, sans impressionner, ils gagnaient.

Il n'y avait pas non plus de quoi s'enthousiasmer à l'observation du groupe A de l'Italie et de l'Argentine, les deux derniers champions du monde en titre. A la loupe, l'Italie, emmenée par une nouvelle génération talentueuse, produisait la meilleure impression, même si son bilan parut beaucoup moins net (2 nuls : Bulgarie et Argentine, et une victoire : Corée du Sud). Au contraire du Mundial espagnol où elle faillit être cueillie d'entrée de jeu par le Cameroun, l'Italie se montra ici plus à son avantage. Sans doute le fait d'avoir à défendre son titre l'avait-il rendu plus mordante, plus solidaire, plus concentrée sur son ouvrage et parfois même plus brillante. Ce qui ne fut jamais auparavant sa qualité foncière. Du mieux, donc, du côté de la Nazionale d'Enzo Bearzot.

A l'inverse, rien de bien génial chez les Argentins, si ce n'est une nette impression de force et de solidité dégagées par un ensemble qu'animait Diego Maradona, inconstestable chef d'orchestre. Un artiste, maître de son talent, qui laissa entrevoir en quelques occasions toute l'étendue de sa classe. On ressentait confusément que ce Maradona-là pourrait bien être le grand bonhomme de ce Mundial. Le groupe B était considéré à juste titre comme le plus facile du premier tour. Normal, c'était celui du Mexique et on avait tracé une voie royale aux Mexicains pour leur permettre d'aller le plus loin possible dans la compétition. Ce qui fut fait. Sans rien prouver, les Mexicains purent accéder aux huitièmes de finale. Ils présentèrent tour à tour des ingrédients que l'on trouve à la fois chez les Italiens et chez les Français. Le premier tour les vit plus italiens que français, c'est tout !

Dans ce groupe, les Belges avaient pris un mauvais départ contre le Mexique ; ils firent en sorte de se racheter par la suite. Mais ils n'y parvinrent pas vraiment, malgré leur succès devant l'Irak. En revanche, leur rencontre avec le Paraguay fut bien meilleure, même si la

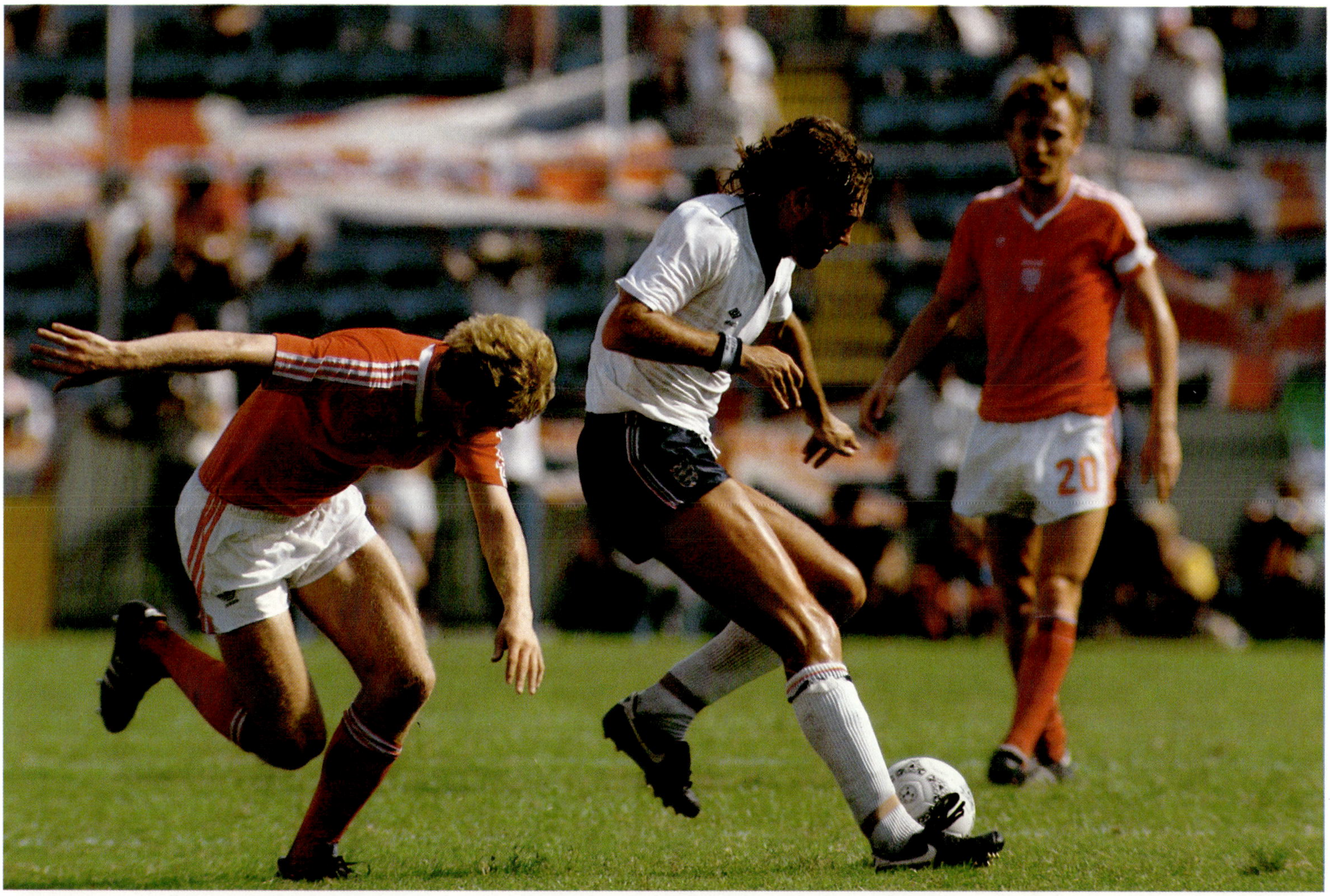
20

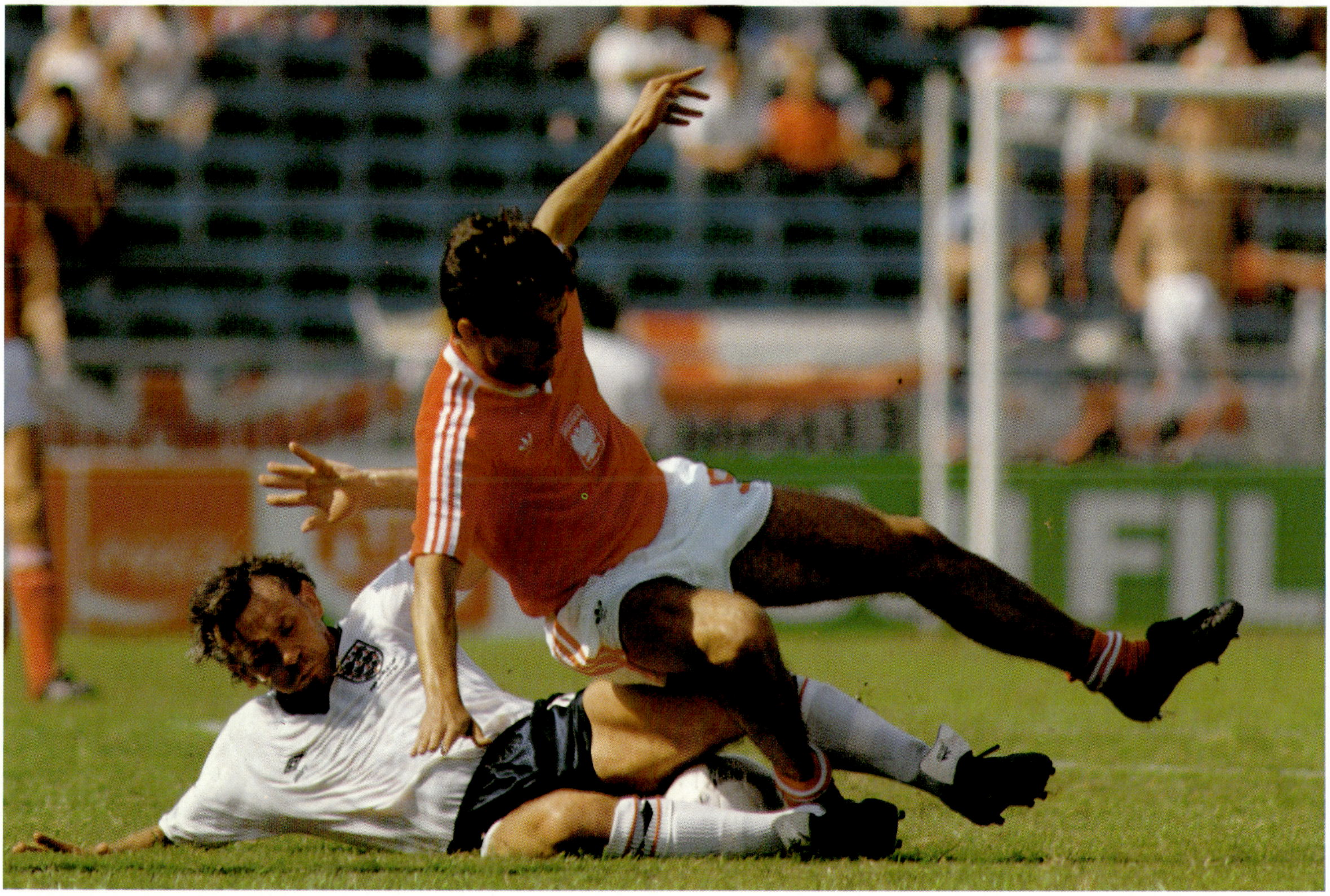
FIL

défense de Guy Thys parut un peu trop fébrile. Les Diables Rouges, qui avaient dû passer par les barrages (Pays-Bas) pour faire partie des 24 élus, démontrèrent qu'ils s'amélioraient au fil des matches. Il apparut et ce serait confirmé au tour suivant, que cette formation, où Vercauteren jouait un rôle essentiel et où Enzo Scifo pouvait être encore mieux utilisé, avait les moyens de créer quelques belles surprises. Elle n'allait pas s'en priver...

L'hiver précédant le Mundial, Omar Borras, le chauve et rondouillard entraîneur de la sélection uruguayenne, n'avait pas hésité à qualifier de « groupe de la mort », celui où était plongé son équipe en compagnie de l'Allemagne, du Danemark et de l'Ecosse. Et il est vrai que ce groupe s'avéra le plus impitoyable. Ici, pas de calculs sordides, pas d'arrangements avec le diable, le couteau entre les dents et les crampons aiguisés au maximum. Un groupe d'auto défense en quelque sorte. Pourtant, tout commença « gentiment » avec le 1-1 d'Allemagne-Uruguay, le 1-0 de Danemark-Ecosse et le 2-1 d'Allemagne-Ecosse. Bref, mis à part les Ecossais qui se faisaient proprement écosser, pas de panique à bord. Pourtant, l'équipe d'Allemagne devait déjà faire front à une crise d'état provoquée par la rivalité Rumenigge-Schumacher. Dur, dur. Et, un plus tard, Omar Borras faillit bien être débarqué en cours de route après que son équipe eût volé en éclats devant un Danemark juvénile et euphorique qui rappelait la grande équipe de Hollande. 6 à 1, ce fut bien le tourbillon annoncé et le cataclysme pour

L'exhibitionnisme et la fantaisie des supporters britanniques connaît peu de limites (ci-dessus). A l'opposé de leurs « fans », les joueurs anglais font surtout dans le sérieux, comme ici Peter Beardsley, l'une des grandes révélations de cette Coupe du Monde, brûlant la politesse à deux défenseurs polonais.

Double page suivante : Les Polonais menacèrent rarement le but anglais, protégé par une défense serrée et énergique, comme ici où Gary Stevens ne laisse aucune chance à Smolarek. Dans le même temps, Gary Lineker (à dr.) réussit l'exploit d'un *hat trick*, avec les trois buts qu'il marqua dans la seule première mi-temps, et qui allaient faire de lui le buteur N°1 du Tournoi.

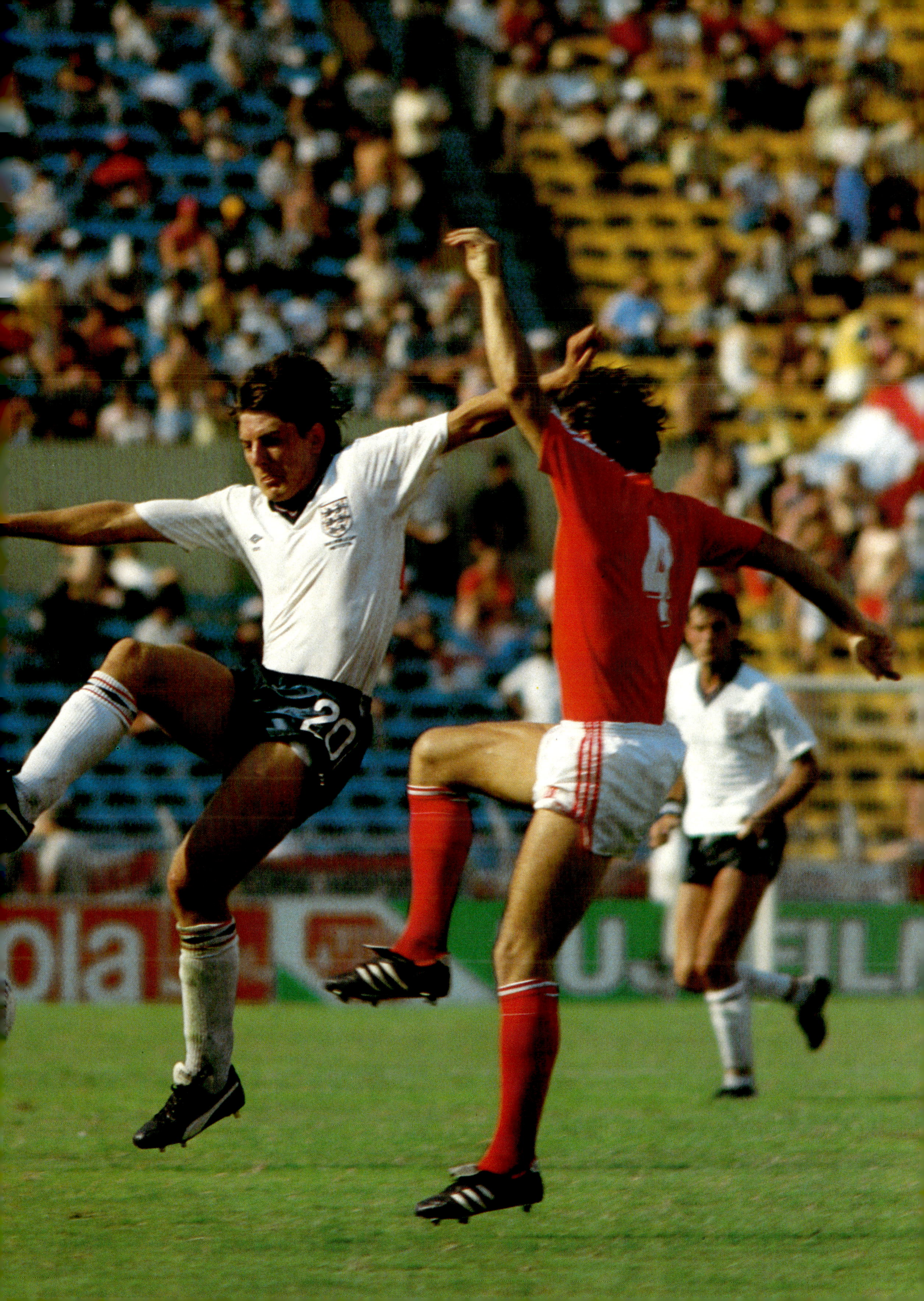

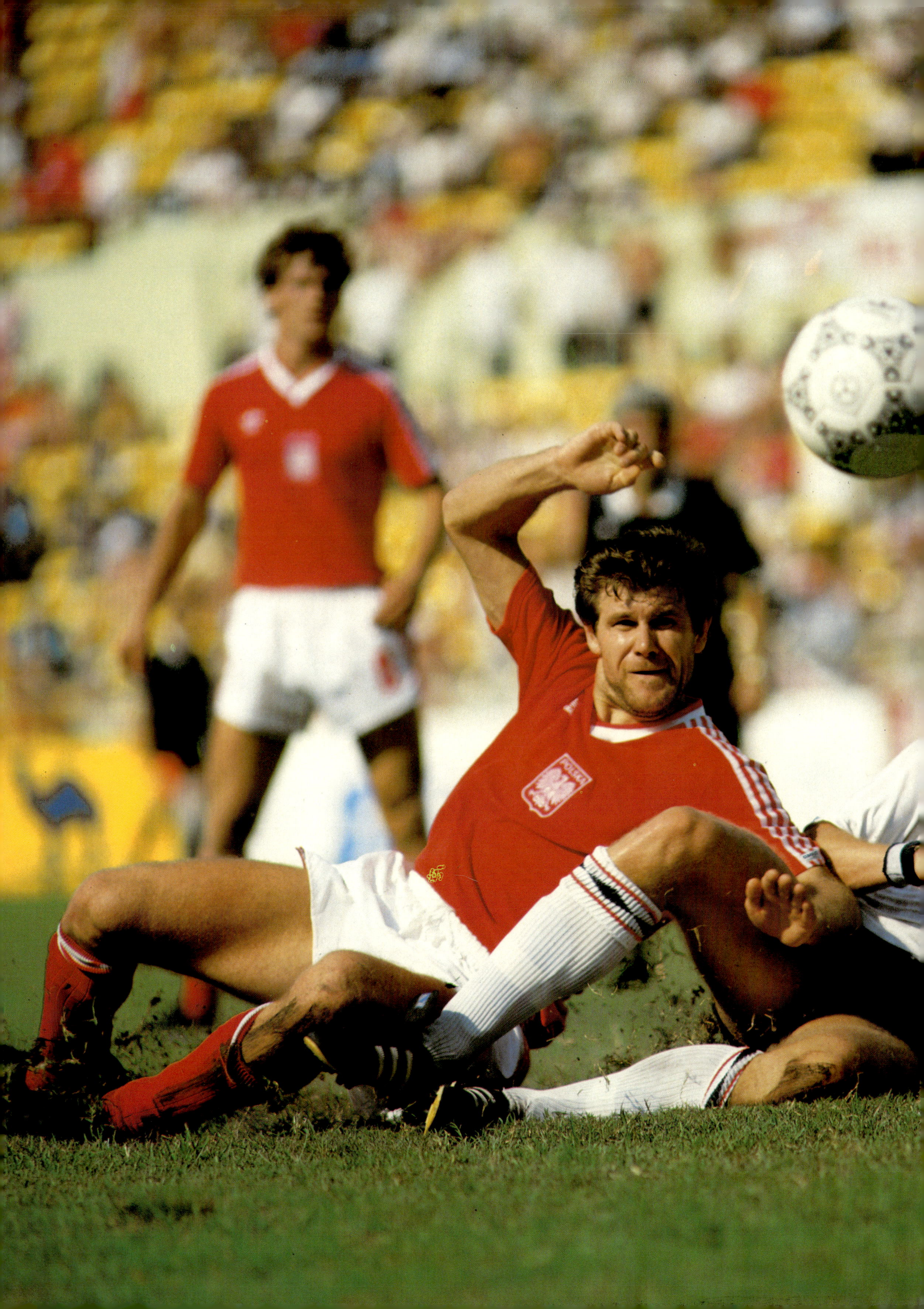
POLSKA

139

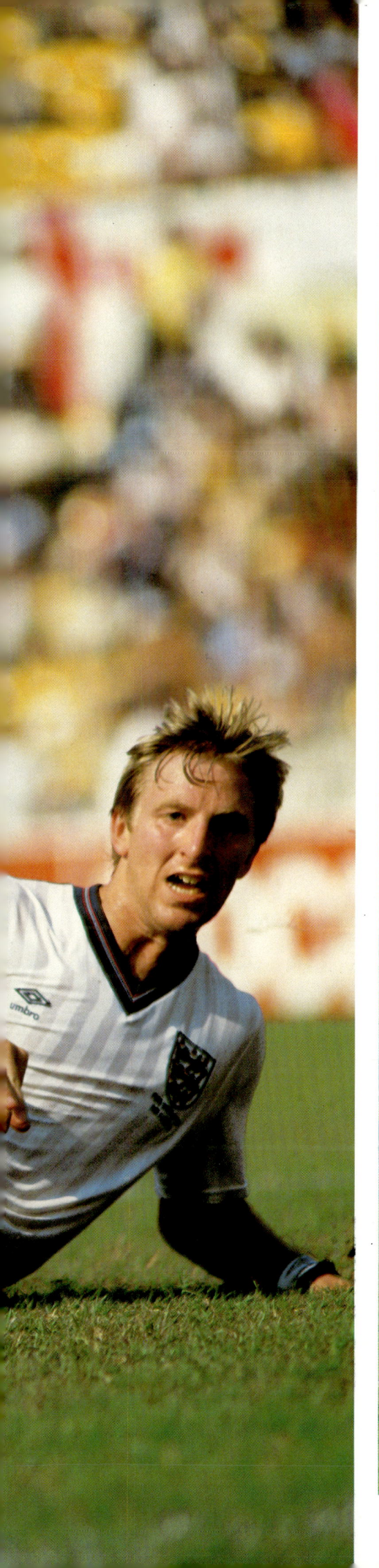

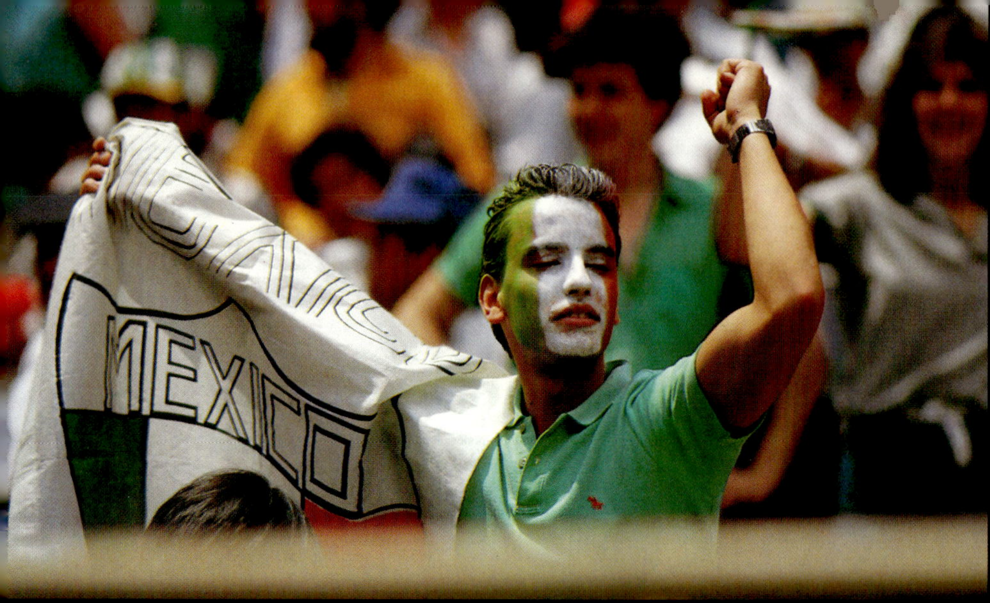
MEXICO

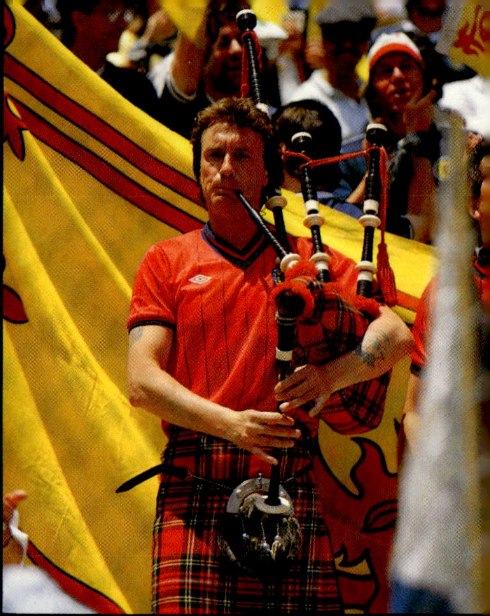

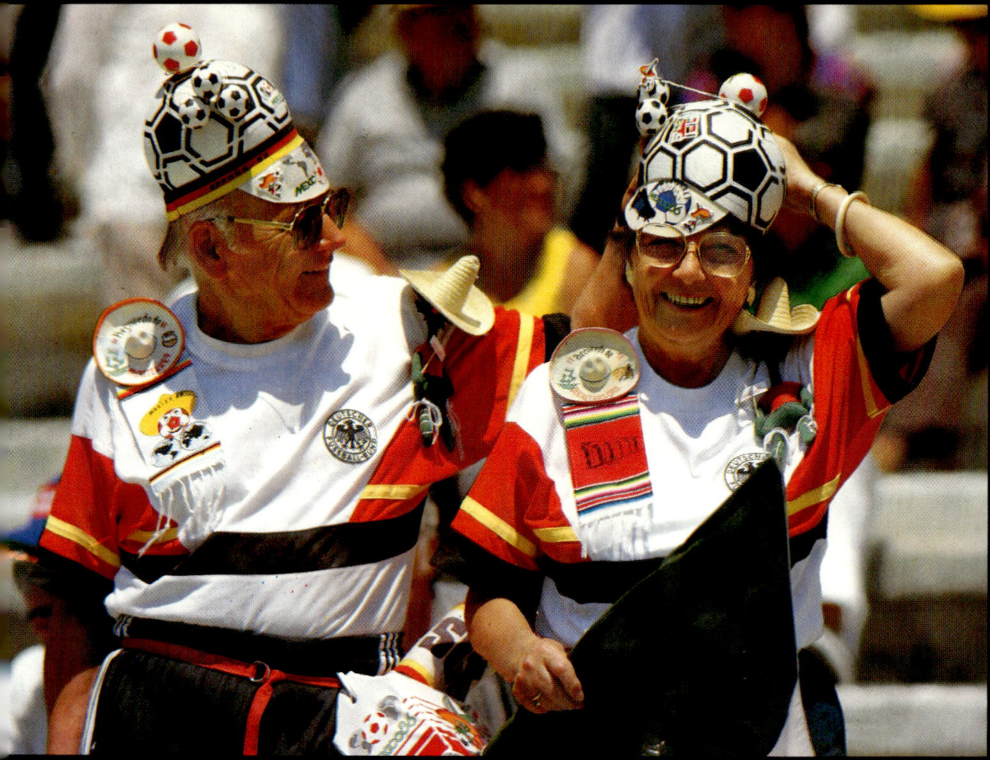

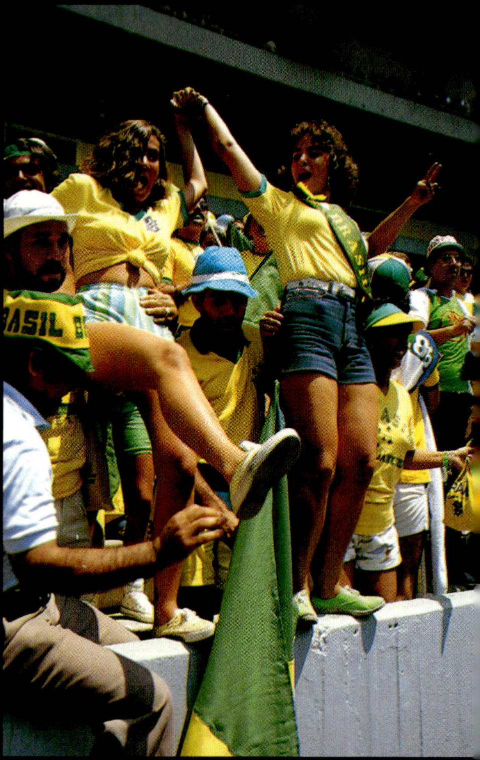

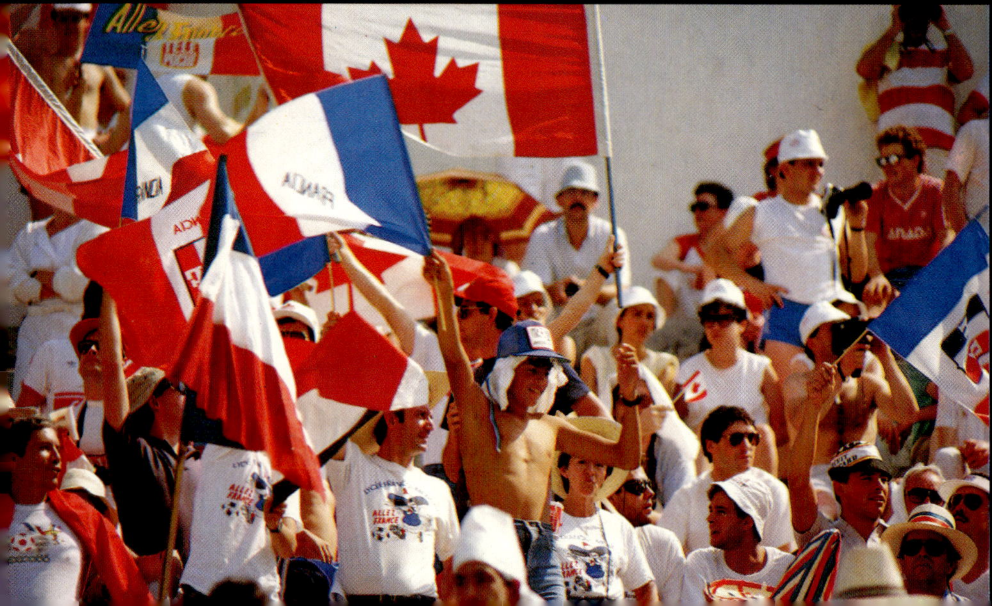

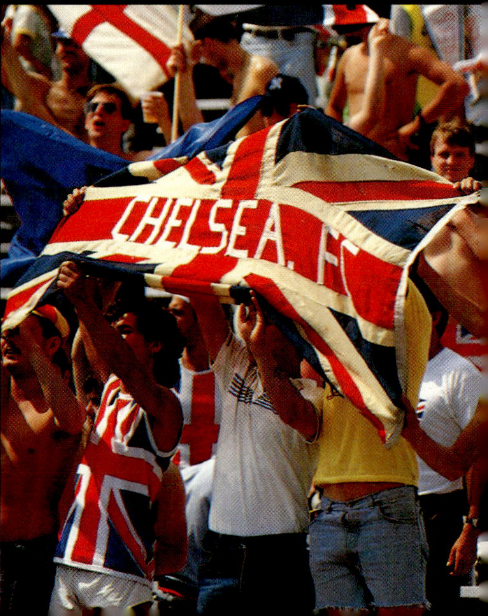
CHELSEA.

FANS

l'Uruguay. Et ce n'était pas fini. La R.F.A., solide, puissante, ambitieuse, allait tomber à son tour (2-0) dans un match que l'on craignait pour les Danois qui pouvaient exploser après leurs précédentes débauches d'énergie. Mais non, ils étaient prêts encore à défoncer les Allemands, ne fût-ce que pour faire plaisir à leur entraîneur Joseph Pontiek. Celui qui déclarait : « Je n'accepte pas de joueurs tristes dans mon équipe. Nous recherchons un jeu vivant et sans contrainte, comme celui des enfants ! » C'est autour de ce principe que Pontiek réussit à souder sa troupe d'expatriés (15 des 22 Danois jouent à l'étranger) et Laudrup, Lerby, Elkjaer, Arnesen, Morten Olsen, Jesper Olsen furent sans conteste les grandes vedettes de ce premier tour.

En vérité, l'équipe danoise apporta une bonne grosse bouffée de fraîcheur à ce Mundial qui balbutiait encore. Ce Danemark-là, c'était la Hollande de la Coupe du Monde de 1974. Même engagement, même bonheur de vivre, même hargne, même précision dans le geste, même complicité dans l'action. Bref, c'était de la joie de jouer à l'état pur.

Quoi que fasse plus tard cette équipe du Danemark ne risquait-elle pas de payer l'addition d'une trop grande générosité dans l'effort ? On gardera toujours en mémoire ces images d'une équipe qui jouait au football comme on respire, normalement, sans excès et sans contrainte. L'intelligence et la jeunesse au pouvoir. C'était réconfortant et vivifiant dans une compétition où l'on s'était plutôt acharné par ailleurs à calculer, à mesurer, à calibrer, à faire dans la bricole et

Harald Schumacher s'avéra impuissant devant le penalty tiré par le Danois Jesper Olsen juste avant la mi-temps, but qui amorçait la défaite allemande.

On se bat ou on s'embrasse ? Cet étrange ballet réunit quelques-unes des étoiles de Danemark-Allemagne, Andersen, Busk et Völler (photo de droite).

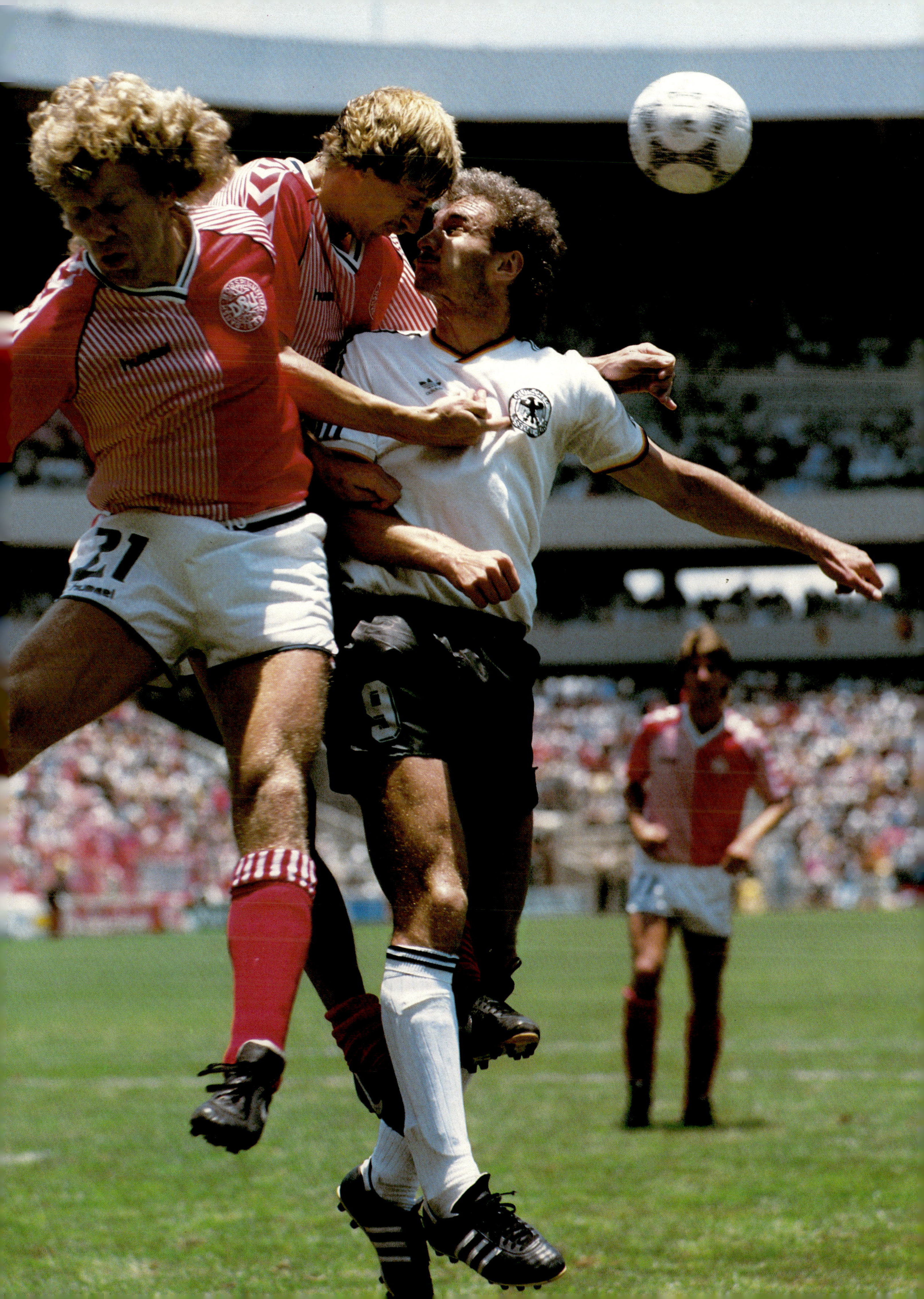
21
9

le sordide. Car, même à deux mille mètres d'altitude, le Danemark joua son jeu en affirmant sa personnalité, son homogénéité et sa puissance, sans nullement se soucier des forces du mal que pouvaient jeter ses adversaires dans la bataille. Ce qui est bien le propre des grandes équipes !

Loin de cet enthousiasme qui rendait au football sa grandeur, le 0-0 d'Uruguay-Ecosse, nul sur toute la ligne, donna la pleine mesure de la violence gratuite et aveugle de l'Uruguay. Une équipe prompte à dénaturer le football et à le transformer en combat de rue. L'explusion de Batista, après 53 secondes de jeu seulement, donnait à Joël Quiniou, l'arbitre français de la rencontre, l'occasion de tirer le carton rouge plus vite que son ombre...

Il avait fallu quinze jours, trente-six matches et 84 buts - moyenne médiocre de 2,33 buts par rencontre quand on en avait réussi 7,80 en Espagne, quatre ans plus tôt, au

L'Allemagne voulait-elle réellement la victoire devant le Danemark, ou préfera-t-elle prendre la deuxième place de son groupe pour affronter ensuite plutôt le Maroc que l'Espagne ? Question restée sans réponse. En tout cas, Rudi Völler ne paraît pas, ici, vouloir cacher son jeu, entre Morten Olsen et Sivebaek, qui ont sauté en même temps que lui, sous l'oeil de K.H. Rummenigge, à l'extrême droite.

même stade de la compétition - pour seulement éliminer huit équipes plus faibles que les autres. Et les « grands », n'avaient que parcimonieusement démontré ce dont ils étaient capables. Le « vrai » Mundial allait, enfin, pouvoir commencer, qui remettrait aussi à leur juste place certaines formations trop rapidement parties dans le tournoi et qui ne tiendraient pas la distance, telles l'U.R.S.S. et le Danemark.

LE MUNDIAL EN SON JARDIN

Combien sont-ils là-bas aujourd'hui, sur les gradins du stade Aztèque ? Aujourd'hui, le Mexique joue. Ils sont donc plus de 100 000, 115 000 peut-être, au bord du cratère. Et Mexico est vide, désert. Les autres, tous les autres, se sont collés à leurs récepteurs de télévision, pour ne rien manquer de la fête. Même le Paseo de la Reforma est vide, où s'englue habituellement une circulation incontrôlée.

Ils ressortiront tout à l'heure, tous ensemble si le Mexique a gagné, et ils célèbreront ça à grands coups de trompes et de tequila. Ils sortiront et ils retrouveront ceux qui sont dehors déjà, ceux qui sont venus en procession à Galeana, comme on va chez la vierge de Guadalupe. Galeana est un parc. On y a dressé un écran géant de télévision. Au début, on voulait faire payer les visiteurs. Ils n'ont pas voulu ou pas pu. Des slogans ont été tracés sur les murs : « Nous voulons notre écran -- Gratis. » Ils l'ont eu.

Ils sont vingt mille, assis dans l'herbe, qui attendent l'image. Vingt mille qui vont crier comme les autres, vingt mille pauvres de Mexico qui hurleront aussi fort que les cent mille privilégiés du stade. Ils sont venus eux aussi avec leurs drapeaux vert-blanc-rouge, avec leurs sombreros qu'ils jetteront vers le ciel si le Mexique marque, vingt mille qui n'ont pas accédé encore au rêve de la télé chez soi, au miracle de l'image à domicile. Vingt mille qui rêvent d'une victoire mexicaine. C'est leur « Mundial » aussi, le « Mundial » de tout le Mexique. Qui sait si le Mexique ne va pas gagner tout à l'heure. Et si le Mexique la remportait, cette Coupe ? « Mexico, Mexico ! »

L'image, alors, s'agite, sur l'écran blanc. On se tait, on écoute. Comment reconnaître Hugo Sanchez dans cette ombre qui court. Tu l'as vu, Hugo ? Le soleil tape sur l'écran, qui reflète seulement un théâtre d'ombres. Où donc est le ballon, où est Sanchez ? On écoute, plus qu'on ne voit. Et puis, la voix rauque de l'homme qui est au stade, la voix du reporter hurle dans son micro : « Goool ! Goool ! Goool ! Mexico ! Mexico ! ». Alors, on n'écoute plus. Peu importe qui a marqué, Hugo ou un autre. On crie aussi, comme ceux du stade : « Mexico ! Mexico ! rrrra ! rrra ! rrrra ! ». Et si le Mexique était champion du monde, dis-donc ? « Mexico ! Mexico ! Mexico ! » On ne s'arrête qu'à bout de souffle. Les hommes se sont dressés. Les femmes se sont signées.

On se calme enfin, pour écouter la suite, et deviner qui sont les ombres sur l'écran. On est heureux. « Mexico ! Mexico ! ». On oublie tout le reste, le chômage, le tremblement de terre, le bidonville où l'on retournera tout à l'heure, le billet qu'on n'a pas pu s'offrir pour aller au stade comme les autres, la politique, l'inflation. Le Mexique va gagner, le Mexique va être au sommet de l'échelle, et tant pis si c'est seulement celle du football. Il faut prendre la vie comme elle vient, et le football c'est encore la meilleure partie de la vie, pas vrai ? Le spectacle, on l'a vu, est ici gratuit. Mais l'est-il vraiment ? « Televisa », qui fait la pluie, le beau temps et les dollars à Mexico, a convaincu des dizaines de marchands d'installer à Galeana des tentes où l'on vendrait nourriture, raffraichissements et souvenirs. Le loyer est élevé, mais les marchands vont s'y retrouver. Tu parles ! Ceux qui sont là n'ont pas un peso en poche. Ils ne mangent rien, ne boivent guère. Et leurs seuls souvenirs du « Mundial », ils les portent sur eux, dans leur coeur. Les affaires sont mauvaises. Des jeux, oui, mais pas de pain.

Ils sont heureux pourtant, et ils dansent maintenant, ils se prennent par la main, par les épaules, ils font la ronde et ils chantent : « Mexico ! Mexico ! Mexico ! » Aujourd'hui, le Mexique a encore gagné. « Tu crois qu'on va gagner aussi samedi ? » « Oui, hombre, bien sûr qu'on va gagner. On a Hugo, pas vrai. On est aussi bon que les autres. Bien sûr qu'on va gagner. »

ELIMIN
DIRECT

ATION
'E!

LIBÉRATION FRANÇAISE

Tandis que l'on entrait directement dans la cour des grands avec les huitièmes de finale, les entraîneurs des équipes qui avaient déjà plié bagages étaient placés sur le banc des accusés. Comme quoi le simple fait de prendre les commandes d'une équipe nationale implique aussi de s'installer dans un siège éjectable. Ainsi, le Hongrois Mezzey fut-il débarqué avant même d'avoir atterri à Budapest. Le Portugais José Torres préférait annoncer lui-même sa démission avant de se faire signifier son limogeage.

Rabah Saadane, l'Algérien, ne se faisait aucune illusion sur son avenir ; de toute façon il s'estimait trop usé, trop fatigué pour pouvoir continuer. Et même le Britannique Tony Waiters, entraîneur du Canada, à qui personne ne faisait le moindre reproche, avouait qu'il n'était pas candidat à sa propre succession. Déjà, on spéculait d'ailleurs sur les chances de durer du Brésilien Tele Santana ou de l'Argentin Carlos Bilardo si leurs équipes ne concrétisaient pas tous les espoirs placés en elles. Dur, dur, ce métier d'entraîneur... où le banc de touche est souvent l'antichambre du poteau d'exécution.

Cela, Valeri Lobanovski, le responsable technique de la sélection soviétique, le savait mieux que personne. Durant les moments euphoriques vécus par son équipe pendant le premier tour, il fut pris de vilains vertiges, pas dûs seulement à l'efficacité de ses troupes. L'anxiété, peut-être, en prélude à des heures plus sombres. Lobanovski souffrait de violentes douleurs au niveau de l'estomac.

Après une série d'examens ponctués par un électrocardiogramme, il fut admis qu'il ne s'agissait que d'ennuis gastriques. Une bonne nouvelle, somme toute, pour l'intéressé. Mais après le match contre la Belgique, on se mit à penser que l'ulcère n'était pas loin. Car ces huitièmes débutèrent par un formidable coup de grisou qui fit exploser la tannière de l'ours soviétique.

Pourtant, Lobanovski avait bien fait les choses. Trois séances quotidiennes de travail et une équipe à très forte densité ukrainienne. Lobanovski est un ancien du Dynamo de Kiev, qui domine aujourd'hui l'Europe du football. Pour preuve, sa fantastique victoire en finale de la Coupe des Coupes 1986 à Lyon contre l'Atletico de Madrid (3-0). La sélection soviétique avait donc fière allure avec son libero Kouznetsov et, en attaque, le duo Belanov-Zavarov qui s'était définiti-

Star et starlettes : Hugo Sanchez, vedette mexicaine, et deux de ses admiratrices.

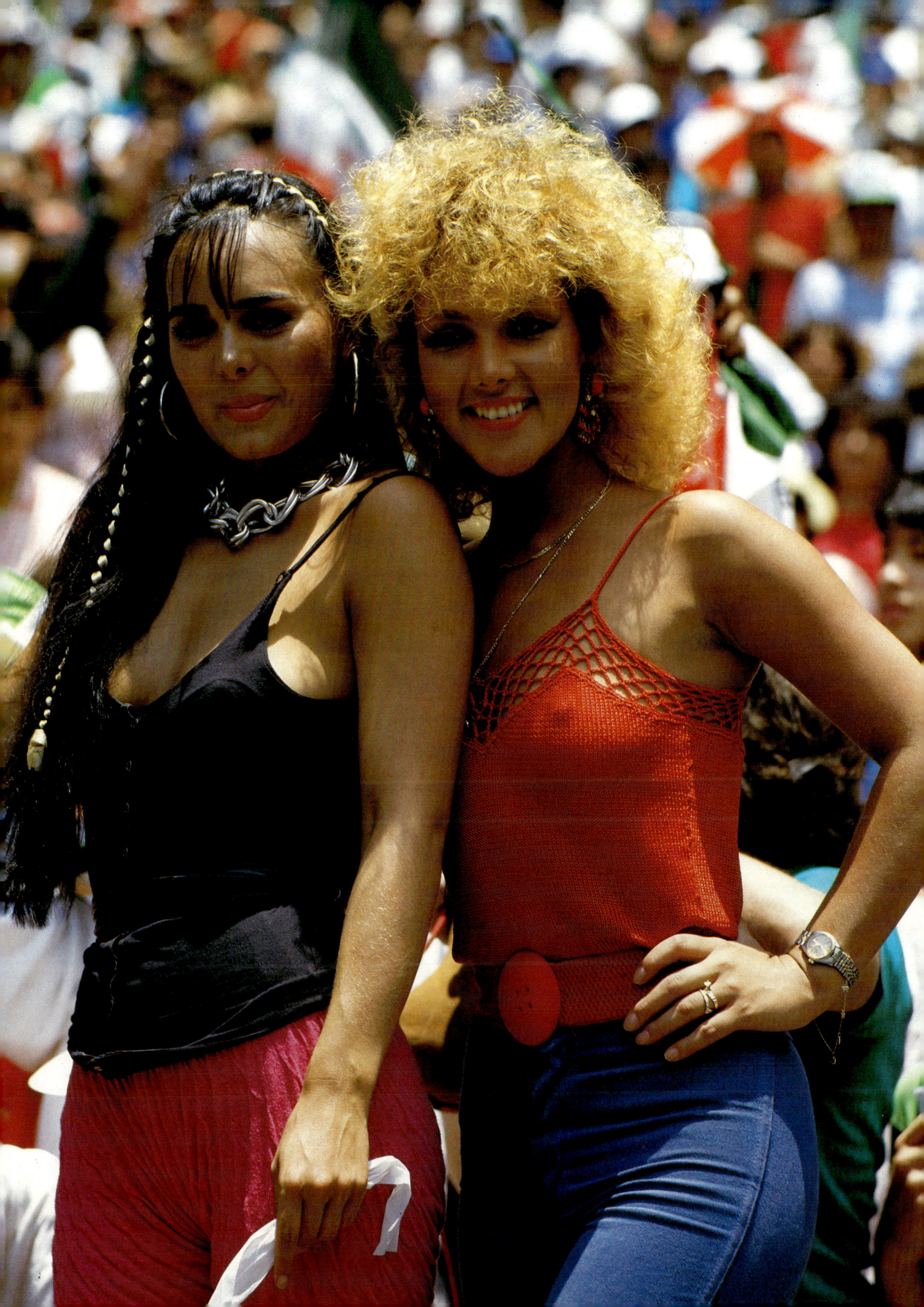

vement imposé à la paire Protassov-Blokhine. De quoi donner par anticipation quelques sueurs froides au sélectionneur belge Guy Thys, plus rusé que jamais, et qui fit en sorte de visionner tous les matches joués par l'U.R.S.S. au Mexique. « J'ai ma petite idée, se contentait-il de dire. Mais notre tâche sera très difficile face à ce rouleau compresseur. » Thys se souvenait cruellement de la défaite (1-0) de son équipe face aux Soviétiques du Mundial espagnol en 1982 et il espérait dans le silence que l'histoire ne repasserait pas deux fois le même mauvais plat.

Après avoir vu les joueurs russes aussi dominateurs durant le premier tour, la seule question était de savoir s'ils n'avaient pas atteint leur rendement maximum trop tôt dans la compétition ? Comme si, en état de grâce, ils vivaient sur un nuage. Eh bien ! la réponse allait nous être donnée par la farouche détermination d'une équipe belge sublimée par l'enjeu et par la réputation de sa rivale. Le fait est que, ce soir-là à Leon, le Dynamo fut victime d'une panne de courant à la suite d'un court-circuit dont il se souviendra longtemps... Ce fut le premier K.-O. légendaire de ce Mundial, peut-être le plus beau aussi, car le plus inattendu, et dans un sens le plus dramatique.

Dans la logique implacable d'un football *de muerte* à la limite des énergies et des organismes, le triomphe belge pouvait ressortir au chapitre des grands exploits. De ceux dont on se souvient encore lorsque le temps à tout effacé. Il y eut dans l'histoire belge de Leon le parfum piquant d'un certain match de Séville, à cette différence près que les Belges réussirent là où les Bleus de France avaient trébuché. Encore que la qualification belge ait davantage tenu du coup d'État. Car, donnés battus d'avance, les Belges furent de formidables vainqueurs surprise.

Pourtant, on ne pouvait pas nier qu'ils avaient une fameuse trouille en entrant sur le terrain de Leon. La peur d'être bouffés tout crus par ces ogres soviétiques qui savaient désormais tout faire, jouer comme des durs mais aussi tripoter le ballon en faisant de la dentelle de Kiev. Car c'était bien de l'équipe du Dynamo dont on avait à parler. Celle qui se croyait capable d'emballer la machine durablement à 1 700 mètres d'altitude. C'était pourtant trop présumer de ses forces, trop puiser dans ses réserves, trop tirer sur la mécanique. Et cela, personne au Mexique ne pouvait le faire impunément.

Malgré tout, le bluff aurait pu marcher jusqu'au bout et l'équipe belge, morte de peur, aurait pu abdiquer en claquant des dents. Elle aurait pu s'effondrer, c'est vrai, dès la 28e minute, lorsque ce fourbe de Belanov, qui avance sur le terrain comme un pépé perclus de rhumatismes, ajusta un tir croisé qui fit mouche dans le but de Pfaff. Ce fut pourtant tout le contraire. L'équipe belge se trouva libérée. La peur l'abandonna et elle se retrouva enfin maîtresse de son destin. Elle n'avait donc plus rien à perdre et, battue pour battue, elle concevait de l'être désormais avec

C'est un but de rêve que réussit, d'un spectaculaire ciseau, le Mexicain Manuel Negrete, devant la Bulgarie (ci-dessus). Raul Servin (à droite) aggrava le score d'un but de la tête en deuxième mi-temps : le Mexique en liesse accédait aux quarts de finale, et les Bulgares pouvaient reprendre l'avion pour Sofia.

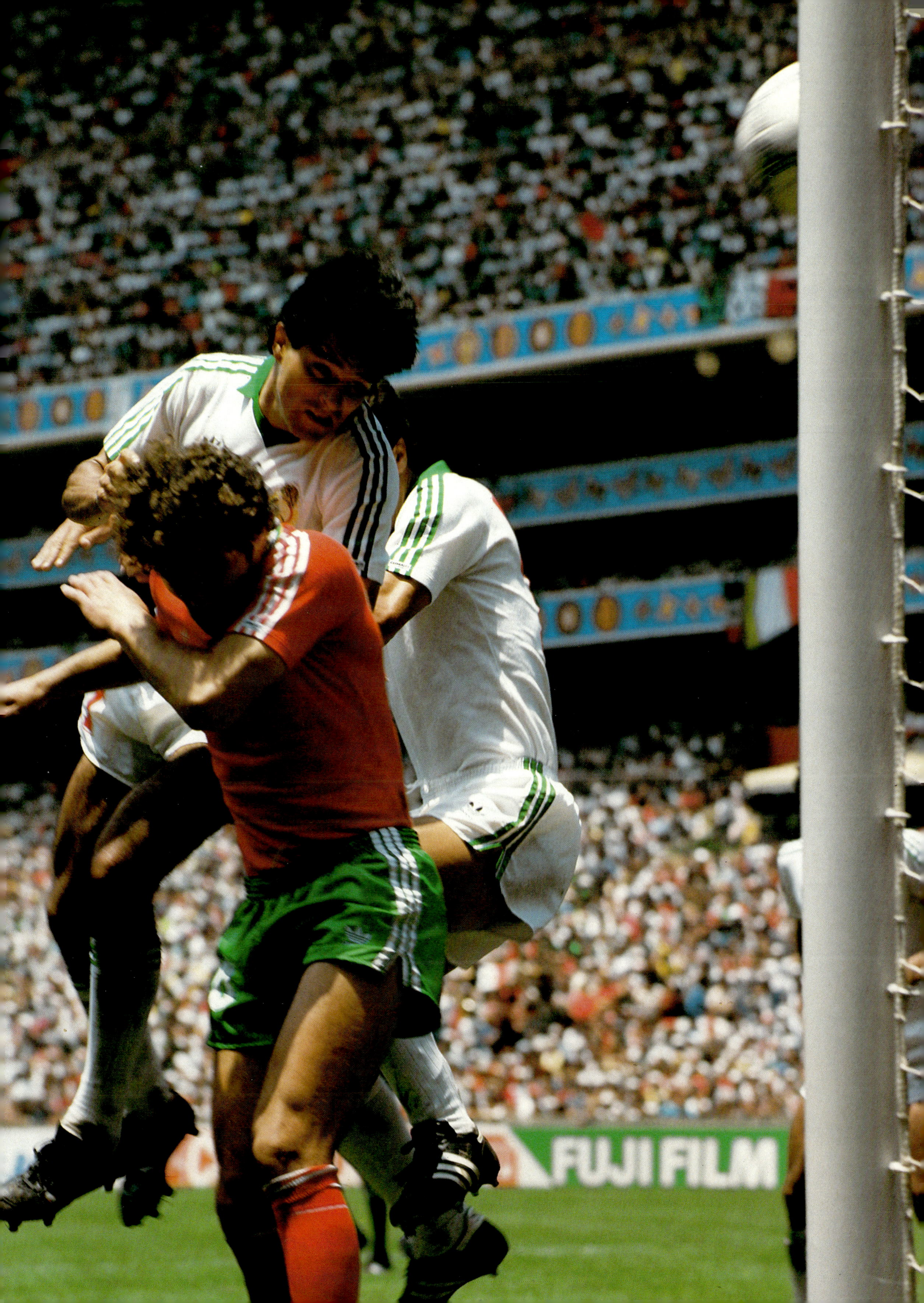
FUJI FILM

les honneurs de la guerre. Elle resserra ses rangs, elle qui fait plus appel à la solidarité qu'au génie. L'esprit de groupe inculqué de longue date par Guy Thys joua à fond. Le « un pour tous, tous pour un », doit bien avoir aussi son équivalent en flamand ; le fait est que les onze Belges jouèrent alors comme un seul homme. Les uns creusèrent les tranchées, les autres allaient aux provisions, et tout le monde tentait d'amener le danger dans le camp soviétique qui révéla dès lors certains faiblesses.

Les Belges ne doutaient plus, ils attaquaient. C'était leur unique chance de salut, que souligna parfaitement le but d'égalisation d'Enzo Scifo, le Sicilien de Wallonie, prompt à concrétiser un énorme cadeau de l'arrière-défense soviétique. Nous étions tout près de l'heure de jeu et l'U.R.S.S. tenait encore en ses prétentions, même si sa machine tournait un peu moins bien qu'à l'ordinaire. Et puis, il y avait ce « fou » d'Igor Belanov qui osait des lucarnes de vingt mètres, de trente mètres, sans se poser de question, Belanov qui tirait sur les barres, comme à plaisir. Bref, qui méritait de marquer. Cela fut fait au détour de la 70e minute. A ce moment-là, l'ulcère de Lobanovski eut un instant de répit car il s'imagina, en bon doctrinaire, que cette vibrante démonstration de ses forces d'artillerie finirait par mettre à genoux l'équipe belge. Beaucoup, c'est vrai, auraient capitulé. Pas les Belges. Pas la cavalerie. Au diable les calculs, on contre-attaquait allègrement par Ceulemans, par Vercauteren, par Claesen... Cela frisa parfois l'inconscience, à moins que d'être mis sur le compte de l'insolence. Peu importe, au bout du compte.

Car alors arriva Ceulemans, oui Ceulemans, le grand blond avec ses pattes de héron, qui courait à la recherche de sa vérité dans le raid isolé qu'il déclencha à la 75e minute, où tout s'arrêta autour de lui. Tout, sauf lui. Etait-il hors jeu, ou pas? Le juge de touche, un Espagnol, hésita. Pas Ceulemans. Et l'arbitre valida le point, mettant un peu plus de verdeur aux coups de gueule de Lobanovski. Décidé-

Première sensation des huitièmes de finale : la victoire des Belges sur l'épouvantail soviétique (4 buts à 3, après prolongations). A gauche, Georges Brun s'interpose victorieusement pour annihiler une offensive soviétique. A droite, Nico Claesen (qui réussira le 4e but, décisif, des Belges) est seul au milieu de la défense adverse, où il tente de dribbler Dassaev. Kuznetsov, figé, paraît espérer un miracle de son gardien. Cette fois, il sera exaucé.

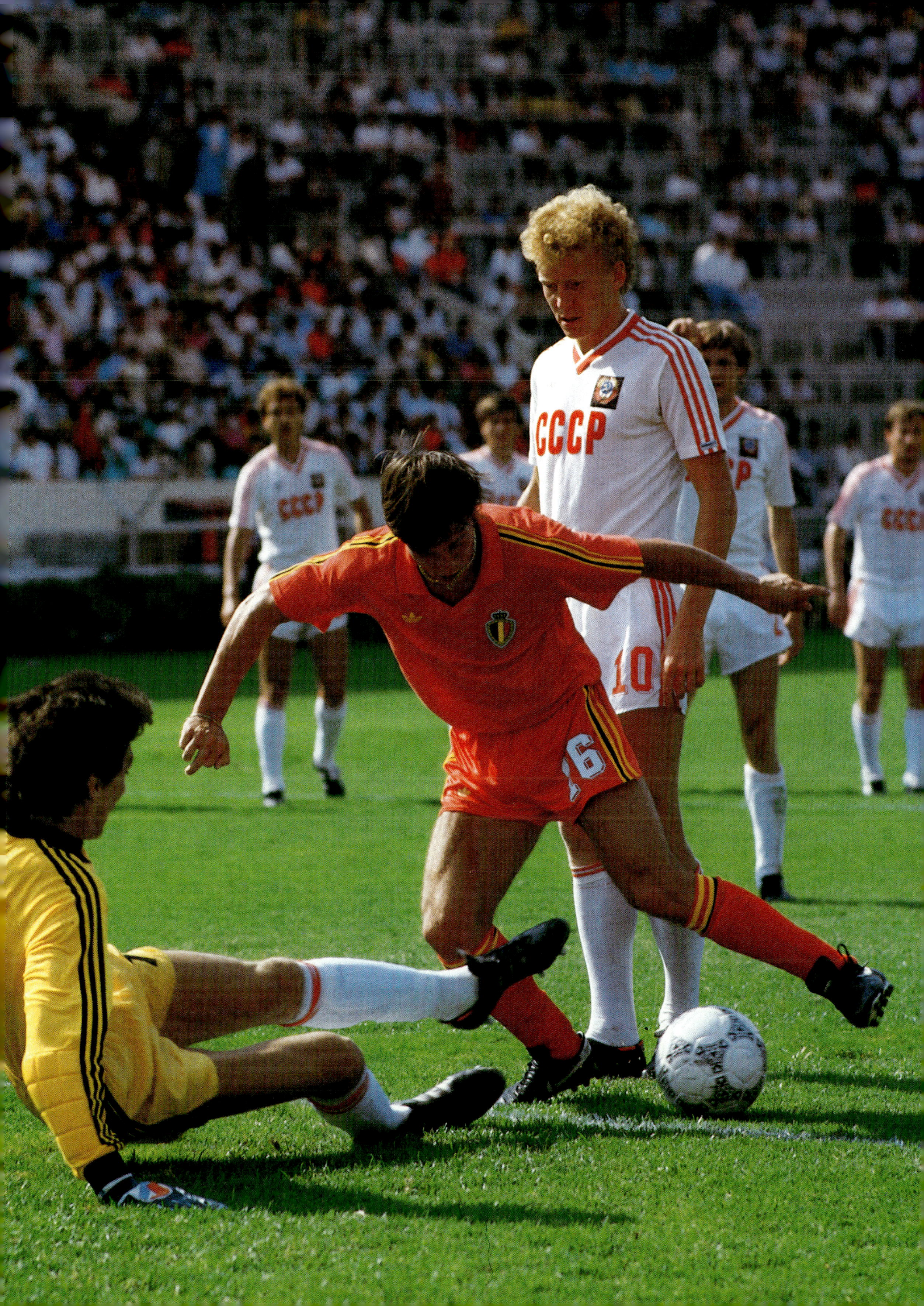
CCCP
10
16

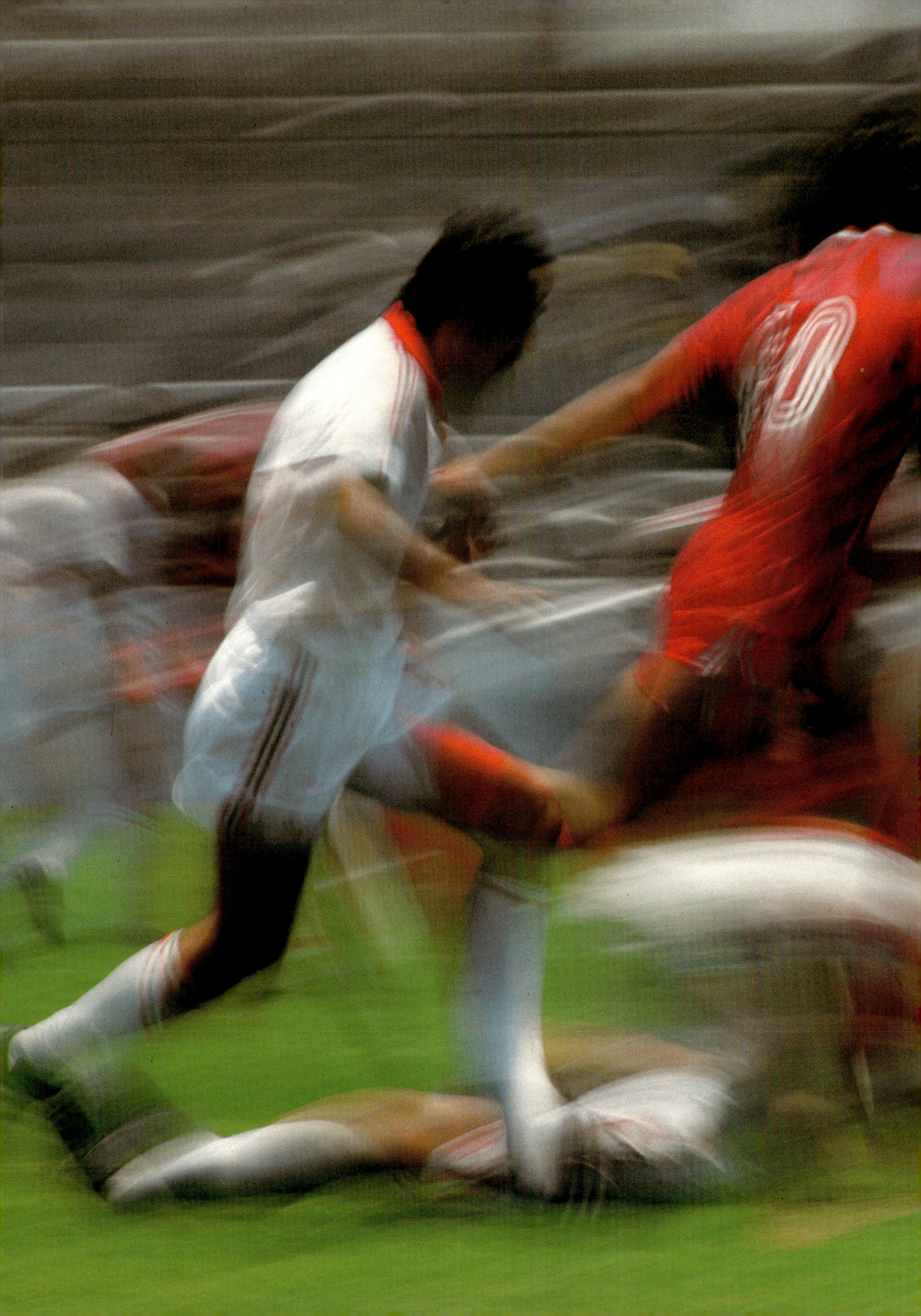

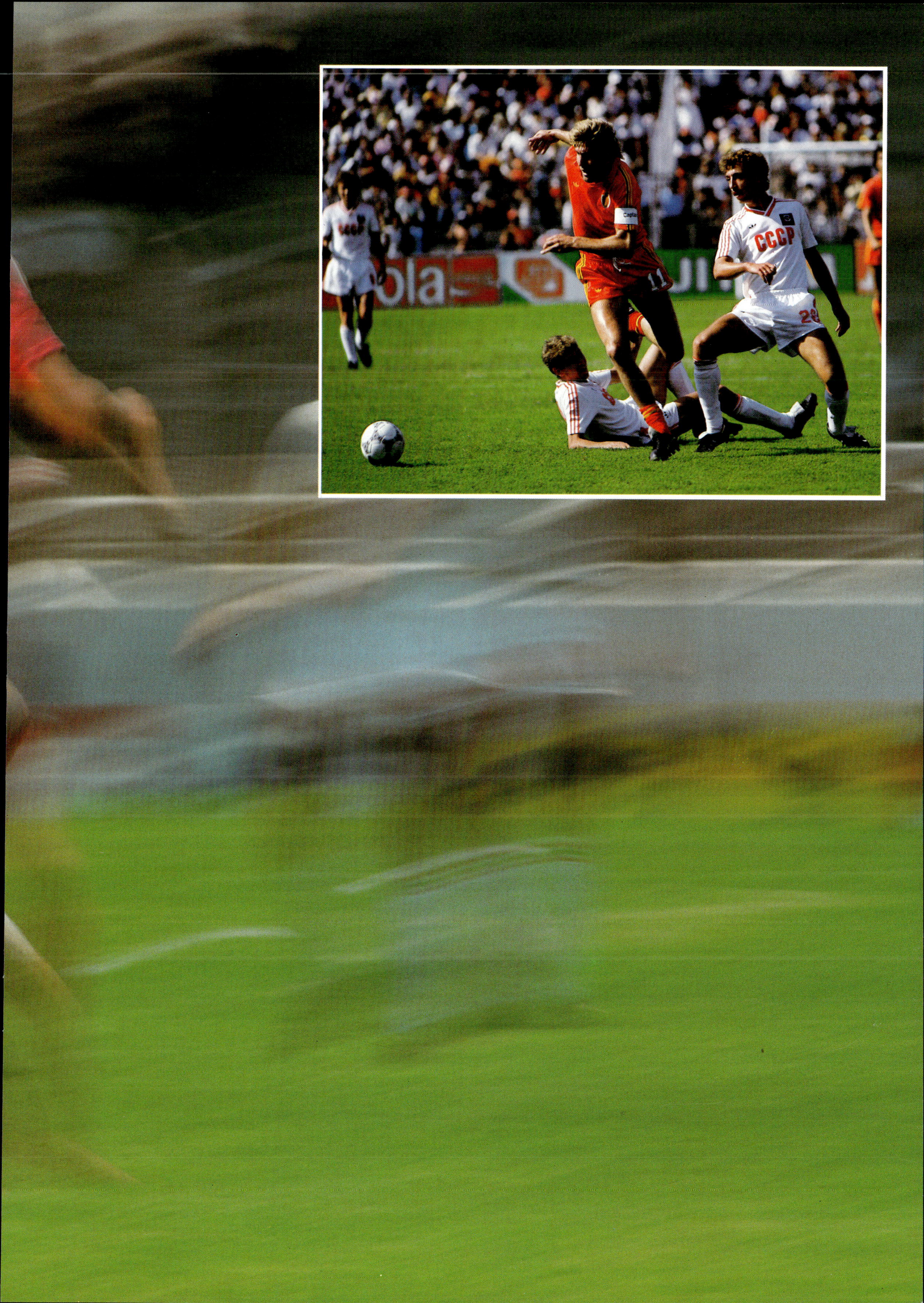
CCCP

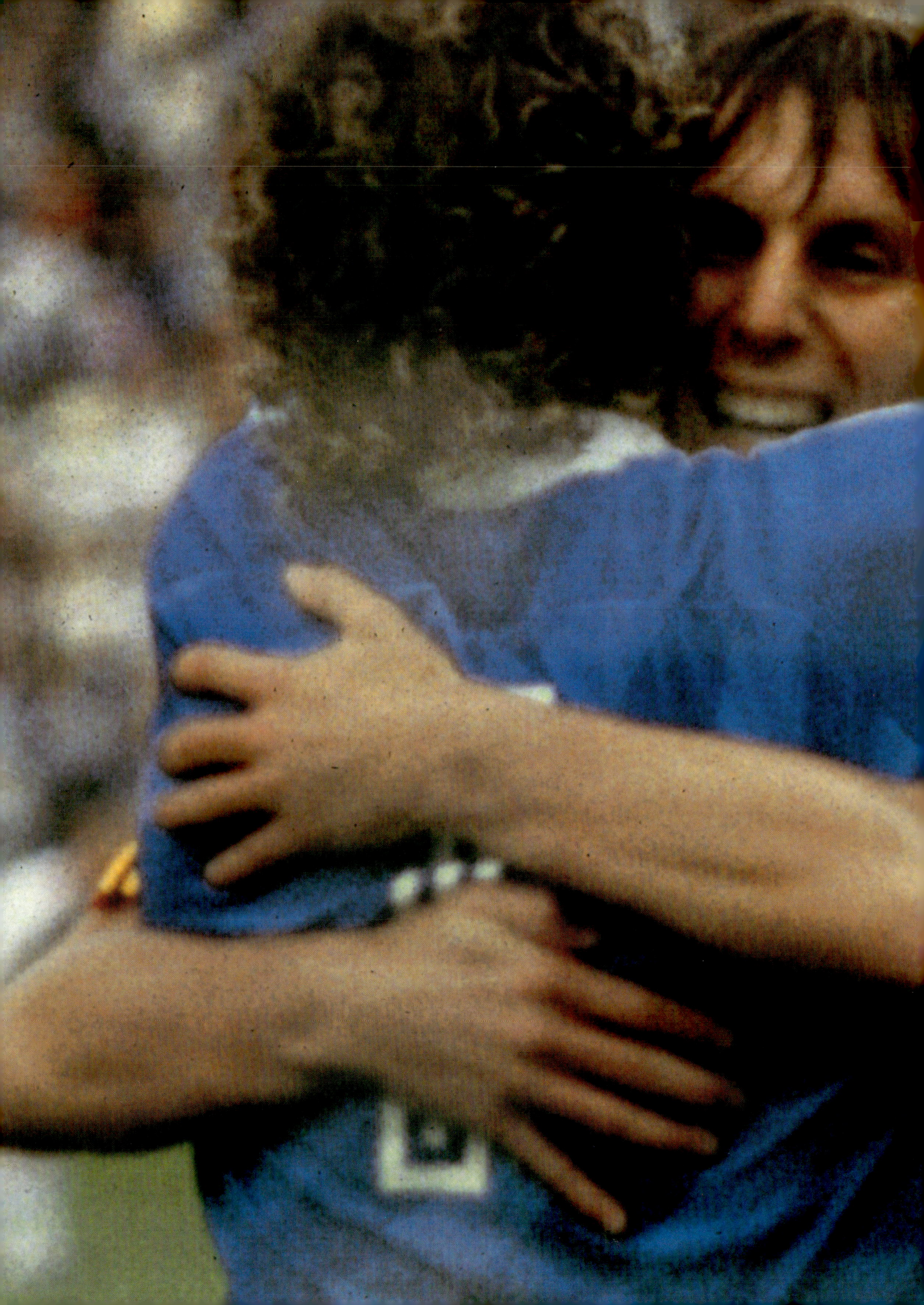

ment, il n'y avait pas de justice dans ce match de l'apocalypse. Et il était dit qu'il n'y en aurait pas.

Passés si près de la catastrophe, les Belges ne pouvaient plus perdre. Car, en plus de leur volonté, en plus de leur courage, en plus de leur santé, ils avaient mis le ciel dans leurs besaces. Un signe d'allégeance au dieu du foot pour des « Diables Rouges » poussés à faire échec à l'Armée de même teinte.

Il y eut des prolongations, des offensives incessantes de part et d'autre, et une formidable sensation d'injustice pour l'équipe qui sortirait battue de ce piège. On s'était pris de sympathie autant pour l'une, qui était en train de chambouler tous les pronostics, que pour l'autre, laquelle ne bronchait pas devant les assauts répétés d'une noire adversité. Il y avait de l'antique dans ce match où se jouait une vraie tragédie. Le dénouement fut heureux pour les Belges après que Stéphane Demol, beau comme un dieu grec, et Claessen eurent fini de pousser les Soviétiques dans la névrose de la défaite. Et il fut autrement plus dur ce dénouement, pour l'U.R.S.S. Quand bien même Igor Belanov mit un terme aux débats avec un penalty réussi qui sanctionnait une

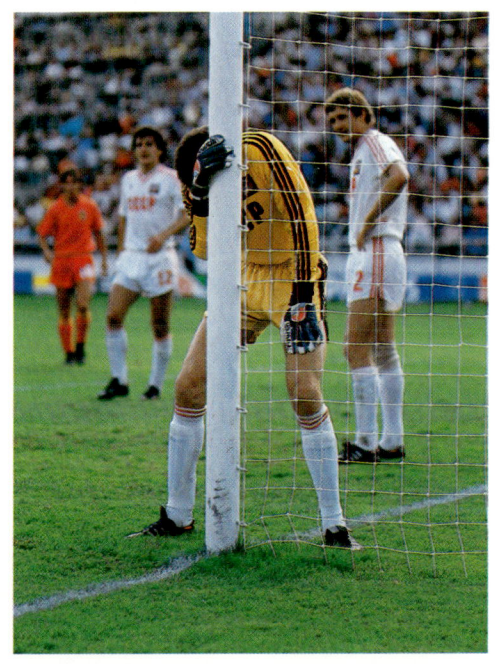

Double page précédente : Le capitaine belge Jan Ceulemans a joué un rôle décisif dans les succès de son équipe. Il fut, avec le remarquable gardien Jean-Marie Pfaff, l'un des grands responsables de la victoire belge sur l'U.R.S.S., trop tôt promue au rang de favorite du Tournoi.

Pleurs et rires : pendant que Rinat Dassaev, anéanti par un nouveau but, se cache la tête... dans ses poteaux, Pfaff et Vervoort, au comble du bonheur, tombent dans les bras l'un de l'autre.

Les Polonais avaient pris un assez bon départ contre le Brésil. Ils furent même les auteurs du premier tir véritablement dangereux de la partie, un boulet de canon sur la barre décoché par Karas. Après quoi la poudre des canonniers de l'Est parut s'éventer. Chez les Brésiliens en revanche, tout se mit à tourner rond. Les cariocas faisaient mouche à tout coup, à tel point que leur entraîneur Tele Santana put prendre alors le risque de faire entrer en jeu pour la première fois l'une de ses vedettes, Zico, laissée sur la touche jusque là en raison d'une blessure peut-être mal guérie. Mais Zico montra qu'il n'avait peur de rien ni de personne quand le gardien polonais Mlynarczyk le faucha à la 83e minute, donnant l'occasion à Careca de transformer le penalty qui s'en suivit. 4-0 pour le Brésil. Dernière équipe de l'Est européen encore en course, la Pologne devait quitter Mexico.

des nombreuses fautes dont il fut victime.

4 buts à 3, c'était un score tout à fait digne de cette rencontre du troisième type. Mais alors que l'on se faisait une joie de voir les Belges continuer leur carrière dans ce Mundial, on se prenait à regretter le départ des Soviets. Ils laisseraient forcément un vide. C'est cela, peut-être, que l'on appelle « partir en beauté » !

Qui peut dire aujourd'hui que les Bulgares laissèrent autant de regrets ? Ceux-là s'en retournèrent du côté de Sofia comme ils étaient venus et comme ils l'ont toujours fait en Coupe du Monde. C'est-à-dire sans victoire et sans gloire. Un peu comme s'ils acceptaient de se mettre en liste d'attente dès le départ de la compétition. Pourtant, ils avaient réussi à faire naître quelques espoirs en contraignant l'Italie à un honnête match nul (1-1) en ouverture de ce Mundial, mais ce ne fut même pas un clin d'œil vers l'avenir. Car ils achevèrent leur carrière au Stade Aztèque contre le Mexique (0-2) sans avoir rien prouvé. Le recul nous permet de considérer que cette équipe bulgare évolua le plus souvent en ordre dispersé, sans aucune ligne de conduite, et sans organisation foncière. Elle fit parfois penser à ce que serait un squelette sans colonne vertébrale, dont tous les membres finiraient par désolidariser les uns des autres. Tragique pour une équipe de football. Celle-là nous parut orpheline. Une pauvre orpheline incapable à la fois de résoudre ses propres problèmes et d'en poser, *a fortiori*, à ses adversaires. Comme si elle était encore victime d'un grand mal intérieur, un cancer qui la rongerait du dedans.

On ne peut pas dire pour autant que la sélection du Mexique, qui l'obligea à regagner ses foyers, n'en fit qu'une bouchée. Ce serait inexact et injuste.

Les Mexicains avancèrent mais sans vraiment démonter de réelles ambitions. Portés, comme toujours, par tout un stade, par tout un peuple, ils firent ce qu'il avaient à faire, proprement, dignement, mais certainement pas avec la souveraineté et la volonté dominatrice qu'on aurait aimé leur voir démonter dans le chaudron magique de Mexico. Un stade bâti, semble-t-il, pour l'éternité du football et qui se forçait à croire qu'il entrait dans l'histoire à mesure que la formation mexicaine gagnait son billet pour les quarts de finale de la compétition. Ce qui constituait une première dans l'histoire de ce pays tout entier embrasé par le Mundial. D'ailleurs, Bora Milutinovic, Yougoslave mais grand-prêtre sélectionneur de l'équipe mexicaine, l'avait bien dit : « Le peuple de Mexico a besoin d'une victoire sur les Bulgares. Et il l'aura ! ».

Il faut dire que jamais, dans l'histoire de la Coupe du Monde, une équipe n'aura été pareillement programmée pour réussir. Ici, on rêvait de la consécration suprême et on avait fait en sorte de ne rien laisser au hasard. Dix-huit mois de préparation, mais aussi dix-huit mois de concentration pour tous les sélectionnés du groupe qui furent mis, par leurs clubs respectifs, à la disposition de Milutinovic, moyennant dédommagements financiers.

Ainsi la sélection mexicaine a-t-elle pu jouer soixante-cinq matches de rodage dont trente-sept se soldèrent par des victoires. Dans le lot, deux succès très significatifs contre l'Allemagne et l'Angleterre. De quoi vous donner ambition et confiance quand vous vous êtes mis dans la tête de devenir champion du monde.

Pourtant, jusque-là, cette équipe mexicaine n'avait pas montré grand chose, comme si elle s'était contentée d'expédier les affaires courantes en promettant à chaque fois qu'elle était capable de bien d'autres prouesses. Mais pour cela, les Mexicains avaient surtout à oublier leur public, leurs états d'âme et leurs responsabilités. C'est ce qu'ils firent, en partie, contre les Bulgares, mais sans se hisser véritablement au niveau qu'ils s'étaient promis d'atteindre.

Leur première mi-temps fut bonne, c'est vrai. Ce fut leur meilleure production depuis l'ouverture du Mundial. Elle les vit entreprenants, vifs, habiles techniciens et relativement bien organisés. Aussi, les partenaires de Negrete, ce gaucher subtil qui avait mis jusque-là sa botte dans sa poche, réussirent-ils à se créer de solides possibilités d'ouvrir le score. L'une d'elles aboutit enfin à la 35e minute et permit à Negrete, précisément, de réaliser un petit chef-d'œuvre de reprise de volée du pied gauche, en conclusion d'un mouvement collectif tout à fait limpide. Ce premier but mexicain était appelé à demeurer parmi les plus belles choses vues dans ce Mundial. Puis, le Mexique commença à s'éteindre lentement sans que les Bulgares aient eu l'intention d'en profiter en se jetant dans un football de feu dont ils étaient incapables et qui leur aurait permis au moins de tenter le tout pour le tout. Au lieu de cela rien, ou pas grand chose. Que manqua-t-il donc aux Bulgares pour mettre un peu de sucre dans leur yaourt ? Sans doute un patron sur le terrain. Mais c'est là une denrée extrêmement rare.

Dimitrov, Sadkov, Pashev tentèrent bien de secouer le cocotier, mais le gardien de but mexicain, Pablo Larios, n'a pas seulement une moustache de chat ; il est également très agile, et cela lui permit de repousser toujours plus loin l'échéance bulgare. Lorsque Servin, d'un vigoureux coup de tête, expédia à la 62e minute le ballon dans le but de Mihailov, on sut, et

115 000 spectateurs enfiévrés au Stade Aztèque surent aussi, que le Mexique irait en quarts de finale. Ce fut du délire. Au-delà des limites du stade, la joie collective se transforma au fil des heures en folie meurtrière. Ainsi la qualification mexicaine eut-elle ses martyrs alors que dans le clan bulgare on alignait quelques regrets. Du genre : « Pour nous, le Mundial est arrivé six mois trop tard ! » Conclusion limpide : dans une épreuve qui ne revient que tous les quatre ans, mieux vaut se présenter à l'heure au rendez-vous !

Le rendez-vous avec l'histoire, voilà bien ce qui était proposé aux Brésiliens de Télé Santana. L'histoire avait été écrite superbement par leurs aînés de 1970, ceux du Roi Pelé. L'histoire d'un titre brésilien obtenu au Mexique par l'équipe la plus forte qu'on ait jamais vue dans une coupe du Monde. L'équipe des Pelé, Gerson, Tostao, Rivelino, Jairzinho. Et voilà qu'on n'en finissait plus de comparer les nouveaux et les anciens. Comme si la sélection brésilienne était revenue sur les lieux de son « crime » pour une reconstitution fidèle... mais sans les mêmes protagonistes. Alors, dans le Mundial 1986, l'équipe du Brésil avait d'abord à se battre contre elle-même ou, plus précisément, contre le souvenir d'elle-même. A la limite, un combat impossible qu'il eût été ridicule de prolonger indéfiniment, sachant qu'on ne remonte jamais le temps.

Il suffisait en vérité de juger sur pièces une sélection brésilienne tout à fait apte à monter haut, et même très haut. Et ce n'était pas sa rivale polonaise qui aurait pu s'opposer à cette implacable progression. Il est

Un but de Pedro Pasculli (à droite) inscrit juste avant la mi-temps, suffit à l'Argentine pour triompher de son « frère ennemi », l'Uruguay. Brutaux à l'excès devant l'Allemagne et l'Ecosse, les Uruguayens, morigénés par toute la communauté du football, furent parfaitement tenus en laisse par l'arbitre italien Agnolin, qui ne distribua pas moins de sept cartons jaunes pour calmer les esprits. Diego Maradona serre ici les poings en direction du ciel, manifestation de la joie que lui procure cette qualification. Il a été l'un des principaux artisans de la victoire des Argentins sur leur rival de toujours.

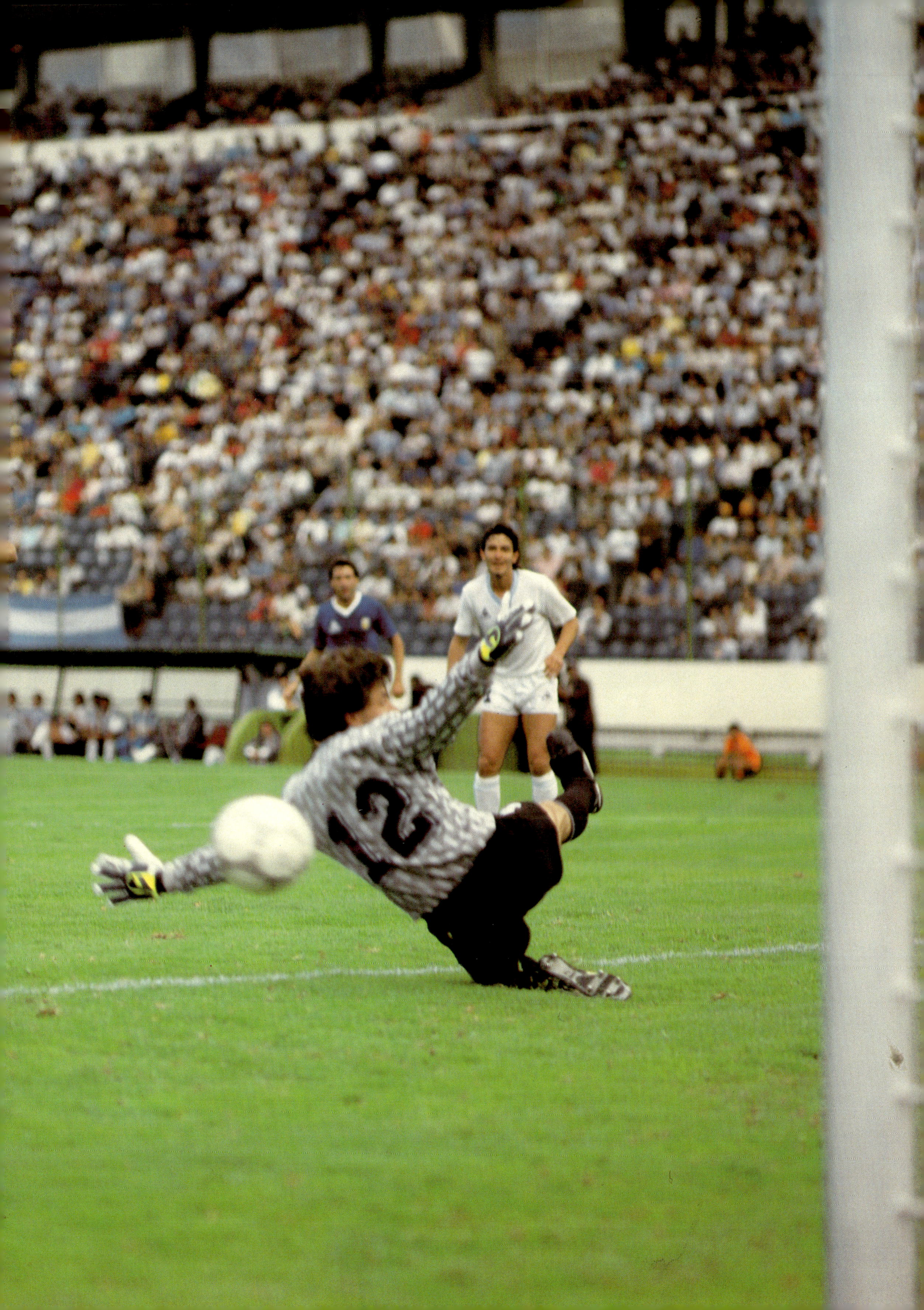
12

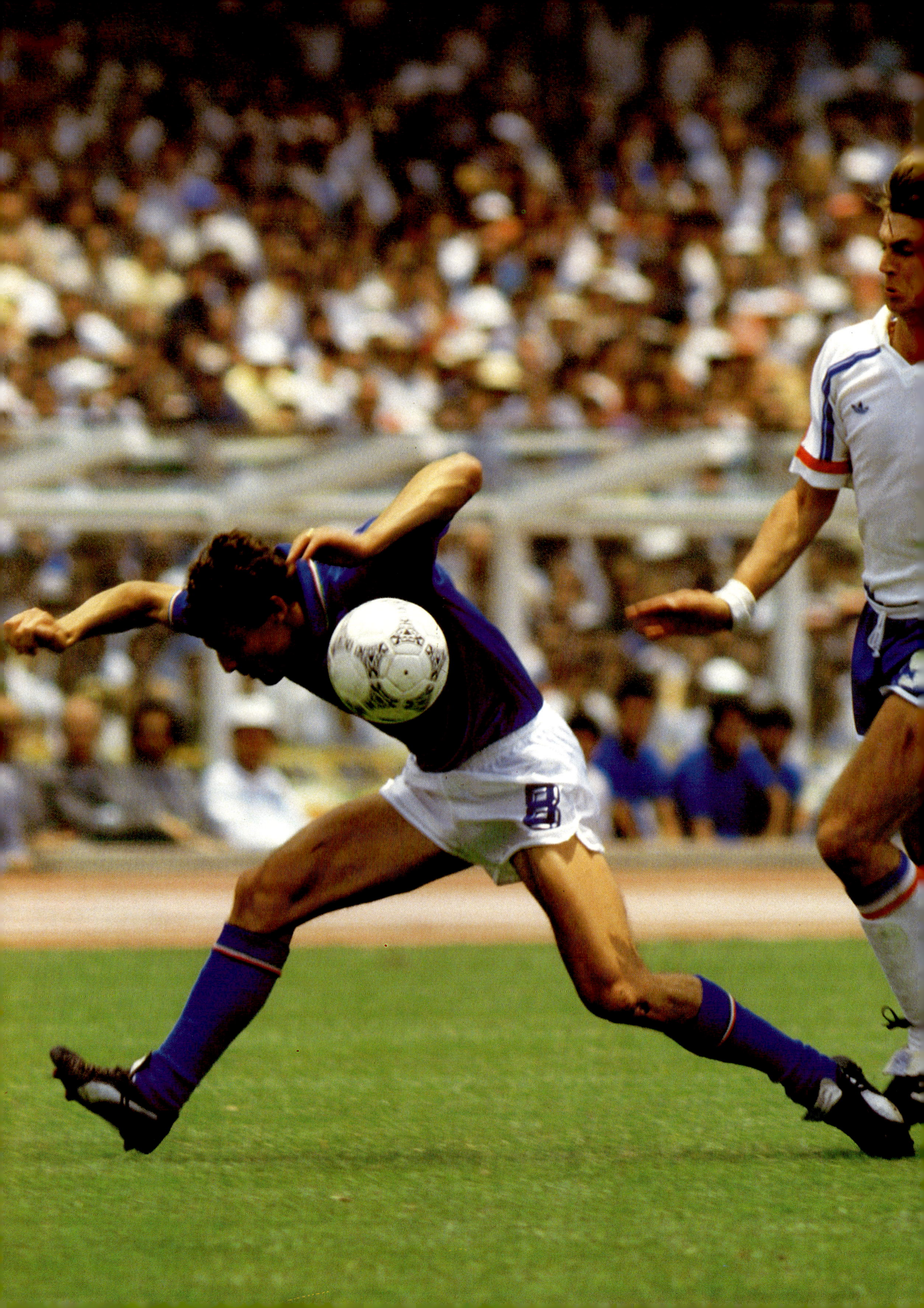

vrai qu'au Mexique, on voulait faire en sorte de pousser le plus loin possible cette équipe du Brésil pour qui tout le peuble mexicain avait respect, amour et dévotion. Mais pouvait-on croire encore que les Brésiliens avaient véritablement besoin de toutes ces combinaisons machiavéliques pour se hisser tout simplement à leur propre niveau ? Comme s'ils n'avaient pas eu les moyens de se trouver là où ils étaient sans quelques arrangements avec le diable. Ridicule et insultant !

Pas très difficile d'ailleurs de s'engouffrer allègrement dans cette brèche pour mieux ternir l'image d'une équipe qui n'avait pas pris encore à ce niveau de la compétition, le moindre petit but. Tout le monde fit ressortir qu'avant le premier but brésilien marqué par le docteur Oliveira Socrates sur un penalty imaginaire, les Polonais avaient donné bien du fil à retordre à cette sélection carioca plutôt palichonne. En effet, les coéquipiers de Boniek tirèrent par deux fois sur les poteaux, mais ça ne rentrait pas. Alors, quand l'arbitre allemand, M. Roth, siffla un peu vite un penalty pour une faute de Majewski sur Careca, on s'empressa d'affirmer que les dés étaient pipés et que les Brésiliens jouissaient d'un traitement de faveur.

Auraient-ils eu sans cela le pouvoir de démonter le mécanisme de la machine polonaise ? Le fait est que, passée la 30e minute avec le but de Socrates, le combat changea d'âme. Les Polonais, qui avaient fait en sorte d'empêcher le Brésil de faire monter sa mayonnaise habituelle en jouant crânement leurs chances, se mirent à courir après une égalisation qu'ils ne rattrapèrent jamais. Les joueurs de la sélection polonaise auraient dû savoir qu'en football, l'essentiel n'est pas vraiment de courir vite, mais qu'il consiste plutôt à faire courir très rapidement le ballon. C'est un principe de base que les Brésiliens maîtrisaient parfaitement dans ce match où ils semblaient avancer à petits pas. Comme s'ils ne parvenaient pas à utiliser toute la puissance de leur moteur.

Image symbolique du succès français - le premier en soixante ans ! - sur le champion sortant : l'Italie a courbé l'échine devant la France, comme ici Vierchowod qui paraît vouloir se protéger devant cette attaque résolue de Stopyra, lequel marquera plus tard le deuxième but français. Pour la horde des photographes du Mundial, comme pour des millions de spectateurs, les Bleus apparaissent dès lors comme les nouveaux favoris de la Coupe du Monde.

Pourtant, tout en jouant de la sorte, ils continuaient de s'imposer. Et cette fois, l'opposition n'était ni veule, ni servile. Elle occupait le tapis, faisant peser sur le milieu de terrain adverse une pression tout à fait remarquable. Mais l'équipe brésilienne, ainsi qu'un gros chat qui semble ronronner en guettant sa proie, attendait son heure, patiemment, sûre de son coup. L'occasion se présenta un peu plus tard, à la 55e minute, sur un tir phénoménal de l'arrière Josimar qui marqua dans un trou de souris le second but carioca. D'une précision diabolique, ce tir de Josimar ! Le football – peut-être l'avait-on oublié au Mexique – consiste avant tout à marquer plus de buts qu'on en encaisse. Cette équipe brésilienne s'acharna à respecter la tradition même si son style ne fut pas aussi chatoyant que par le passé. La précision dans l'acte final fait aussi partie de la panoplie des grands joueurs, quand bien même ne seraient-ils pas tous de... beaux joueurs. Avec ce tir victorieux de Josimar, les Brésiliens tirèrent en tout et pour tout quatre fois au but pendant 90 minutes... et ils marquèrent quatre fois ! Arithmétique facile de ceux qui réussirent ensuite grâce à Edinho et à Careca, sur un penalty justifié cette fois, à porter le score à 4-0 et à pousser l'équipe polonaise dans le premier avion en partance pour Varsovie. Avec elle disparaissait le dernier représentant du football de l'Est, renvoyé à des études plus approfondies.

Quant au Brésil, il demeurait un mystère pour un grand nombre d'observateurs. Cette large victoire n'éclaircissait donc rien ? On ressortait de là avec l'intime conviction que cette sélection brésilienne avait accepté délibérément de sacrifier le beau à l'efficace, et de faire dans la rigueur plutôt que dans le charme. Bien sûr, ceux qui se souvenaient encore du premier Brésil-Pologne de 1931 (6-5 pour le Brésil et cinq but de Leonidas) restèrent sur leur faim. Répétons-le : le Brésil 86 n'était pas venu au Mexique pour faire revivre le passé. Il y était venu pour imposer son football d'aujourd'hui. Un football qui ne peut plus compter, hélas, sur des individualités comme Pelé, Gerson ou Leonidas, et qui doit faire sans eux...

Il était facile d'imaginer, par exemple, une Argentine sans Maradona ou une France sans Platini. Les Français auraient sûrement joué différemment dans ce Mundial ; quant aux Argentins, ils ne seraient peut-être jamais venus à bout d'une équipe d'Uruguay fermée comme une huître.

On avait beaucoup attendu de ce duel entre Argentine et Uruguay. Trop sans doute. Car, en fin de compte, la bataille du Rio de la Plata n'eut jamais lieu. A qui la faute ? Aux circonstances, peut-être. A cette méfiance insinuée à tout instant dans les rangs de l'équipe uruguayenne, et à cette incapacité argentine à emballer le match. Malgré Maradona, malgré le génie.

Il en résulta une partie d'une fadeur tragique. Privées d'actions de jeu dignes de leur passé et de leur renommée, on aurait pu penser que ces deux formations auraient pour le moins les moyens de s'abrutir dans une épreuve de force sans précédent. Non, rien, pas même ça ! Dans ce domaine, l'arbitre italien, Luigi Agnolin, avait annoncé la couleur. C'était bien le jaune qu'il préférait. Sept cartons durant ce match qui, après le coup de sifflet final, restait encore à jouer. Pas de football *de muerte*, pas de sang, pas de règlements de compte, peu d'inspiration. Bref, le seul mérite de cette rencontre fut de se terminer. Soulagement pour les acteurs qui s'en retournaient sans trop de bobos, soulagement aussi pour les spectateurs de Puebla qui s'étaient prodigieusement ennuyés. Et dire que la dernière édition de ce conflit en Coupe du Monde remontait à la fameuse finale du 30 juillet 1930 à Montevideo. La mémoire collective, qui aime tant à amplifier l'événement en le magnifiant à l'extrême, nous renvoyait les échos d'une formidable bataille. Et chacun était resté là-dessus. Surtout Omar Boras, le sélectionneur de l'Uruguay, que l'on appelle le « professeur » en souvenir de son passé d'enseignant de sport à l'université de Montevideo. « El professor Borras » expliqua en long et en large que si son équipe n'était pas belle à voir jouer, c'était à cause de l'absence de joueurs de talent dans ses rangs. En fonction de quoi, il se devait de réussir avec cet effectif-là en lui donnant une formation-commando. Omar Borras s'était trompé en affirmant que son commando marcherait sur les pieds des Argentins. Il se traîna au contraire jusqu'au bout, après avoir dû s'incliner à la 41e minute sur un but de Pasculli, consécutif à une vaste action d'inspiration

Le début de la fin pour la Squadra Azzura : le but de Platini à la quinzième minute. Les Italiens s'approcheront ensuite rarement du but de Bats. Barisi (photo de droite) fait ici exception.

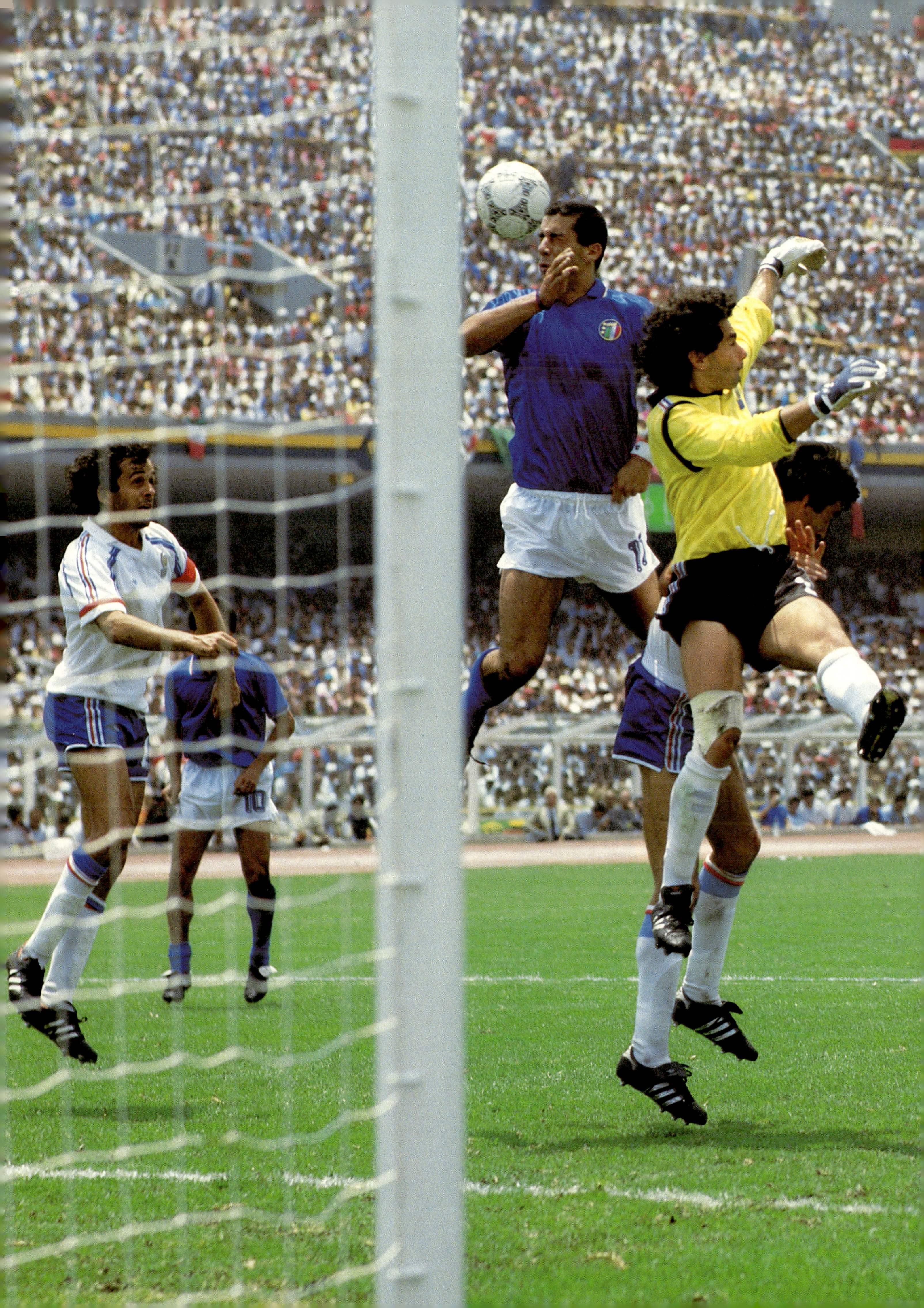

maradonienne prolongée par Burruchaga puis par Valdano. Ce fut fait, vite et bien. Mais ce fut tout. Dommage. Le bloc uruguayen s'était fissuré une seule fois, et ce fut suffisant pour permettre à l'Argentine de passer à autre chose.
Une satisfaction pourtant dans ce match sans référence : la forme impeccable de Diego Maradona. Celui que Cesar Menotti n'hésitait pas à comparer au Roi Pelé, afficha une classe insolente dans cette partie où personne ne fut capable de se hisser à sa hauteur. Insaisissable pour les uns, les Uruguayens ; incompris par les autres, ses partenaires, il fit un one-man-show qui faillit tourner tout de même en eau de boudin quand le ciel de Puebla se mit à cracher l'orage. Borras fit alors entrer Ruben Paz. Et celui-ci fut à deux doigts de faire chavirer le sort de cette rencontre. Nous étions à trois minutes de la fin et à quelques millimètres près l'Uruguay frôla une égalisation imméritée... et peut-être mieux au cours des prolongations. Mais non. Ce match ne valait pas un tel bouleversement.
L'Argentine n'avait eu qu'un seul atout, mais il était de taille : Maradona...
Si Maradona est célèbre partout, Badou Zaki l'est au moins autant au Maroc. Chez lui, c'est un monument. Après le premier tour, Zaki, vingt-sept ans, était enfin connu du monde entier et les spécialistes le désignèrent comme le meilleur gardien de but du Mundial. Ainsi Zaki devint-il un héros. Mais Zaki, devant l'Allemagne, fut tour à tour ange et démon. Ange en première mi-temps, et c'était Zaki qui rit. Démon en seconde, et ce fut Zaki qui pleure.
44e minute, Rummenigge était à six mètres du but marocain à la réception d'un centre de la gauche. Il mit alors de la TNT dans sa godasse

Le bout de la route pour les Marocains. Les Allemands, décidemment avares de buts, remportent sur eux une victoire étriquée (1-0), non sans avoir été menacés à plusieurs reprises, comme sur cette tête de Ouadoni en direction de la cage de Schumacher. Rummenigge (à droite) est débordé.

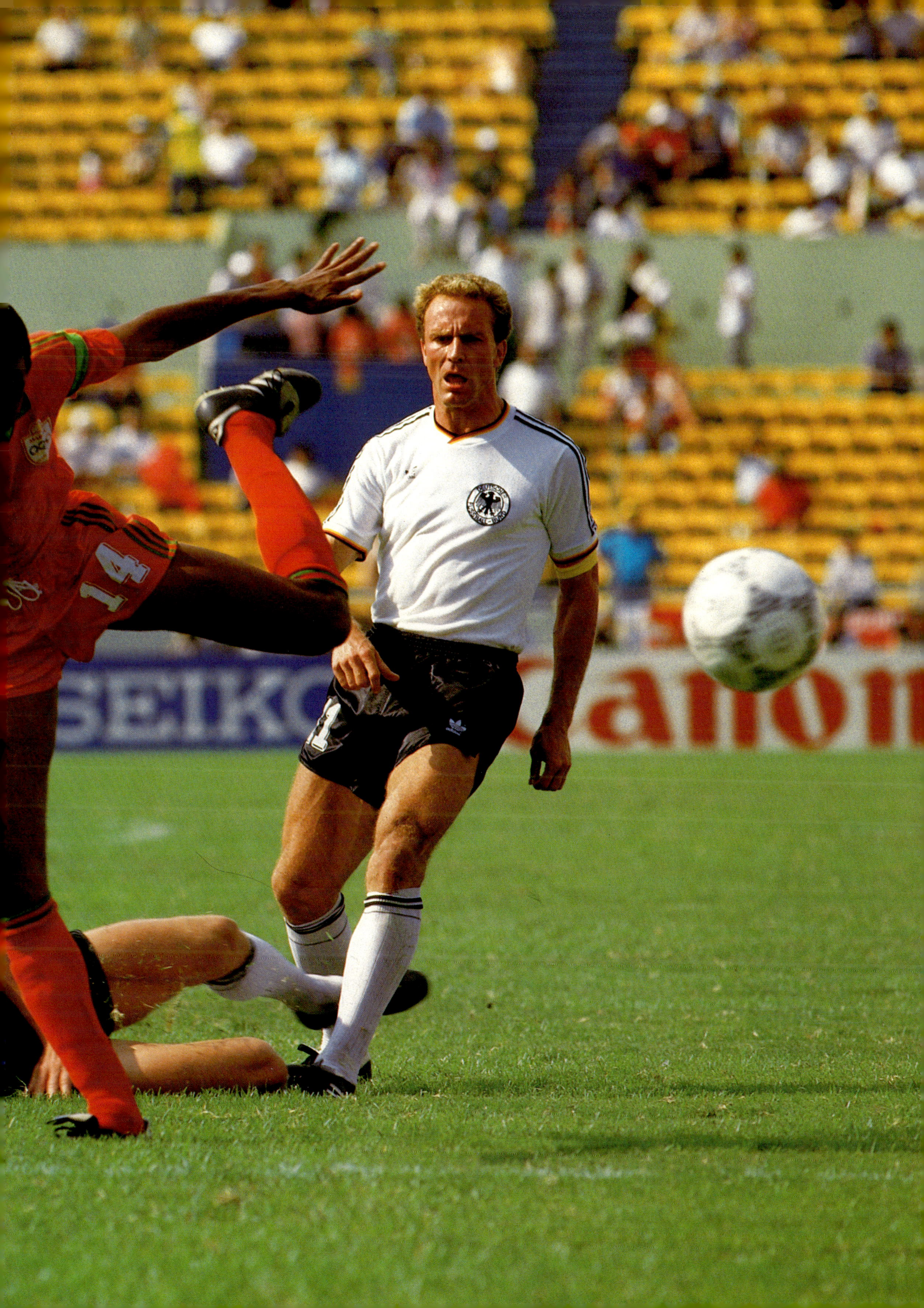
14

pour faire exploser la cage marocaine. Mais Zaki était là. Juste sur la trajectoire du missile. Un arrêt en deux temps, le Maroc était sauvé. Sur ce coup-là, Zaki avait eu du génie. Il n'en savait rien. « Je ne m'en suis pas rendu compte. Quand Aziz est venu me dire que je venais de réaliser un miracle, je n'ai pas compris. J'avais fait mon travail, c'est tout. Mais il paraît que c'était un arrêt extraordinaire. »
87e minute. Plus que trois minutes à jouer et le Maroc faisait toujours échec aux assauts allemands. Matthaus perdit le contrôle du ballon et se laissa tomber à 25 mètres du but de Zaki. Pas de quoi s'affoler. Zaki plaça son mur sans grande inquiétude. « Hocine est venu se poser devant moi, je l'ai envoyé se mettre ailleurs. Là, où il y avait une brèche. Mais il est revenu vers moi. C'est à ce moment-là que Matthaus a tiré. Juste dans le trou. Hocine me masquait le ballon. Je ne l'ai pas vu partir et j'ai plongé trop tard. » Le Maroc était éliminé, à trois minutes de la fin d'un match qu'il n'avait peut-être pas mérité de gagner mais qu'il n'avait pas mérité non plus de perdre d'aussi stupide façon.
Voilà résumée en quelques mots l'issue de cette rencontre et l'histoire de son héros. Zaki pleurait... Le Maroc pleurait aussi. Il s'était fait tout un cinéma à mesure que le temps passait et que ses illusions prenaient corps. Et José Faria, l'entraîneur, qui était devenu Mehdi Faria après s'être converti à l'Islam au moment de la qualification au Mundial, ne savait plus comment prier pour que dure l'état de grâce.
Il fallait bien reconnaître pourtant que, même sans être irrésistible ni très emballante, l'équipe allemande n'avait pas volé sa qualification. Le système allemand parut toujours le plus efficace et le mieux ordonné face à une équipe marocaine habile à faire circuler le ballon, mais moins prompte à en faire bon usage dans le carré magique où se décide l'issue d'un match de football. Quoiqu'il en fût, les Marocains n'avaient pas à rougir de leur élimination. Ils avaient été le

Karl-Heinz Förster, à la veille de quitter l'Allemagne pour Marseille, a été irréprochable à Mexico. Il ne laisse ici aucune chance à son adversaire du moment, Boudserbala (ci-dessous).

Longtemps blessé, Karl-Heinz Rummenigge ne retrouva qu'en de rares circonstances les gestes et le toucher de balle qui avaient fait de lui, avant Platini, le meilleur joueur européen. Parmi les exceptions, ce retourné acrobatique qui passera de peu à côté de la cage marocaine.

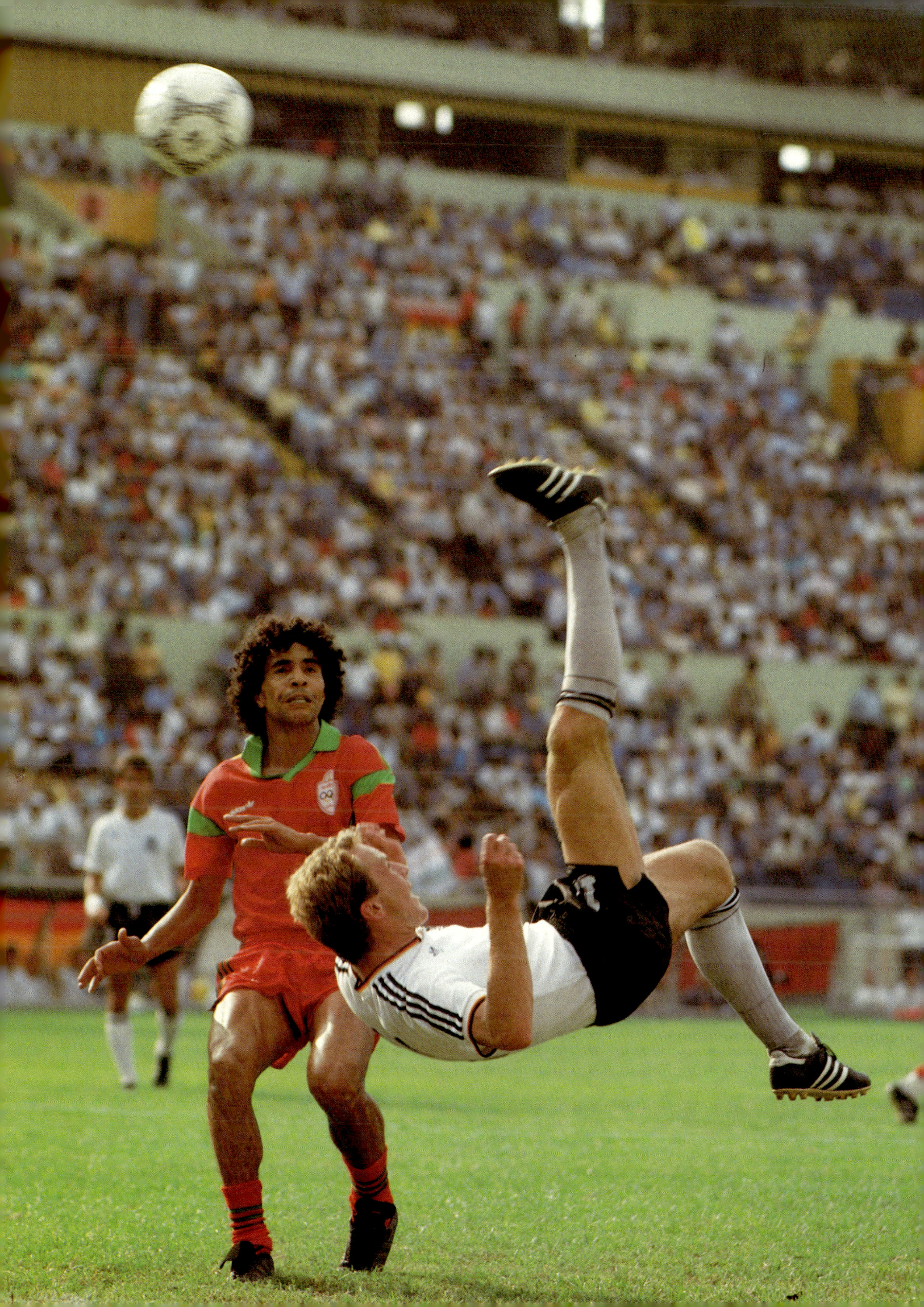

Gêné par un mur mal disposé, le gardien marocain Badou Zaki ne vit pas venir le boulet de canon que Matthaus décocha sur coup-franc à quelques minutes de la fin du match. Les prolongations étaient en vue. Sauvés sur le fil, les Allemands se défaisaient difficilement du Maroc, première équipe africaine à accéder à des huitièmes de finale. Il y en aura d'autres.

piment du premier tour et ils pouvaient revenir au pays tête haute et fortune faite. Hassan II avait promis 200 000 francs de prime, plus une licence de taxi, pour chaque joueur. Le roi avait promis, le roi avait tenu...

La reine, elle, n'avait rien promis. Car en Angleterre, on ne fait pas du football une affaire d'Etat, comme au Maroc. C'est l'Angleterre qui a inventé le jeu de football, *yes sir !*. Pensez si une qualification pour les quarts de finale d'une Coupe du Monde peut encore bouleverser le Royaume... Rien de plus logique et de plus attendu. Mais il fallait tout de même y arriver. Pour cela, les Anglais de Bobby Robson avaient dû quitter les 500 m d'altitude de Monterrey pour monter jusqu'aux 2 500 m de Mexico. De quoi vous donner le vertige ou vous couper les pattes. Les Anglais débarquaient donc en terre inconnue au Stade Aztèque contre une équipe paraguayenne dont ils ne savaient pas grand chose, sinon que Julio Romero et Roberto Cabanas, les deux attaquants de Fluminense et de l'America de Cali, avaient porté un temps le maillot du Cosmos de New York. Comme quoi ils ne devaient pas être des pinces. Les Anglais ne se souvenaient guère que, la dernière fois que le Paraguay avait participé à une Coupe du Monde, c'était en 1958 en Suède, où la France de Kopa et Fontaine n'en avait fait qu'une bouchée, 7 buts à 3. A l'époque, Cayetano Ré, l'entraîneur actuel du Paraguay, avait dix-huit ans et faisait ses débuts internationaux. Les Anglais n'en savaient pas grand chose et ils s'en moquaient bien car ils avaient repris à leur compte la belle formule de John Stein, estimé entraîneur de la sélection écossaise mort sur son banc de touche, qui disait : « Pour se qualifier pour une Coupe du Monde, une équipe doit mettre le bleu de travail. Mais pour bien se comporter en phase finale, elle doit enfiler un smoking blanc. »

Effectivement, depuis quelque temps, les Anglais avaient ajusté leur habit de soirée pour être « clean » le jour du grand bal. Alors les Paraguayens ne pouvaient pas être de taille à leur gâcher la fête... En vérité, les Anglais ne se souciaient pas plus de leurs adversaires que de leur dernier smoking. L'essentiel de leurs préoccupations consiste à imposer leur style de jeu, leur volonté, quels que soient les types qui se trouvent en face. Privés du ballon par les Portugais puis par les Marocains, ils avaient compris comment il fallait s'y prendre et Gary Lineker, le canonnier d'Everton qui a fait mouche plus de trente fois en championnat, avait réglé le tir contre la Pologne (3 buts à lui tout seul). Il ne lui restait plus qu'à faire pareil.

Et, c'est ce qu'il fit dès la 31ᵉ minute de ce match-là, où on le vit filer à l'anglaise pour reprendre une petite passe judicieuse de Glenn Hoddle. C'était le premier but. Celui qui assomme et celui qui rassure. C'était fini pour le Paraguay et sacrément bien parti pour les Anglais qui fonçaient maintenant à toute vapeur ainsi qu'un paquebot dans l'océan.

Les Paraguayens tournaient en rond et les Anglais filaient droit. Peter Beardsley, le grand espoir de Newcastle, allait inscrire le second but peu avant l'heure de jeu et Lineker, encore lui, se paya le luxe d'un second but personnel à la 72ᵉ minute. Propre et bien fait. Bobby Robson pouvait être satisfait. Sa défense tenait bon avec « l'ancêtre » Shilton (37 ans) et le gigantesque Terry Butcher, celui qui taille facilement dans le gras ; et l'attaque commençait à carburer à plein régime. Les Argentins n'avaient plus qu'à bien se tenir en quarts de finale ! Sûr qu'on allait reparler des Malouines...

En revanche, on ne reparlerait plus du Danemark. Fini le Danemark, écrabouillé par l'Espagne à Queretario, 5 but à 1. Et l'on se mettait à regretter cette équipe danoise qui, pour son premier Mundial, donna le frisson à tout le monde. Là où elle jouait, c'était le bonheur qu'on retrouvait. Tout respirait en elle la joie de vivre et la joie de jouer sans trop se soucier de tactique, de calculs à la petite semaine ou de résultats. Jouer pour le plaisir et gagner sans avoir à s'user la santé pour cela, c'était ça, le Danemark. Une nation minuscule de 300 000 footballeurs qui donnait des leçons dans les « amphis » mexicains et que beaucoup voyaient aller jusqu'au bout. Joseph Piontek, l'entraîneur, Polonais né à Wroclaw en 1940, y comptait bien. Mais Emilio Butragueno, le buteur, Espagnol né à Madrid en 1963, en avait décidé autrement.

Butragueno, c'est la foudre. A Madrid, on a eu tôt fait de la surnommer « El Buitre », le Vautour, car il marque but sur but pour le compte du prestigieux Real. Repéré en 1982 par Alfredo di Stefano luimême, Butragueno n'était encore qu'un chasseur de buts équipé d'un petit calibre. Petit à petit, il allait sortir la grosse artillerie en même temps qu'il soignait ses études afin d'obtenir un diplôme de gestion d'entreprise. Aujourd'hui, il a tout, Butragueno. Le Vautour a sorti ses griffes...

Il les sortit une première fois contre le Danemark à la 44ᵉ minute après que Jesper Olser, qui avait ouvert la marque sur penalty, voulu passer en retrait à son gardien. « El Buitre » rôdait par là dans son style particulier de maraudeur et ne rata pas ce but d'égalisation.

Les deux équipes se contrôlaient et le match pouvait basculer à tout instant. Le Danemark eut sa chance par deux fois, avec Elkjaer Larsen, dès le début de la seconde mi-temps, mais il ne sut pas la saisir vraiment ; et ce fut Butragueno qui frappa une seconde fois, de la tête, pour expédier dans le but danois une balle qui ne demandait qu'à y entrer. Ce fut le déclic. La fin des illusions danoises et l'affirmation de la furia espagnole.

Fidèles à leur principe, les Danois, qui n'avaient pas encore été menés dans ce Mundial, évoluèrent toujours de la même façon, la fleur au fusil, alors qu'ils auraient peut-être dû essayer de préserver

C'est d'une manière inhabituelle, mais efficace, que l'Anglais Terry Butcher fait écran (cidessus) entre le milieu de terrain grisonnant du Paraguay, Nunez, et le ballon. A droite : joli combat pour la conquête de la balle entre Gary Stevens et Cesar Zabala. Les Anglais, retrouvant forme et désir de vaincre au fil des matches, n'eurent finalement guère de mal à éliminer le Paraguay (3-0).

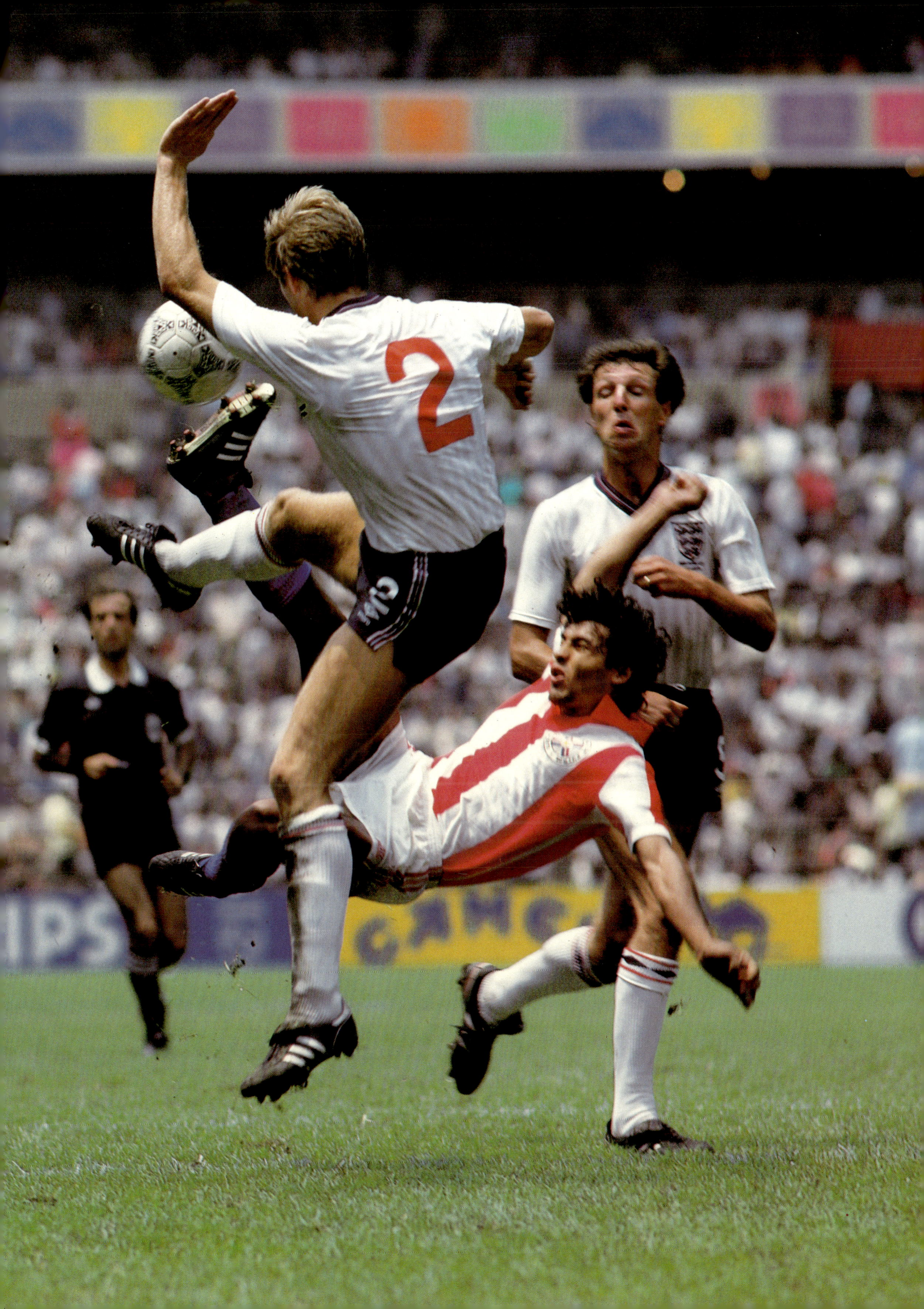

leur but d'avance. Ce qui fit dire à Morten Olsen, le capitaine : « Nous avons manqué un peu de chance, mais nous devons apprendre à être plus disciplinés. » D'autant que Butragueno n'avait pas fini de se faire apprécier. A la 69e minute, il obtenait un penalty qui était transformé par Goicoetchea, avant d'inscrire lui-même les deux derniers buts espagnols. L'un en trompant facilement Hoegh (79e) alors qu'il était seul face au gardien danois, et le dernier sur penalty après avoir été fauché par Morten Olsen une minute avant la fin.
Quatre buts pour « le Vautour » en une seule rencontre de Coupe du Monde, l'exploit était de taille face à un adversaire qui n'était pas du tout-venant. On pouvait l'apprécier à sa juste valeur. On estimait encore que l'Espagne avait retrouvé une équipe de tout premier ordre avec une défense de fer, un milieu de terrain à la fois

Encore et toujours Gary Lineker. Il marque ci-dessous le premier but anglais contre le Paraguay, cependant que Peter Beardsley (ci-contre) donne lui aussi du fil à retordre à la défense des Sud-Américains. A droite, les Anglais Gary Stevens et Trevor Steven s'opposent en duo à la tête de Zabala.

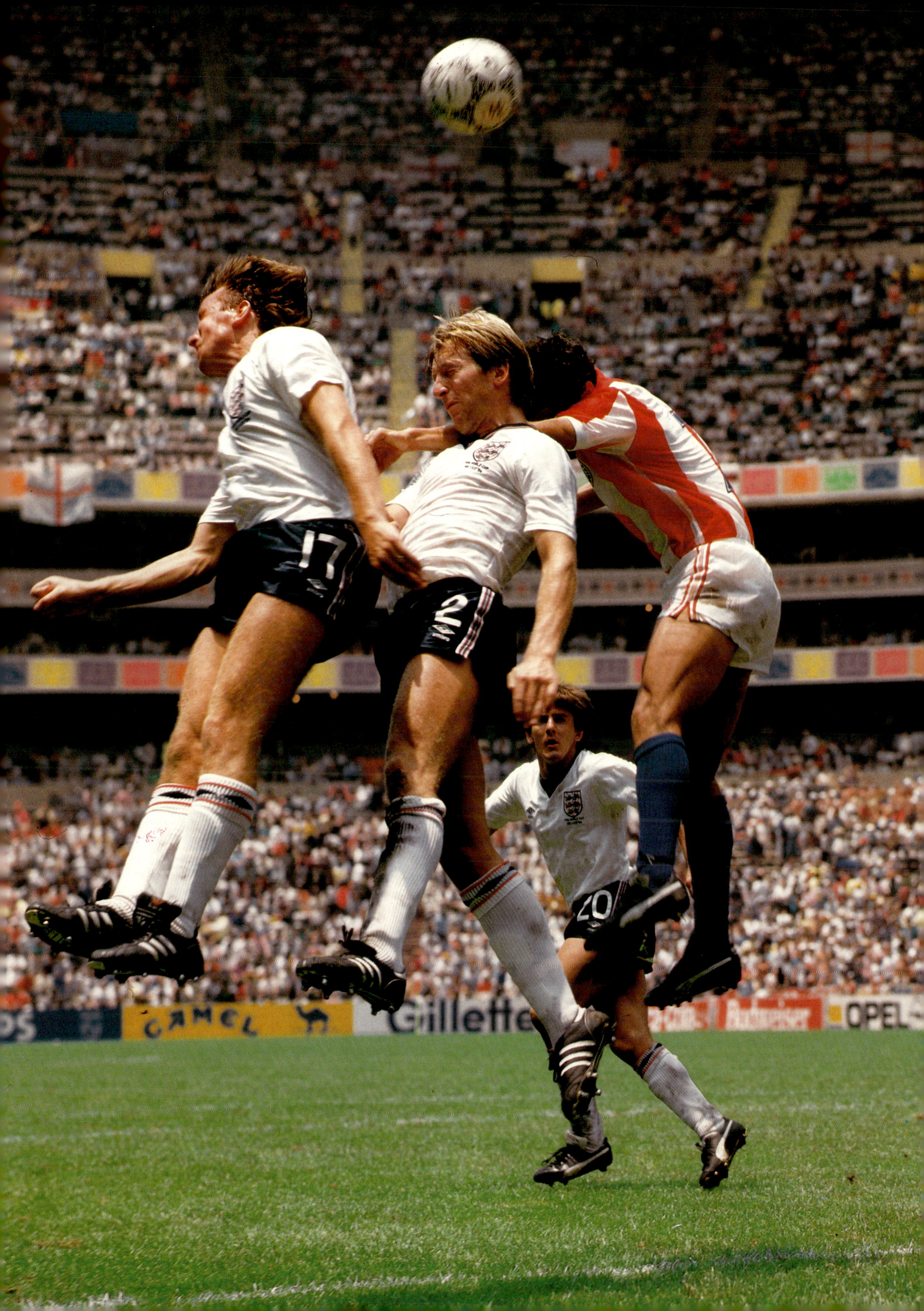
CAMEL
Gillette
Budweiser
OPEL

Mauvaise surprise pour les Danois et leurs partisans, de plus en plus nombreux, face à l'Espagne. Les choses avaient pourtant bien commencé pour eux, qui menèrent 1-0 à la 33ᵉ minute sur un penalty justifié, que transforma le petit Jesper Olsen. Le même, quelques minutes plus tard, commit l'erreur de sa vie : une passe hasardeuse en arrière, interceptée par Butragueno, et c'en était fini de l'avance prise au score par les Danois. Les Espagnols, revigorés, allaient les écraser (5-1) en deuxième mi-temps.

Nielsen commet une faute manifeste pour stopper Olaya (ci-dessous). Berggreen contraint (en haut à droite) le gardien espagnol Zubizarreta à dégager du poing. Le remarquable Butragueno (en bas à droite) sema souvent la terreur dans la défense danoise. Andersen et Buek s'avèrent ici incapables de le freiner dans son élan.

brillant et travailleur, et une attaque percutante avec le maître artificier Emilio Butragueno. Les Espagnols, devenus orfèvres dans l'art de la contre-attaque, estimaient à juste titre qu'ils avaient leurs chances en quarts de finale contre la Belgique à Puebla. Une rencontre qui sentait la poudre !

Sentait-il la poudre, le France-Italie de Mexico ? Certainement, et beaucoup plus que ça. Car la France, sur son chemin de gloire, avait à effacer soixante ans de misère. Soixante années de défaites officielles, soixante années de vexation et d'espoirs toujours déçus. Eh oui ! Il y avait soixante ans que la France n'avait pu venir à bout de l'Italie dans une compétition officielle.

Plus d'un demi-siècle d'échecs sans cesse renouvelés aurait pu engendrer quelques complexes, faire naître de ces peurs ancestrales qui accentuent le décalage et contribuent toujours à élargir le fossé. Au lieu de cela, ce furent les Italiens qui donnèrent l'impression d'avoir peur dans la vasque du Stade Olympique. Pendant les hymnes, ils s'étaient donné la main tels des gamins qui cherchent à se trouver du courage en multipliant par onze leurs doutes et leurs angoisses. Ce fut un signe qui n'échappa à personne et sûrement pas à Michel Platini, qui connaît désormais l'âme italienne comme la sienne propre. Le match restait à jouer mais il était déjà joué dans certaines têtes.

Les Français avaient beaucoup appris de leurs échecs passés comme de leurs plus récentes défaites. Séville servait, en effet, de carrefour sur la route des errements tricolores. Depuis là, l'aiguillage avait donné à la France une trajectoire nouvelle, marquée de solides certitudes et d'une belle croyance en son pouvoir. « Il faut payer pour apprendre », avait dit Alain Giresse, et la France avait eu à payer très cher ses connaissances. Désormais, elle pouvait afficher son savoir.

Et le match s'engagea, mais il ne s'envolait pas. Il semblait englué dans cet air poisseux où la chaleur écrasante donnait à toute l'action un aspect irréel. Le jeu se développait au ralenti, à pas comptés. Comme si les Français se faisaient fort d'expliquer chacun de leurs gestes à des adversaires timorés, paralysés, hypnotisés, qui se contentaient de les regarder jouer sans jamais oser venir mettre leur grain de sel dans la partie. Ils étaient plus spectateurs qu'acteurs. Cela venait-il de l'emprise française sur ce match, ou bien de l'impuissance italienne à y pénétrer ? Peut-être des deux à la fois. Mais si l'Italie paraissait si faible, c'est peut-être qu'on l'y obligeait. Enzo Bearzot le patron de la sélection italienne ne s'y trompa point. « Si nous avons paru mauvais, dit-il, c'est que les autres nous y ont contraints. Ils étaient meilleurs que nous, supérieurs dans tous les compartiments du jeu. Et on peut seulement s'incliner devant une équipe au sommet de son art et de son expérience. »

Bearzot aurait aimé diriger cette équipe de France, qui jouait à Mexico comme la *Squadra Azzurra* dans ses plus beaux jours. Elle guettait, elle attendait son heure, patiemment, sûre de son affaire. Sa défense tenait bien, son milieu de terrain œuvrait en profondeur pour l'éternité, et son attaque se faisait fort de briser le carcan italien. Et puis il y avait Platini. Platini pris en chasse par toute la meute italienne, Platini mis sous surveillance, Platini

179

Butragueno fut la grande vedette du triomphe espagnol sur le Danemark. Il ne réussit pas moins de quatre des cinq buts de son équipe, dont les deux ci-contre : sur penalty (à g.) et de la tête (à dr.). La liesse des Espagnols après ce succès (ci-dessous) était parfaitement justifiée. Brillante par ses clubs, l'Espagne avait enfin retrouvé une équipe nationale de valeur. Plus dure allait être la chute face aux Belges...

enchaîné. Mais Platini libéré de tout cela quand il le décida. A la 15e minute notamment, quand ce fut lui qui se trouva seul devant Galli, pour reprendre une ouverture de Rocheteau. Tir croisé, comme à la parade, et but français. L'Italie était d'ores et déjà morte et enterrée. On allait pouvoir verser un pleur sur sa tombe un peu plus tard, à la 57e minute, lorsque Tigana perfora toute la défense italienne pour donner le ballon à Rocheteau qui prolongea sur Stopyra. Tir à ras de terre et deuxième but français.
Tout était dit. La France avait vaincu le signe italien. C'était elle, la belle de Mexico. La fleur d'espoir. Elle irait donc à Guadalajara, un nom qui sonne comme une rengaine, pour faire de son quart de finale contre le Brésil la plus belle des chansons de gestes.

181

SOMBREROS, SOMBREROS

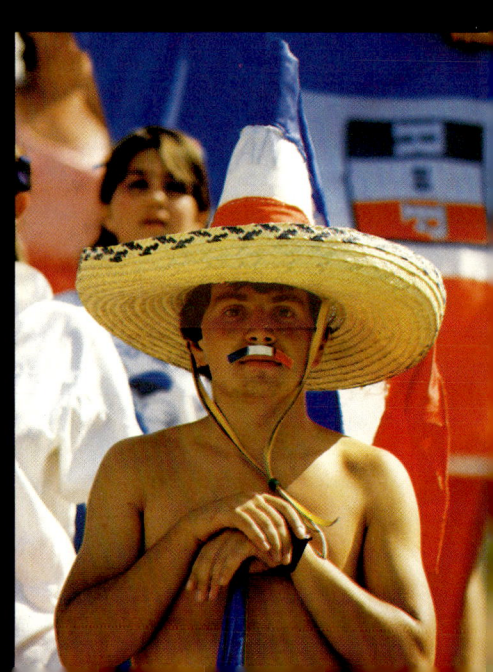

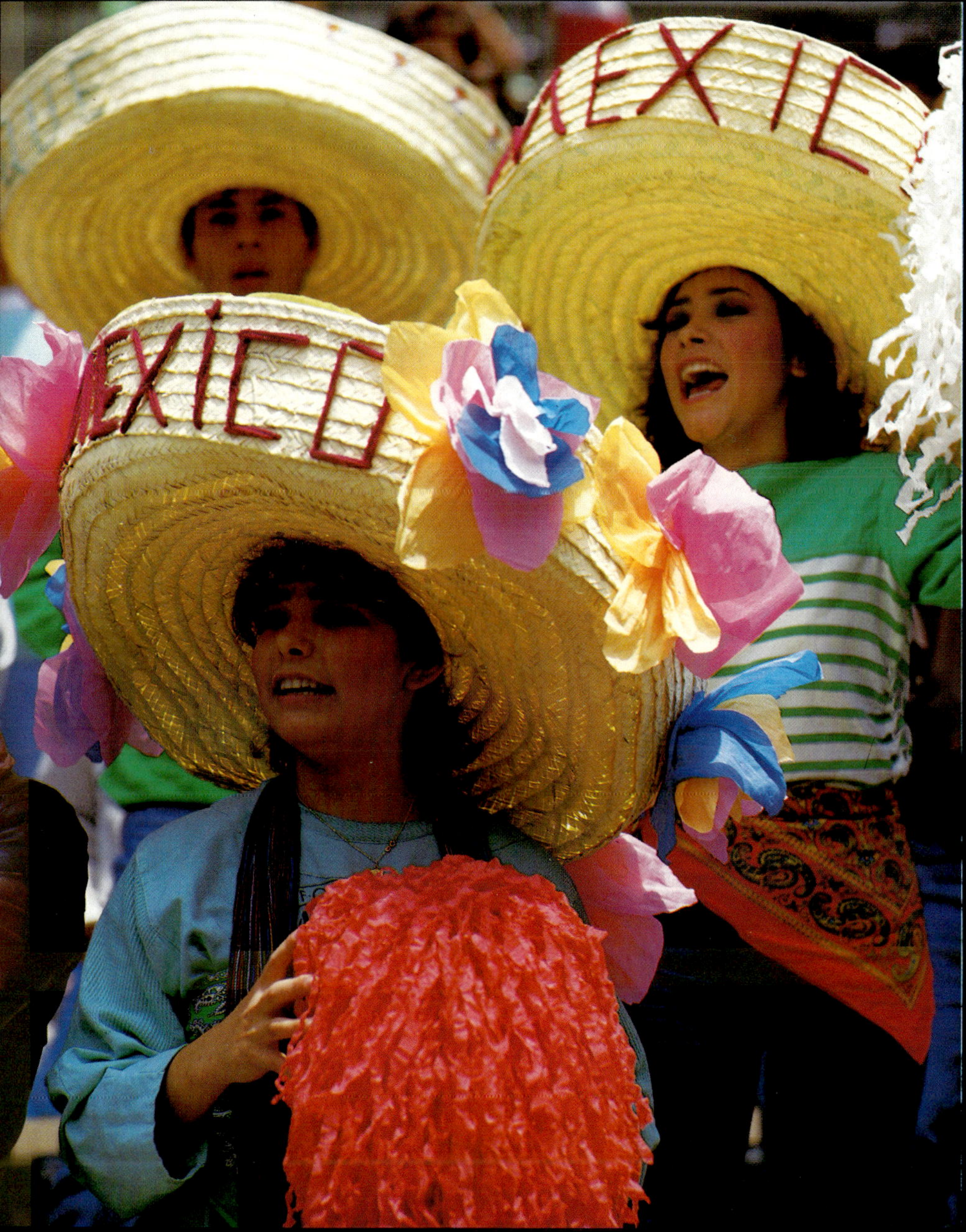

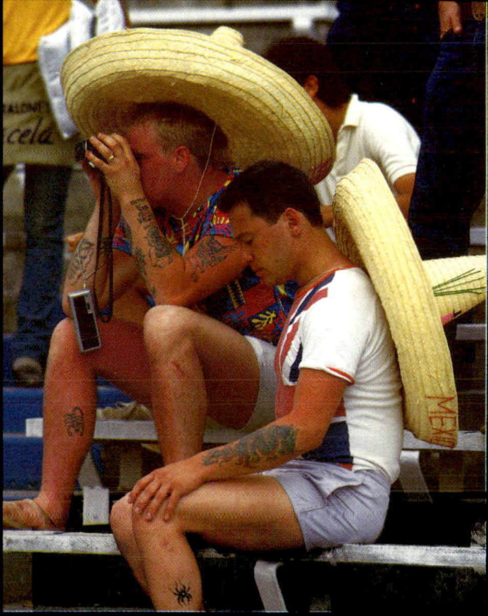

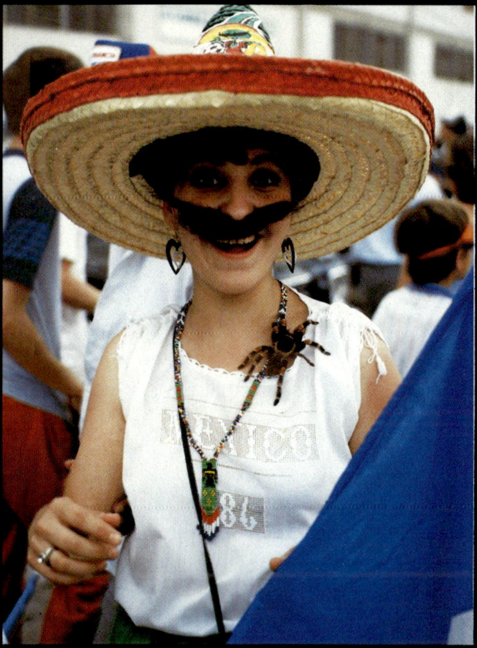

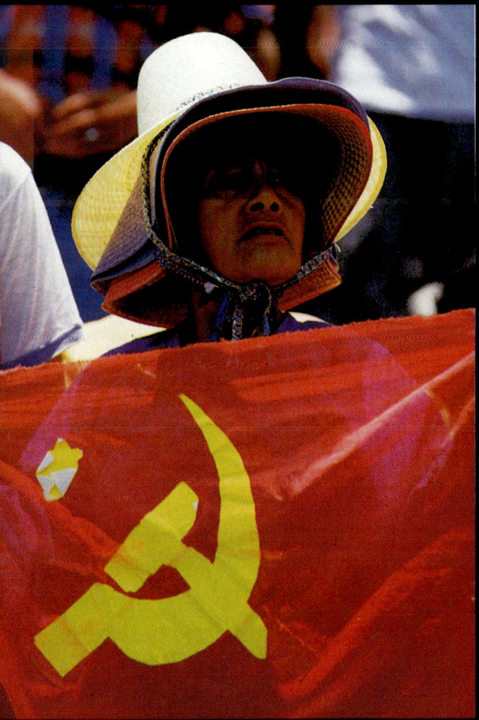

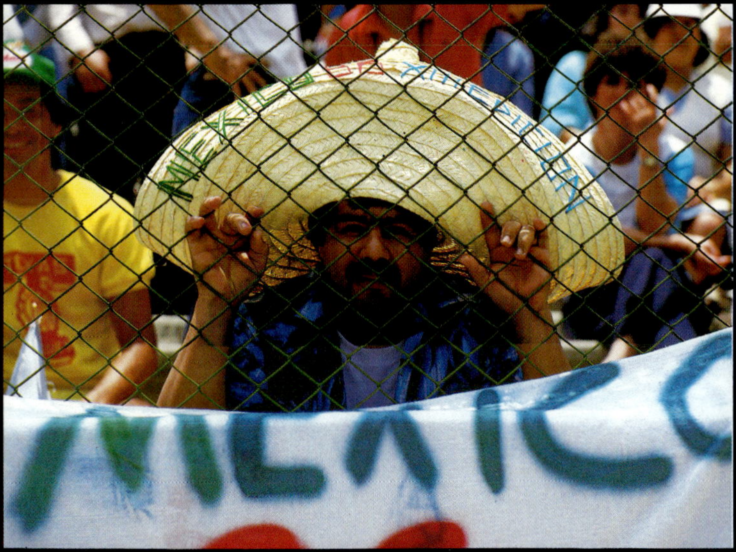
MEXICO

DIEU ÉTAIT FRANCAIS

On était revenu à Guadalajara avec ce sentiment diffus qui transforme le spectateur en témoin de son temps. Car ce France-Brésil du 21 juin 1986 prenait rang d'événement « historique » dans la longue litanie que nous débite le sport à longueur d'années. Cela bien avant l'ouverture des débats.
Alors, après coup, quand la messe fut dite, le phénomène gagna plus encore en légende, en histoire surnaturelle. France-Brésil fut d'abord un match de football, mais il ne fut pas que cela. Et si les cent-vingt minutes de son déroulement furent de loin les plus belles auxquelles nous ayons été conviés depuis l'ouverture de ce Mundial, son dénouement, dans le sens tragique du terme, délaissa forcément l'aspect sportif du jeu pour ressortir à d'autres dimensions, plus planétaires sans doute. Il plongea, c'est vrai, tout un pays et tout le peuple brésilien dans un état de prostration comme en font naître seulement les pires cataclysmes. Après l'élimination de son équipe, le Brésil était en état de choc, plongé dans la désolation et le désespoir. Dans le même temps, la France toute entière se trouvait de nouvelles vertus, de nouveaux adeptes, et son équipe en profitait pour se débarrasser joliment du syndrome de Seville. Tout cela en conclusion d'une rencontre de rêve, d'un match de légende, d'un football digne des Dieux. Après ce maelström d'images limpides et souvent insoutenables on se frottait les yeux, on se demandait si tout cela avait bien été vrai...
Rarement épisode sportif (c'en était un seulement sur la route d'autres

Entre deux matches, tourisme et embouteillages furent les deux mamelles de ce Mundial. Il fallait des heures pour accéder aux stades, ce que les Mexicaines, anges de patience, mettaient à profit pour se refaire une beauté. Des heures aussi pour rejoindre, par les autoroutes et routes locales, les stades implantés dans la banlieue de Mexico City. En chemin, animaux, cyclistes et monuments demeuraient à des années lumière du bouillonnement de la Coupe du Monde. C'était le Mexique de toujours, qui se retrouverait bientôt tel qu'en lui-même...

destinées) ne nous laissa autant de vague-à-l'âme et de joie étroitement mêlés. Car si la qualification française nous transportait, l'élimination brésilienne pouvait faire naître un grand sentiment d'injustice. En vérité, ni l'une, ni l'autre des deux équipes n'avait mérité la condamnation. Ainsi que le fit remarquer Télé Santana l'entraîneur brésilien, dans un sourire glacial, « ce match était la vraie finale du Mundial. » Télé Santana pouvait dès lors enterrer son existence agitée de sélectionneur. Pour lui aussi, c'était la fin !

Les Brésiliens espéraient un meilleur sort, eux qui avaient fait en sorte de séduire toute la ville en distribuant dans les écoles 6 000 maillots à leurs couleurs et des places gratuites aux enfants. Ils avaient poursuivi l'opération-charme en empoignant ce match comme seuls ils savent le faire, en promptitude, en improvisation, avec virtuosité ; bref, en dansant la samba. Car, comme le disait fort joliment l'ancien « Bleu » Jean-Marc Guillou à la fin du match : « Avec eux, le football riait jaune. » Ça riait jaune, c'est vrai. C'était beau aussi.

Et même si l'équipe de France était alors à la peine, on ne se posait pas vraiment de questions sur son sort. Le spectacle nous prenait, nous envoûtait, en effet, dans un tourbillon d'actions conjuguées, presque irréelles. On se surprenait à les applaudir. Et les Bleus eux-mêmes avaient eu envie de nous imiter. « On pourrait s'entraîner pendant cent ans, dit Alain Giresse, on n'arriverait pas à cette facilité, ce délié incroyable. Ils ne touchent pas la balle, ils la caressent, l'enchaînent. Parfois, ils nous ont fait des trucs impossibles. On n'en revenait pas. Et on se disait : "Qu'est ce qu'il vient encore de me faire celui-là, j'ai rien compris !" »

Le Brésil avait retrouvé le goût de la tradition, l'arôme corsé d'un jeu imprévisible, insolent, facile, génial. Face à tout cet attirail, les Français faisaient front avec moins de virtuosité sans doute, mais avec un calme et une sérénité qui annonçaient de bien belles réactions. D'ailleurs, l'organisation des deux équipes se ressemblait étrangement. Même schéma tactique, même utilisation des compétences, mêmes obsessions offensives, seul le génie colorait un peu plus les actions cariocas. L'une d'elles trouva sa récompense après dix-huit minutes de jeu, lorsque Careca l'insaisissable ponctua victorieusement une combinaison à trois avec Junior et Socratès. La défense tricolore avait craqué pour avoir cru que ces Brésiliens pouvaient jouer comme des Belges... En effet, pour remplacer Ayache suspendu, comme devant la Belgique dans le championnat d'Europe, Henri Michel avait décidé de confier son poste à Fernandez, qui devait en outre mener à bien son rôle d'homme de milieu. Trop pour un seul homme et pas assez pour une défense. L'expérience tourna court, heureusement, et l'équipe de France put compter dès lors sur un secteur défensif de quatre hommes, Tusseau ayant reculé d'un cran. Il était temps, car on avait pu craindre le pire.

Le onze tricolore eut la volonté de ne pas sombrer et de faire front à cette bourrasque. C'était la preuve qu'il était fort, conscient de sa valeur et confiant en ses moyens. Alors, on commença à assister à l'incroyable. On vit cette équipe France entonner son propre hymne à la joie, un de ces morceaux appris par cœur avec finesse et intelligence. Elle répliquait à sa façon à ces chansons de gestes qui naissent naturellement dans les pieds des Brésiliens. Le milieu de terrain français agitait le grelot avec un Tigana qui n'en finissait pas de ressembler aux gars d'en face, avec un Fernandez penché sur son travail comme un bon artisan qui n'oserait pas lever la tête, avec un Giresse plus besogneux qu'à l'ordinaire, et un Platini qui se contentait d'avancer à tâlons. Sûr de sa technique et de son savoir, mais taquiné par une « vieille » tendinite, incertain de sa forme. Pourtant un Platini approximatif finit toujours par retrouver, ne serait-ce qu'un instant, l'usage complet de son talent. Il le fit apprécier comme il se doit, en se plaçant sur le chemin d'une embuscade au détour de la 42e minute, après qu'une balle centrée par Rocheteau se trouva déviée de sa destination première par une botte brésilienne. Et Platini était là pour achever le travail. Platini avait trente et un ans ce jour-là et c'était aussi sa fête... Ce but n'était ni beau, ni noble, il fut tout simplement celui qui tombait à pic pour relancer la machine, alimenter le suspense. Car, ensuite, ce ne fut que cela. Un long suspense, indécis, poignant, crispant, géant.

Il était dit que ce 21 juin 1986, la France serait en état de grâce. On veut dire par là qu'elle fut atteinte par la grâce de la réussite. Car chaque action brésilienne qui capotait d'un rien, d'un souffle, d'un centimètre, d'une maladresse (penalty de Zico détourné par un Joël Bats héroïque) la renforçait un peu plus dans ses certitudes. En d'autres temps, elle en eût été accablée.

Cette fois, elle ne s'affolait même pas. Inconsciemment, elle sentait, elle savait qu'elle ne pourrait plus

« Le match du siècle ! », titrait la presse mexicaine à l'heure de présenter France-Brésil, considéré par tous les spécialistes comme une finale avant la lettre. Las, aucune des deux équipes en lice ne devait y accéder. Ci-dessus, Stopyra s'explique avec Josimar. Ci-contre, Julio Cesar s'oppose à un centre de Rocheteau.

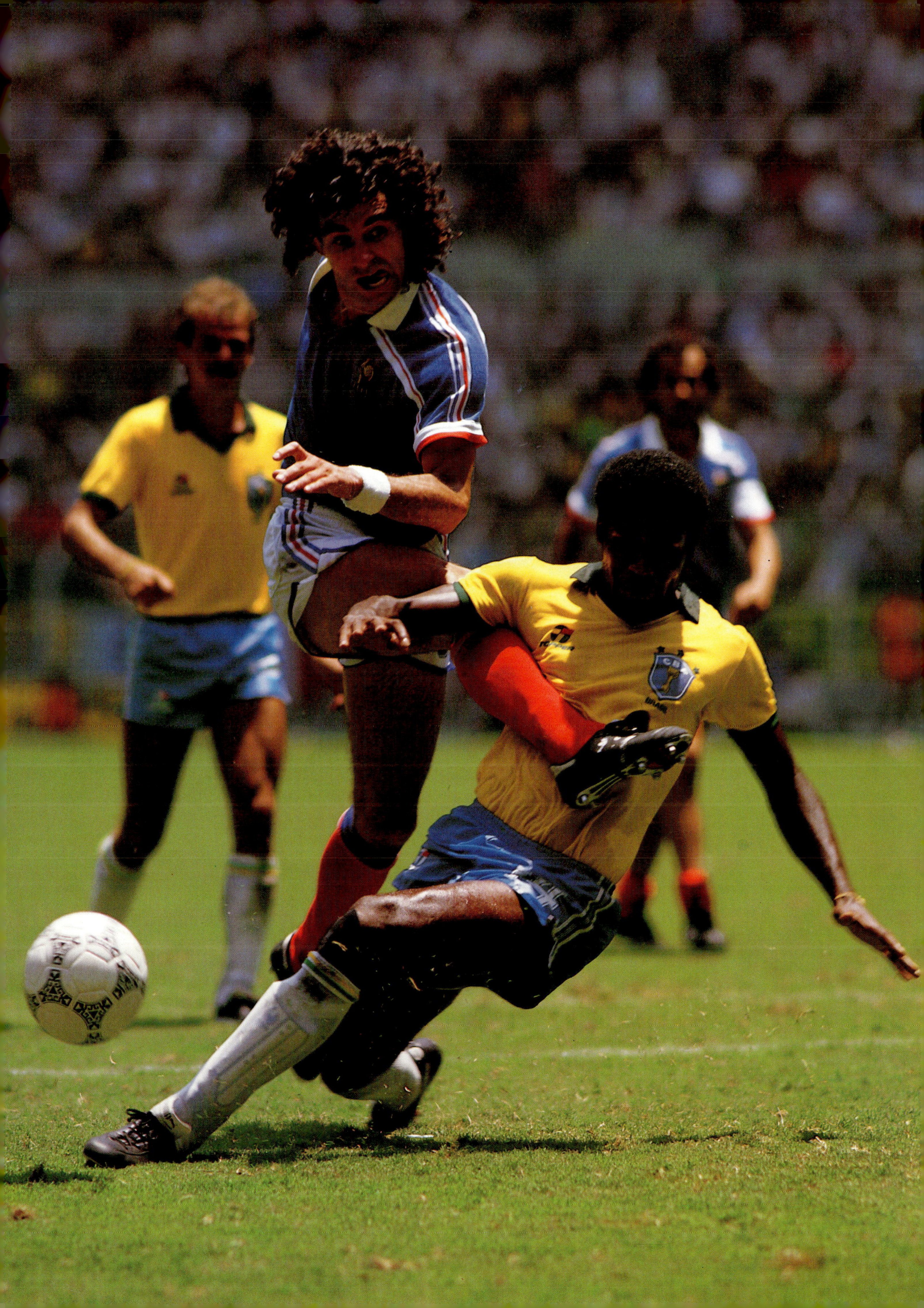

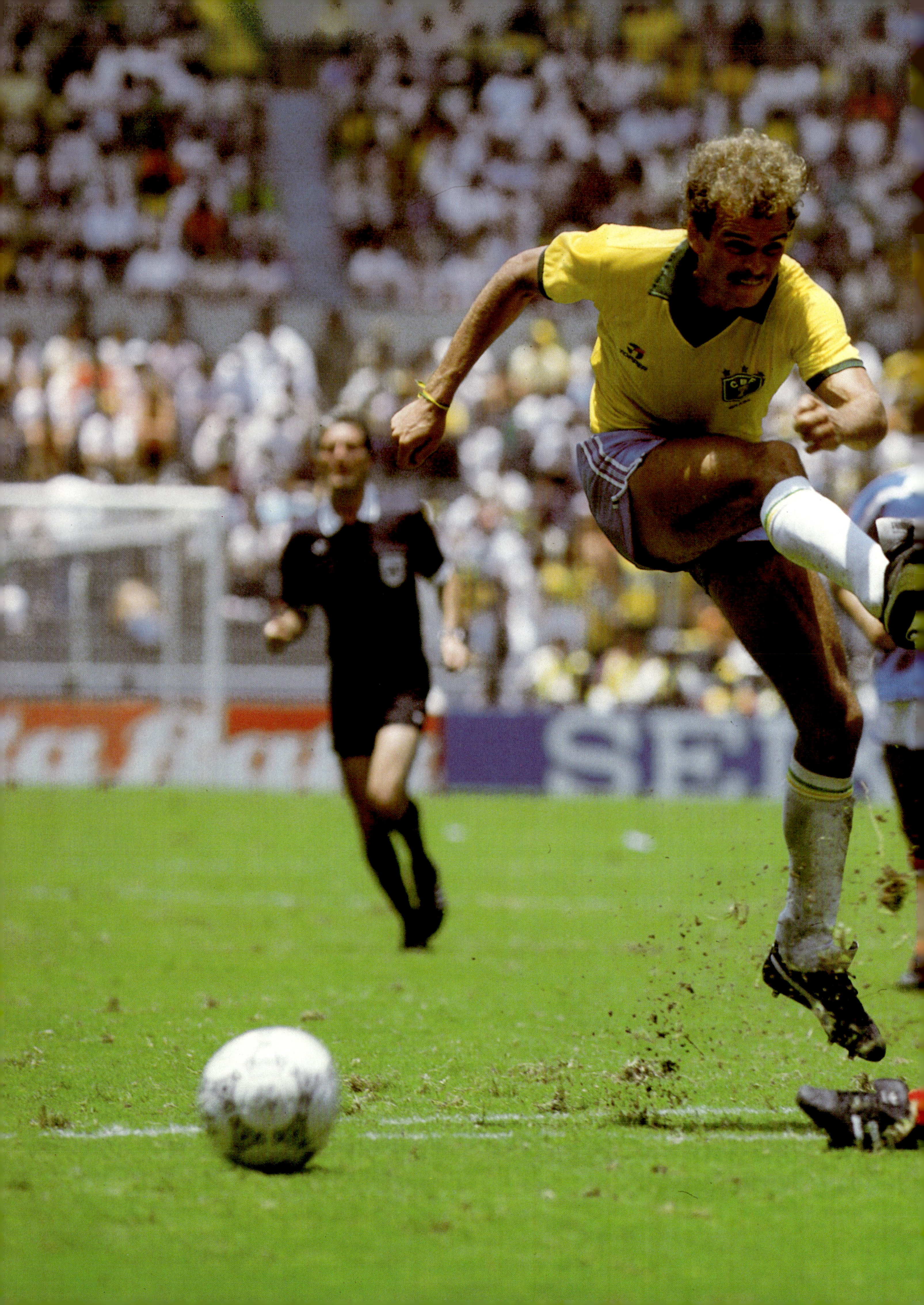

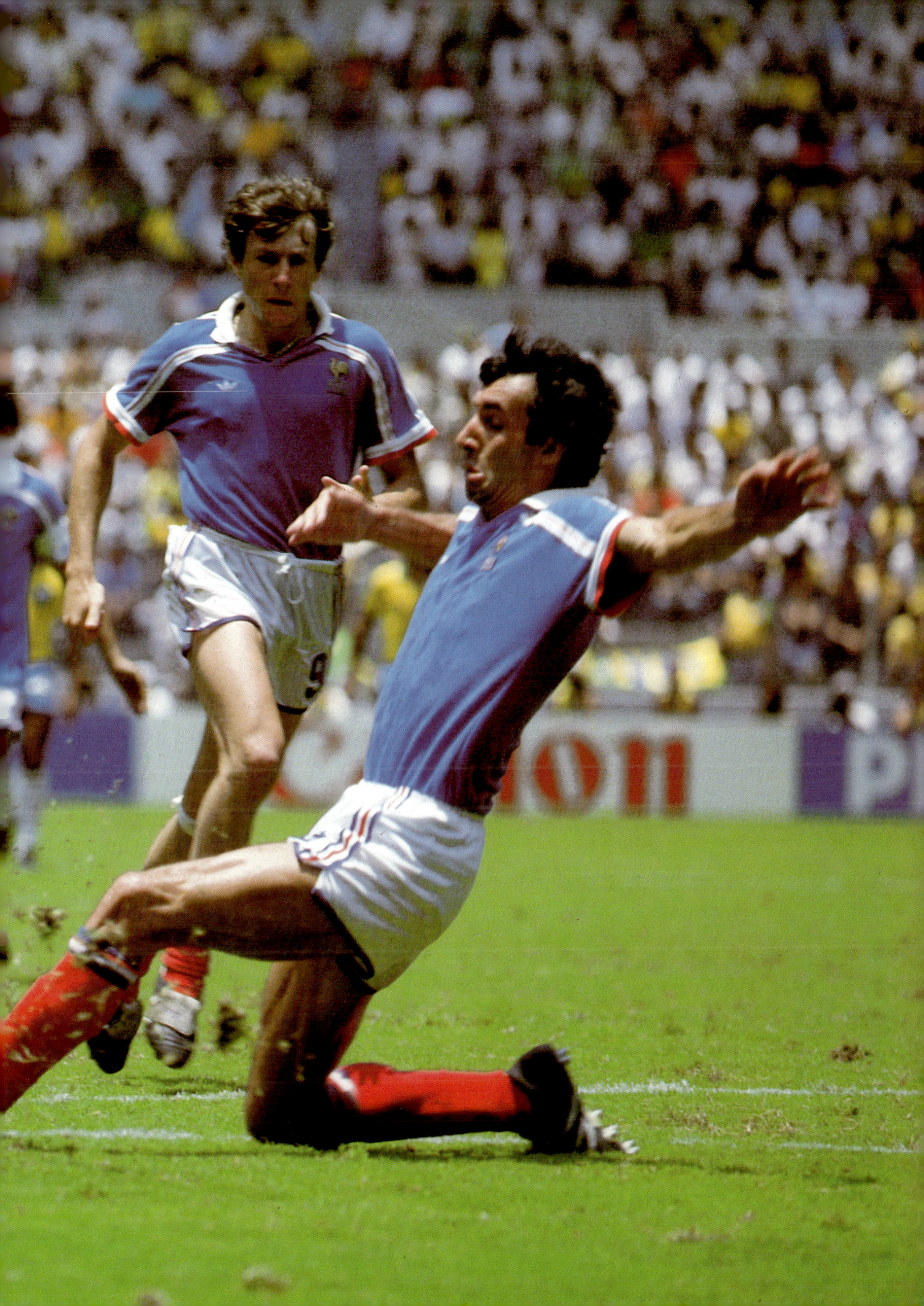

perdre ce match. Les prolongations la fortifièrent d'ailleurs dans ses nouvelles convictions, même si l'on ne pouvait plus les prendre pour un supplément de plaisir. Elles annonçaient en réalité la torture des tirs au but. Cette sorte de roulette russe où le pistolet passe d'un pied à l'autre avec une indécence diabolique. Ce jour-là, Dieu était Français. On le savait. Il le fut jusqu'au bout, jusqu'à ce ratage de Socratès, jusqu'à ce poteau de Julio Cesar, jusqu'à ce missile de Platini mis sur orbite dans le ciel de Guadalajara, jusqu'à ce coup de billard de Bellone ricochant dans le dos du gardien brésilien pour entrer dans le but. Oui, Dieu était Français, comme il avait été Allemand l'autre fois.

Quatre ans après, Séville n'était plus dans Guadalajara pour les Bleus de France. Il le fut pour les autres, les Brésiliens. Et Alain Giresse eut ce mot de la fin, superbe : « Lorsque nous sommes allés les voir pour échanger nos maillots, c'est un vestiaire de Séville que nous avons découvert... Et croyez-moi, je m'y connais ! »

L'histoire n'avait pas radoté, mais elle avait un peu tendance à rebâcher lorsqu'elle nous proposa un France-Allemagne en demi-finale. Décidément, ça devenait une habitude et une sacrée manie pour les Allemands, qui en étaient à leur septième demi-finale mondiale depuis la fin de la guerre. Pour les Français, la revanche était dans l'air. Revanche en vue pour Bossis, Battiston, Amoros, Tigana, Platini, Giresse, Rocheteau. Eux avaient connu à Séville un vestiaire aux odeurs brésiliennes de Guadalajara...

Pendant ce temps-là, à Beyrouth, les miliciens des deux bords saluaient la victoire française par des tirs d'armes automatiques. A Hanoï, il était 4 heures du matin et une foule nombreuse se massa devant l'ambassade de France pour célébrer le triomphe tricolore. A Paris, des embouteillages géants mêlèrent dans la rue surchauffée les accords de la « fête de la musique » et le cacophonie de joyeux klaxons.

Déjà, l'ombre de la R.F.A. se profilait sur l'avenir des Tricolores. Les Allemands avaient eu la peau des Mexicains dans la touffeur orageuse du Stade universitaire de

Double page précédente : En dépit de l'engagement total des deux équipes, France-Brésil fut un match d'une correction exemplaire, certainement le plus beau du Tournoi et celui qui fut disputé dans le meilleur esprit. Ici, Bossis s'oppose victorieusement à une tentative de tir de Aleman, cependant que Fernandez accourt en soutien.

Quoiqu'habitués à la chaleur, les Brésiliens – comme ici Branco – ne refusaient aucun sachet rafraîchissant !

On en était toujours à 1-1 après les prolongations. Il fallait donc recourir à l'abominable épreuve des tirs au but. Joel Bats (ci-contre), héroïque ce jour-là, para le tir de Socrates. Platini ayant manqué le sien, il fallut un shoot sur la barre de Julio Cesar pour donner la qualification à la France. Elle avait eu là autant de réussite, qu'elle connut de malheurs quatre ans plus tôt à Séville.

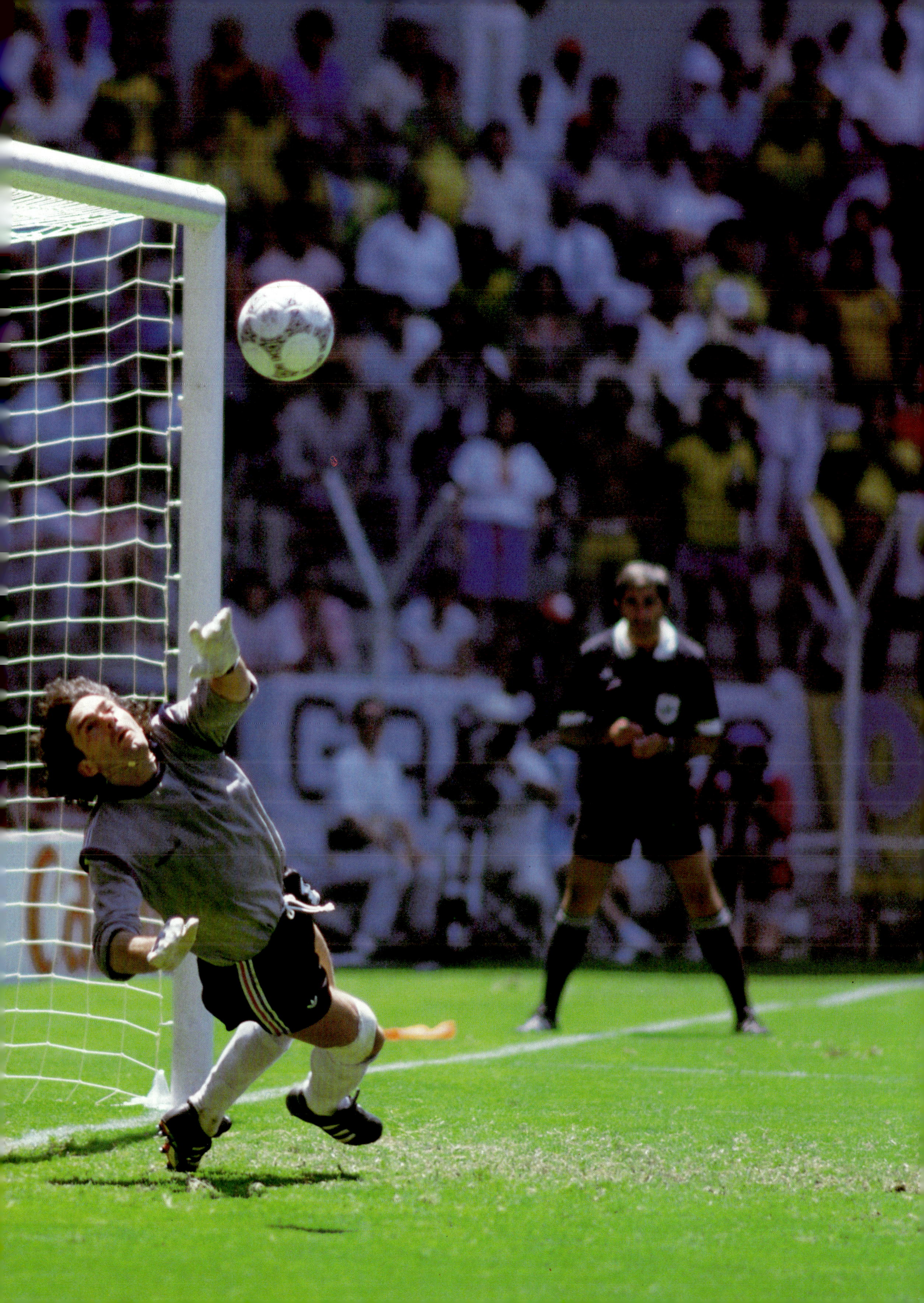

Scène touchante lors de l'exécution des hymnes nationaux avant le match Mexique-Allemagne : Hugo Sanchez, l'idole du Mexique, avait placé son propre fils dans l'alignement mexicain ! Ce qui suivit fut moins du goût de la foule. Le match fut serré, heurté, crispant. On était loin du football élégant et inspiré qui avait caractérisé, quatre heures plus tôt, le match entre Brésiliens et Français.

L'Allemagne, qui disposait en son capitaine Schumacher (ci-dessous, à droite) d'un dernier rempart talentueux et courageux, se soucia surtout de défendre, et y parvint avec succès, en un match marqué par la stérilité des attaques. A l'heure des prolongations (ci-dessus à droite), puis des tirs au but, l'Allemagne conserverait davantage de réserves physiques et psychiques.

Monterrey. Ils les avaient eu à l'usure, à la longue... et les Mexicains avaient offert une résistance de peones acculés à l'impossible. Ils s'étaient battus, parfois même au-delà des limites autorisées par les règlements du football. Mais ils ne le firent ni par méchanceté, ni par malveillance, mais plutôt par obstination, animés qu'ils étaient par une foi partagée par tout leur peuple. Le Mexique vivait alors à l'écoute de Monterrey, et pour tous ceux qui ne pouvaient pas être là, les hommes de Milutinovic se devaient de porter haut l'honneur du pays. C'était le sens de leur combat. Même s'il fut par moment un combat d'arrière-garde.

Ce furent d'ailleurs les Mexicains, poussés par la ferveur de la foule, qui s'étaient jetés dans le match comme s'ils avaient espéré y trouver la vérité. Ils le firent avec courage plus qu'avec ordre et discipline. A ce jeu, les Allemands avaient adopté une position de repli où l'attente à la longue finirait bien par servir leurs intérêts. Ils laissaient venir à eux ces Mexicains qui s'époumonnaient à vouloir faire exploser une forteresse avec des armes rudimentaires. C'était un peu le paradoxe de ce match où le petit avait beau faire, sans donner pour autant l'illusion de pouvoir bien faire. On ne peut pas dire que la sortie du capitaine Tomas Boy après une demi-heure de jeu contribua à arranger les affaires mexicaines. Tomas Boy n'est pas une vedette du calibre de Platini ou de Maradona, mais il était un des rares Mexicains à pouvoir mettre un peu d'ordre dans la maison. Et contre la R.F.A., il faut bien avouer que la maison était sens dessus dessous... Chacun croyait pouvoir détenir la clef d'un problème qui échappait finalement à tout le monde.

On crut après soixante-cinq minutes de jeu que l'expulsion du défenseur allemand Thomas Berthold allait mettre les Mexicains définitivement sur les rails en déstabilisant le réseau défensif germanique ; ce fut l'inverse qui se produisit. Inférieurs sur le plan numérique, les Allemands acceptèrent de sacrifier leur attaque pour se concentrer sur leur travail défensif. Une tâche où ils excellaient déjà auparavant et où ils allaient trouver l'occasion d'organiser un véritable guet-apens à des adversaires pris en fla-

grant délit de naïveté. Et ceci malgré l'entrée en lice de Francisco Javier Cruz, vingt et un ans, footballeur doué et idolâtré, qui se disait prêt à troquer sa défroque de joueur contre le costume de pasteur évangéliste. Malgré sa foi, malgré ses coups de patte, Cruz ne réussit jamais à orienter le jeu pour mettre ses camarade sur la voie du succès. Désordonnés, fébriles, irascibles et nerveux, les Mexicains perdirent leur sang froid à mesure qu'ils abandonnaient leurs derniers espoirs. Trop préoccupés sans doute par l'enjeu de cette bataille, ils la perdirent d'abord dans leur tête. C'était beaucoup trop lourd à porter, cette ambition de tout un peuple. Et pour dire vrai, le match fut longtemps une guerre de tranchées où l'arbitre colombien Jesus Diaz ne fut pas avare de cartons. Dix en tout, un record ! Avec en prime deux expulsions, une allemande, celle de Berthold, et une mexicaine, celle de Javier Aguirre durant le premier round des prolongations.
On en vint alors aux tirs au but. Mais autant ceux de France-Brésil avaient été poignants quatre heures plus tôt, autant ceux-là ne nous

Harald Schumacher améliora considérablement son « image » à la faveur du match contre le Mexique. La foule apprécia d'abord l'aide chevaleresque qu'il apporta à son idole Hugo Sanchez, victime de crampes durant les prolongations (ci-dessous). Elle s'émut ensuite quand le capitaine allemand s'en vint consoler Aguirre, expulsé par l'arbitre. Elle célébra ensuite son talent quand il arrêta deux des tirs au but mexicains (ici, celui de Quirarto) pour ouvrir à l'Allemagne les portes des demi-finales. Personne ne songeait alors que les Allemands échapperaient à une revanche française, quatre ans après Séville.

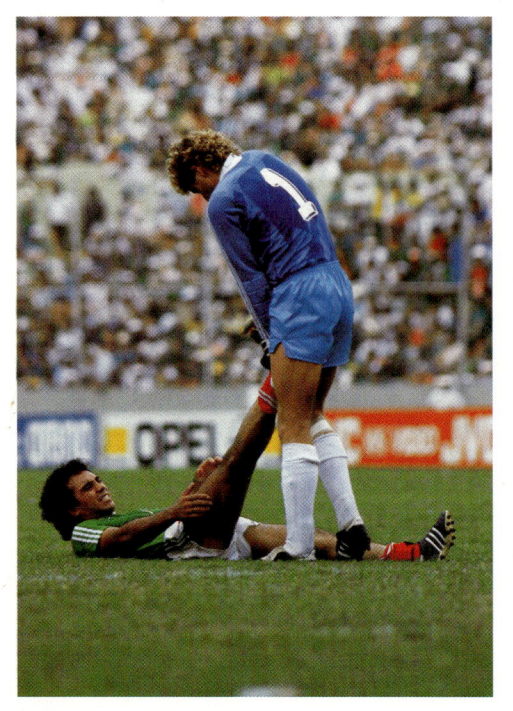

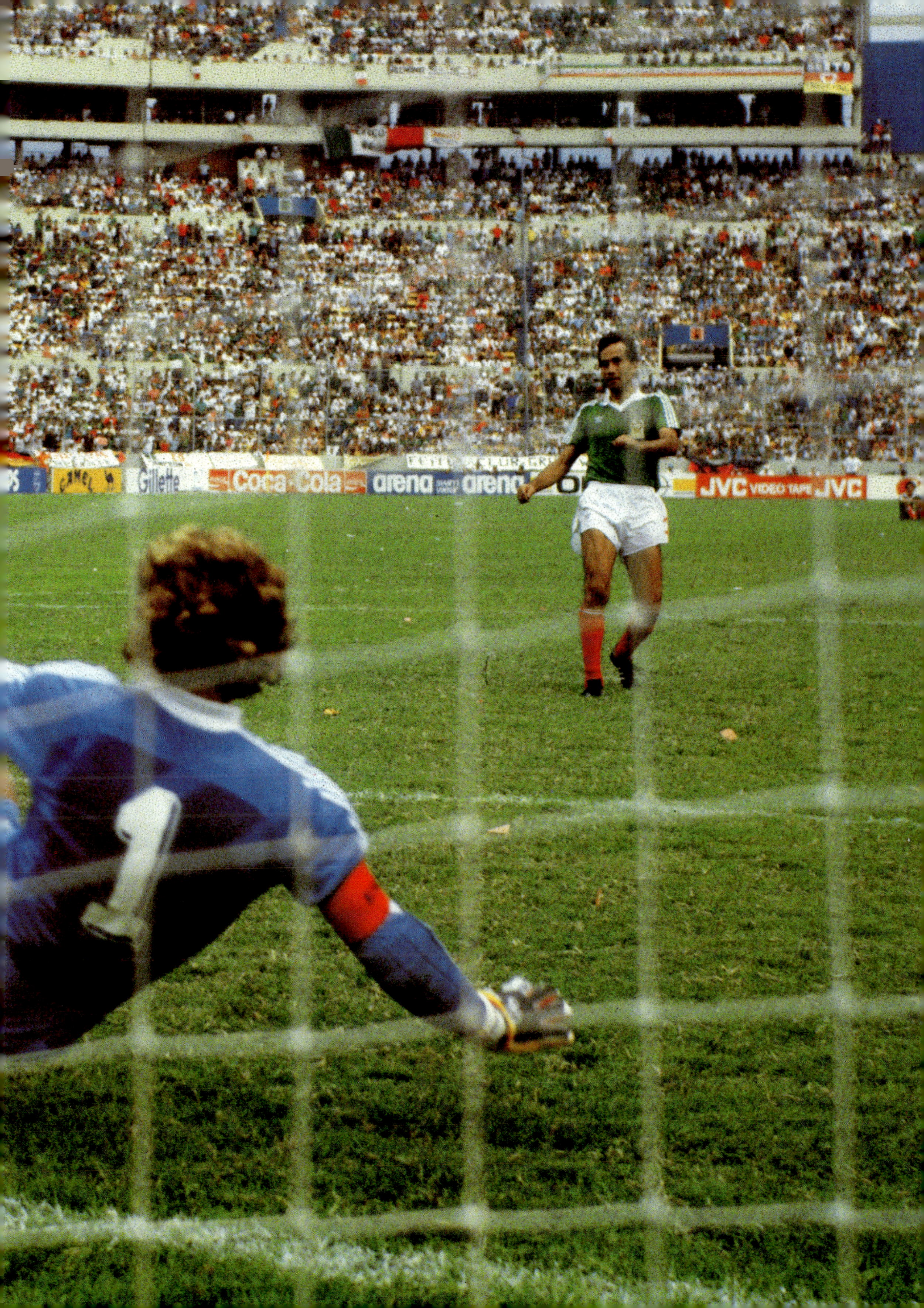
Gillette
Coca-Cola
arena
JVC VIDEO TAPE JVC

réservèrent aucun suspense. Dès la seconde tentative mexicaine, Quirarte, le capitaine, échoua sur Harald Schumacher. C'était la fin des haricots mexicains et Schumacher allait finir par étrangler à lui seul toutes les espérances de l'équipe du pays. 4 tirs à 1. Pour le Mexique, la fiesta s'achevait sur un beau fiasco. On pleurait dans les rues, comme les joueurs avaient pleuré à l'instant de quitter le stade, mais Milutinovic avouait quand même : « Maintenant qu'on a perdu, je dois dire que l'équipe allemande était la meilleure ! »

Les Anglais ne montraient pas, semble-t-il, autant de fair-play que l'entraîneur yougoslave de l'équipe mexicaine. Non pas les joueurs britanniques, mais leurs supporters, qui continuent à venir au football comme on va à la guerre, et leur presse qui, pour répondre aux allusions argentines faisant peser sur ce match un parfum de revanche de la guerre des Malouines, n'hésita pas à traiter la sélection d'Argentine de ramassis de tricheurs. Le *Sunday Times* laissa entendre que les Argentins avaient acheté leur titre de champions du monde en 1978 en soudoyant l'équipe péruvienne qui leur abandonna le match de qualification. Ce n'était pas tout : Maradona et les siens, toujours selon ce journal, arriveraient sur les stades bourrés d'amphétamines. Bref, entre Argentins et Anglais, le football, c'était aussi la guerre. Loin était la partie d'échecs entre Français et Brésiliens. A Mexico, entre Argentins et Anglais, c'était plutôt une terrible bataille navale qui s'engageait en souvenir de quelques îles perdues pour lesquelles on accepta de mourir ! D'ailleurs, à Buenos Aires, des sénateurs péronistes avaient demandé au président Alfonsin de faire retirer la sélection argentine de la compétition afin de faire « un acte démontrant l'affirmation permanente des droits du pays sur les Malouines et les îles de l'Atlantique Sud ». Une précision à ce propos : le cessez-le-feu n'a toujours pas été signé entre les deux pays, qui n'entretiennent plus de relations diplomatiques depuis avril 1982 !

Le football pouvait être de la diplomatie à la petite... semelle, il n'en restait pas moins que cette rencontre allumait de multiples pôles d'intérêt. Opposition de deux styles, de deux conceptions de jeu. L'un, britannique, basé sur le tout à l'avant ; l'autre, l'argentin, moins direct sans doute mais également plus technique. Côté argentin, il y avait urgence à neutraliser la paire d'attaquants formée par Lineker et Beardsley, Crociuffo et Ruggeri acceptèrent de jouer les chiens de berger. Côté anglais, il fallait surtout déconnecter cette bombe à neutrons qu'est Diego Maradona. Ce fut là une tâche irréalisable. Que faire contre pareil dribbleur, à qui la balle colle au pied ?

Les Argentins avaient décidé de prendre position au milieu de terrain. Comme les Anglais, de leur côté, avaient accepté de leur céder complètement cette partie

Armando Diego Maradona, la « superstar » de cette Coupe du Monde, élimina presqu'à lui seul l'équipe anglaise (2-0). Après un premier but marqué... de la main - ce que seul l'arbitre n'avait pas vu - (« un peu la main de Dieu, un peu la tête de Maradona Diego signa un but tout à fait régulier celui-là, et époustouflant, en « effaçant » pas moins de sept Anglais sur sa route ! Ces photos illustrent trois phases du raid victorieux de Maradona au sein de la défense anglaise.

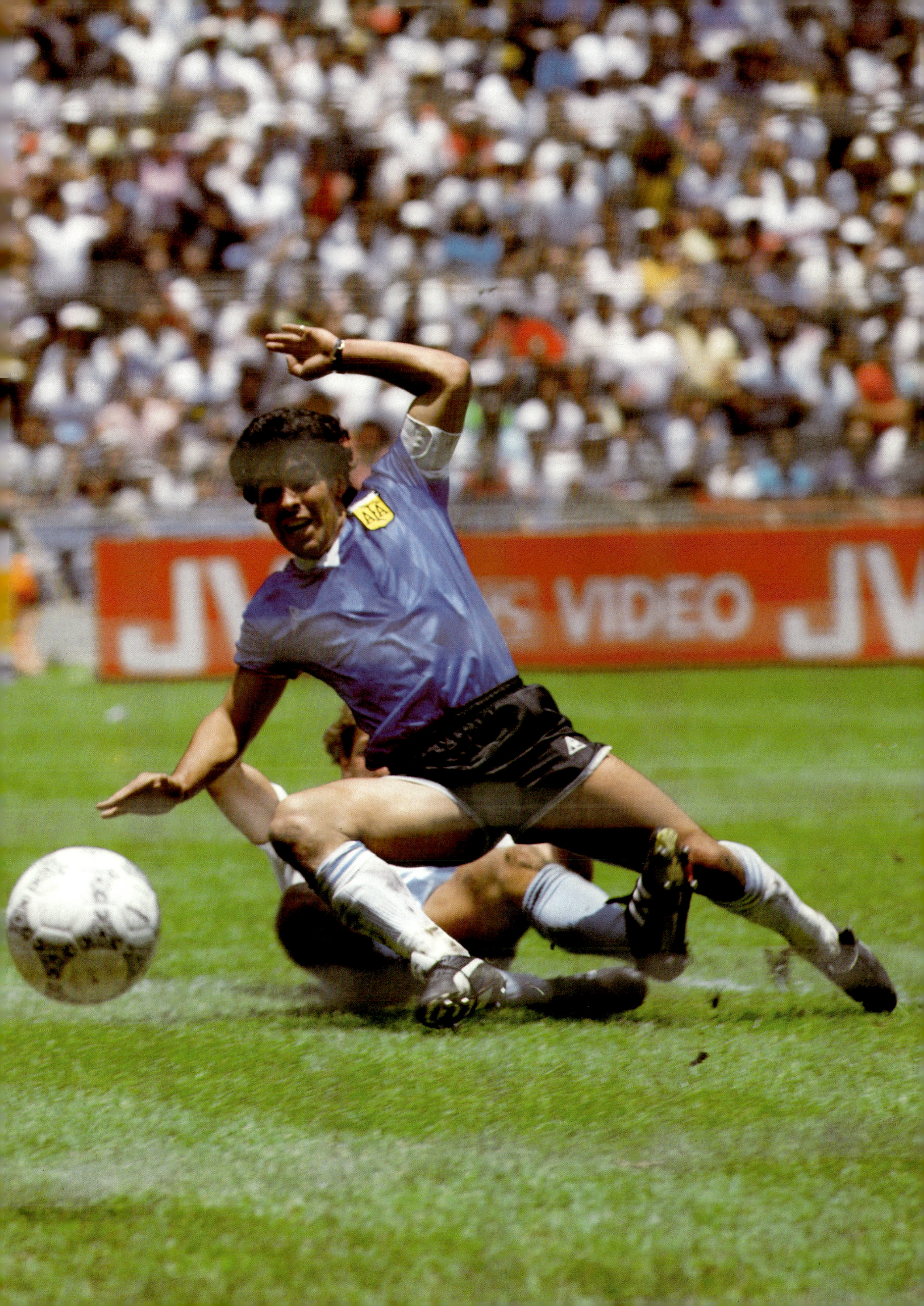
VIDEO
JV

du jeu, on en fut réduit à se laisser aller à beaucoup de distraction. Car, sur la pelouse, l'intérêt ne réussissait à rebondir que lorsque Maradona s'emparait du ballon. Le reste du temps, on s'ennuya ferme. Diego Maradona, pourtant, fit tout ce qu'il put pour distraire la galerie. A la 51e minute, par exemple, lorsqu'il réussit à inscrire le premier but de la partie... avec sa main. Bien joué, Diego. L'arbitre n'y vit que du feu, tandis que les Anglais virent rouge. Ce n'est pas pour autant qu'ils parvinrent à imposer leur manière.

Alors, Maradona nous réserva un chef d'œuvre comme seul il en a la possibilité dans le monde. Trois minutes s'étaient à peine écoulées, qu'il décollait de son camp pour plonger jusque dans l'arrière-garde anglaise après avoir passé en revue toute l'équipe britannique, Shilton compris. Deuxième but maradonien. Rien à dire pour celui-ci. Du grand art. L'Angleterre ne se releva jamais de cette torpille balancée sur ses bases arrière, même lorsque l'inévitable Lineker marqua pour la gloire un but de la tête, à dix minutes de la fin.

Cette confrontation anglo-argentine avait fait ressortir l'énorme talent de Diego Maradona, la seule star de ce Mundial à jouer véritablement à hauteur de sa réputation.

De réputation, les Belges n'en avaient guère avant de renvoyer les Soviétiques à de solides révisions en bordure de l'Ukraine. Ils en avaient un peu plus avant d'affronter une équipe espagnole confortée par les cinq buts infligés aux Danois. Les Belges n'étaient pas favoris. Et pourtant...

Dans ce match qui opposait les tombeurs des deux ogres du pre-

Nouvelle victoire-surprise des Belges, dont les histoires ne font dès lors plus rire personne. Après les avoir tenus en échec, la Belgique élimine les Espagnols dans l'épreuve des tirs au but (6 à 5). Une fois de plus, Nico Claesen a fait des ravages dans la défense adverse (ci-dessous) où il mobilise à la fois Camacho, Chendo et Michel. A droite, Gerets s'emparera de cette balle vivement convoitée.

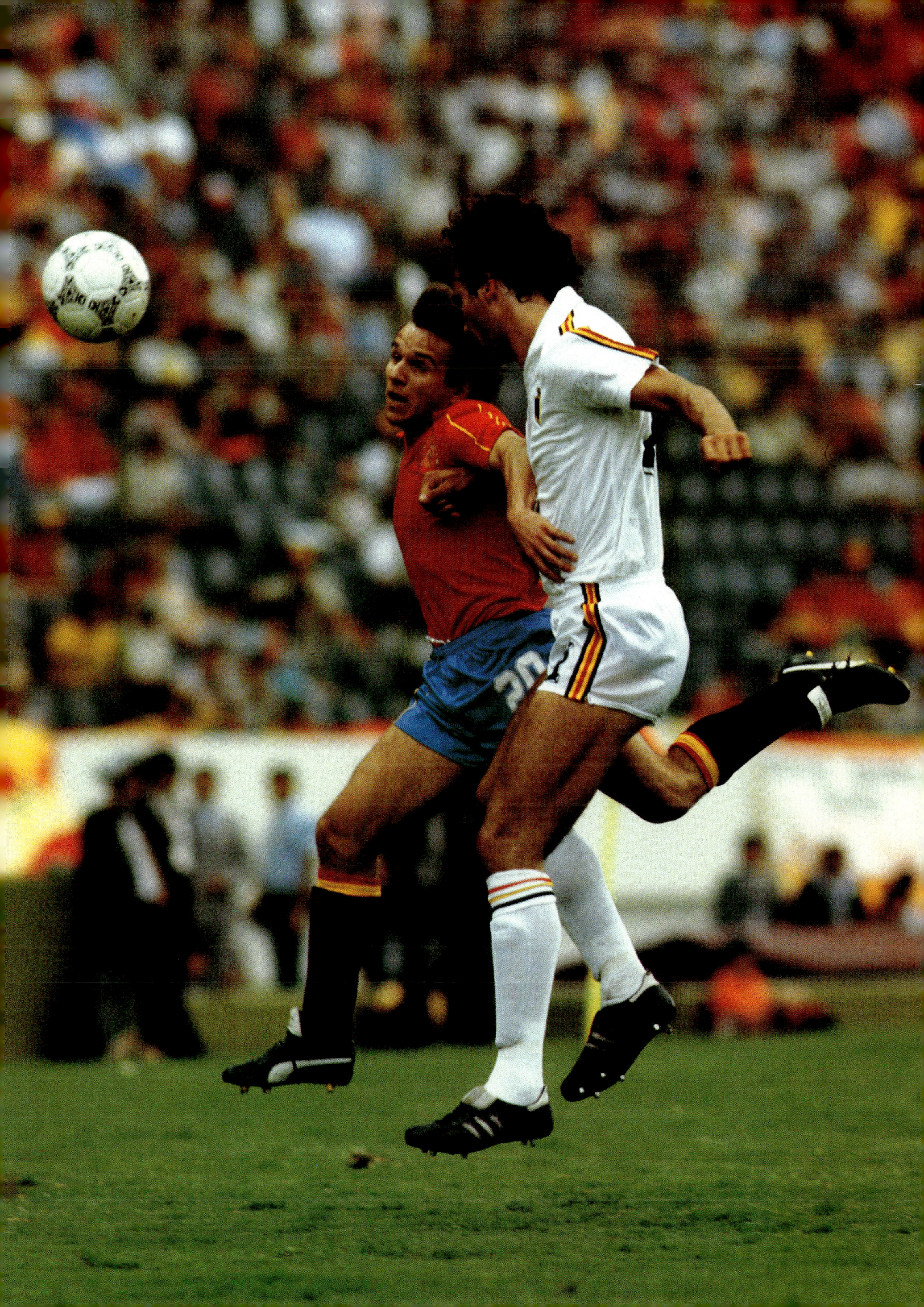

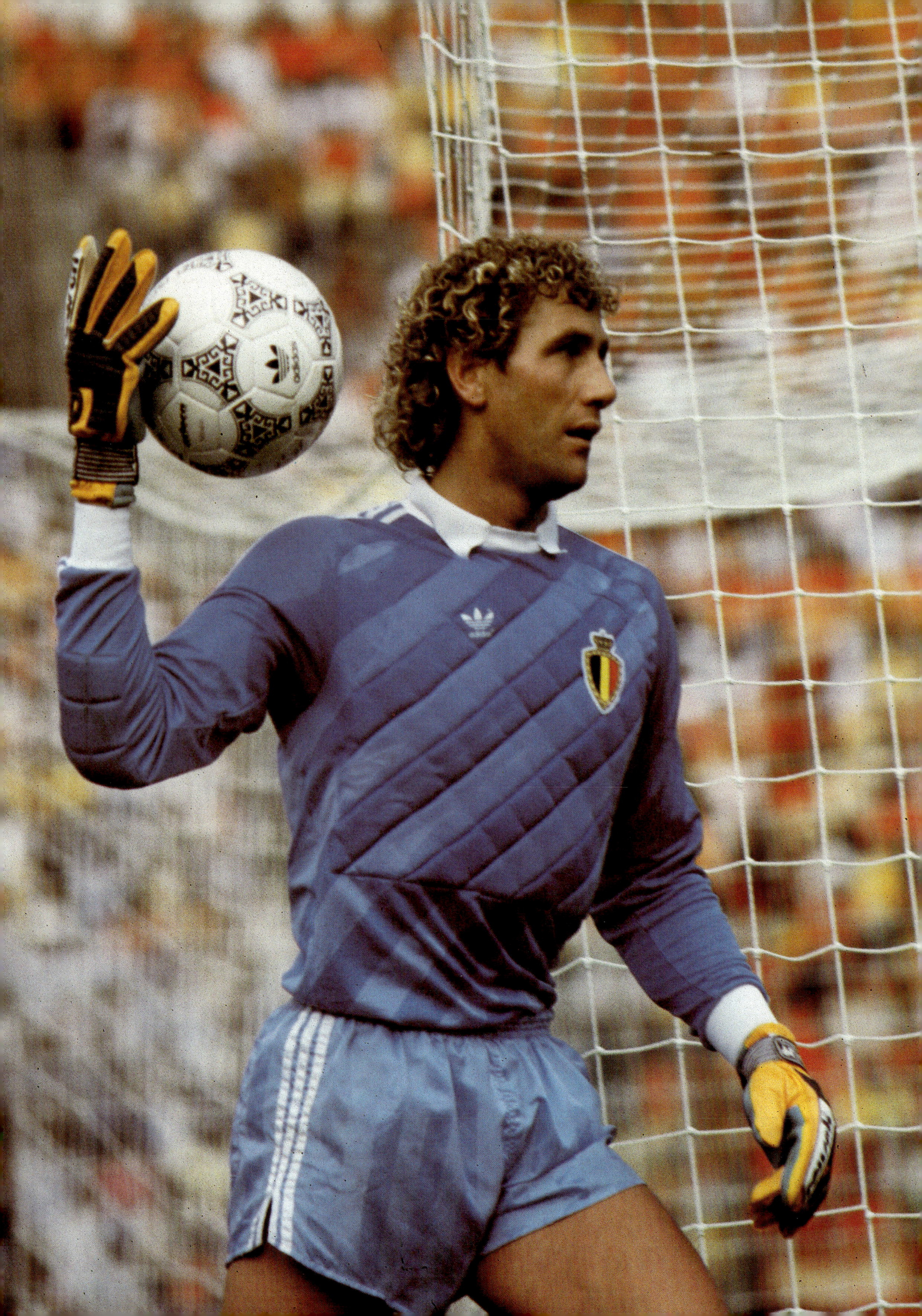

mier tour, il était évident que l'épreuve de force allait se dérouler au centre du terrain.

Les Espagnols, au jeu techniquement bien élaboré, et animés par une âme de conquérants, cadenassèrent tout le début de la partie. Habiles, vifs et puissants, ils firent peser une lourde menace sur le but de Jean-Marie Pfaff, le gardien des Belges et du Bayern. Mais celui-ci n'était pas du genre à se laisser impressionner. Par son assurance, par son sang froid, par son sens du placement, par ses parades, il réussit à faire comprendre à ses partenaires qu'ils n'avaient rien à craindre. Ça ne passerait pas... A eux de faire le reste là-bas, à l'avant. Ceulemans, peu avare d'efforts, rameuta la troupe qui commença à s'organiser autour de lui. Sciffo ne se plaignait plus qu'on lui fasse la gueule parce qu'il n'était pas vraiment du pays, et participait lui aussi à la manœuvre. Tant et si bien qu'à la 35e minute, Nico Claesen, parti sur la droite, donna en retrait à Gerets dont le centre vola au-dessus du but espagnol avant de trouver Vercauteren, lequel déposa le ballon sur la tête de Jan Ceulemans pour un premier but qui laissa Zubizarreta sans réaction.

Jusqu'au bout, les Espagnols allaient devoir courir derrière ce but pour obtenir l'égalisation. Elle ne se présenta qu'à cinq minutes de la fin, sur un tir victorieux de Juan Antonio Senor. Une occasion pour chacune des deux formations durant les prolongations, mais sans résultat tangible. Les tirs au but, pour la troisième fois dans ces quarts de finale, allaient devoir départager les opposants. Les cinq Belges réussissaient les leurs tandis que Pfaff arrêta le tir d'Eloy Olaya. 5 à 4, la Belgique passait en demi-finale pour la première fois de son histoire. Et c'était l'Argentine qui héritait du cadeau. Déjà, Maradona hantait tous les esprits belges sans pour autant provoquer chez eux de cauchemars...

Les deux piliers d'une étonnante équipe belge, qui accéda aux demi-finales pour la première fois de son histoire : à gauche, le gardien du Bayern de Munich, Jean-Marie Pfaff ; à droite, Jan Ceulemans, le capitaine exemplaire de cette équipe, qui ouvre ici la marque pour la Belgique face à l'Espagne.

LE CRÉPUSCULE DES BLEUS

A Séville, cela avait été le drame. L'épopée s'y achevait par une tragédie, au bout d'une histoire invraisemblable. C'était tout juste quatre ans plus tôt pour une demi-finale du Mundial espagnol, déjà face à l'Allemagne. A Guadalajara, quatre ans plus tard, seul le cadre avait changé. Pas les acteurs, pas l'enjeu. On nous inventa pourtant un nouveau scénario avec une trame autrement plus brutale. Mais la chute, elle, ne fut pas très différente. Une méchante fin qui arrivait à tordre le cou à de folles espérances et à torturer aussi tout esprit de revanche.

La France était donc à nouveau privée de finale, privée de l'honneur suprême, par la seule volonté d'une équipe d'Allemagne placée ainsi qu'une forteresse au beau milieu de ses ambitions. Une équipe allemande que l'on disait déclinante et qui réussit à se sortir les tripes jusqu'au bout, juste pour empêcher les Bleus de vivre pleinement leur bonheur.

Qui sait si ces Allemands auraient eu la même volonté farouche de s'imposer si leurs adversaires n'avaient pas été Français, si les gars d'en face n'avaient pas été ceux de Séville, ceux qui les avaient poussés au bord de l'épuisement, au bout de leurs forces ? L'histoire ne se répète pas, dit-on. Mais cela n'est pas nécessairement vrai. Car, cette fois encore, elle ne s'autorisa aucune fantaisie. Comme si elle avait voulu faire du neuf avec du vieux, comme si elle ne voulait pas faire injure à ce qu'elle nous avait asséné quatre ans auparavant à grands coups de botte. L'histoire se chargea donc encore de faire la cour au désespoir des Bleus. L'histoire n'était pas belle, elle fut même odieuse. Mais comme toujours, ce fut elle qui eut raison.

On avait tant espéré de ce match retour quatre ans après, que l'on avait fini par se persuader que les Français étaient dignes de le gagner. La France toute entière se voyait déjà en finale... et une majorité d'Allemands le croyait aussi. La France qui venait d'éliminer coup sur coup l'Italie et le Brésil ne pouvait pas tomber face à l'Allemagne ! Impensable. Son sort était déjà scellé. Platini et les siens iraient donc plus loin. Cruelle méprise pour tous ceux qui avaient vécu pendant quatre ans avec une seule idée en tête et la rancœur au creux du ventre. Ils avaient oublié tout simplement que les autres n'avaient pas mieux vécu non plus

Dans une demi-finale pauvre en hauts faits d'armes, les Belges, amoindris par leurs efforts précédents, s'inclinèrent face aux Argentins (0-2). Un Maradona diabolique réussit les deux buts de son équipe, à quoi vint s'ajouter un troisième point, justement refusé celui-là à Valdano pour hors-jeu (ci-dessus). A droite, le blond Vervoort s'oppose à la vague d'assaut argentine formée ici de Burruchaga et de Valdano.

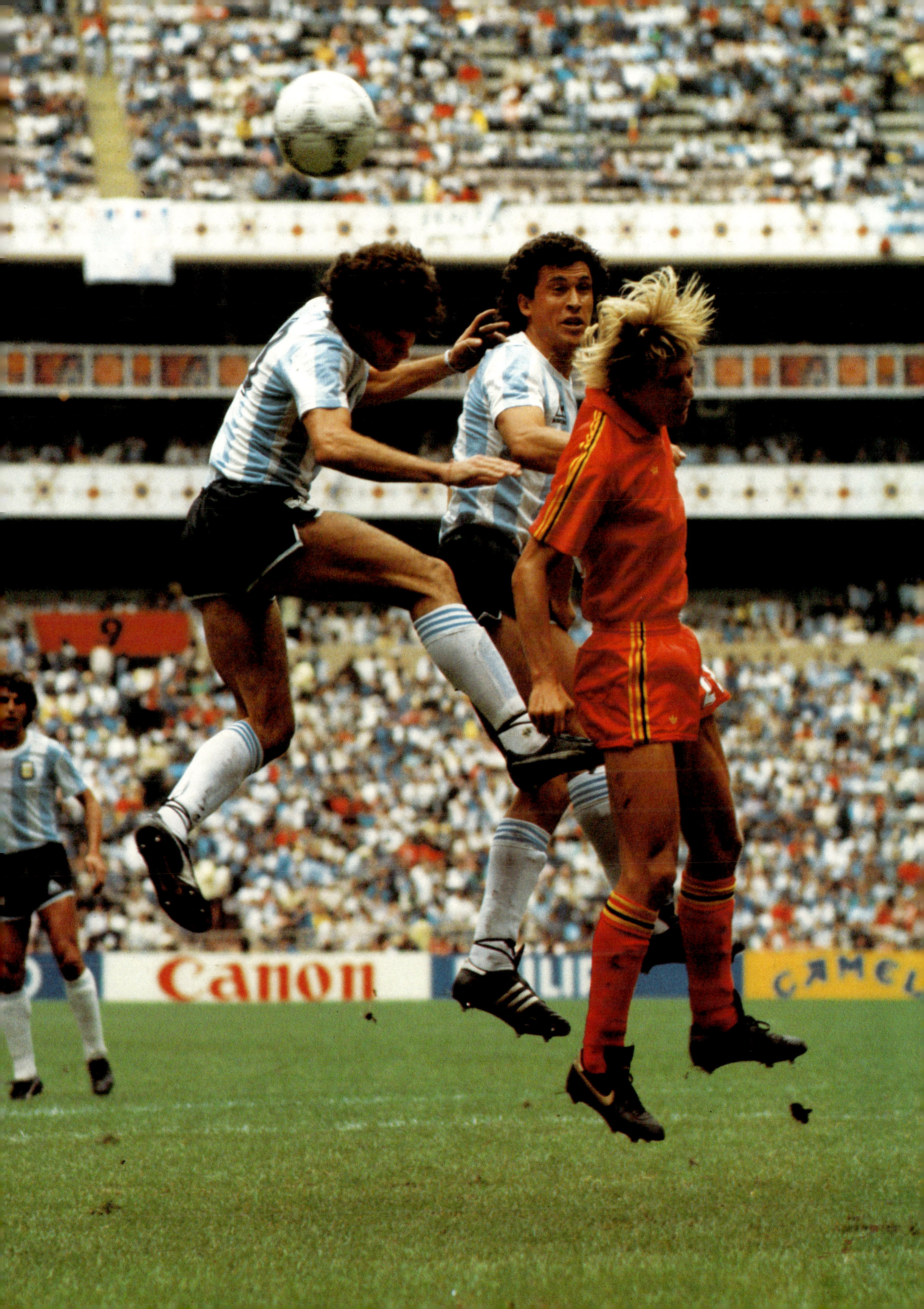
Canon

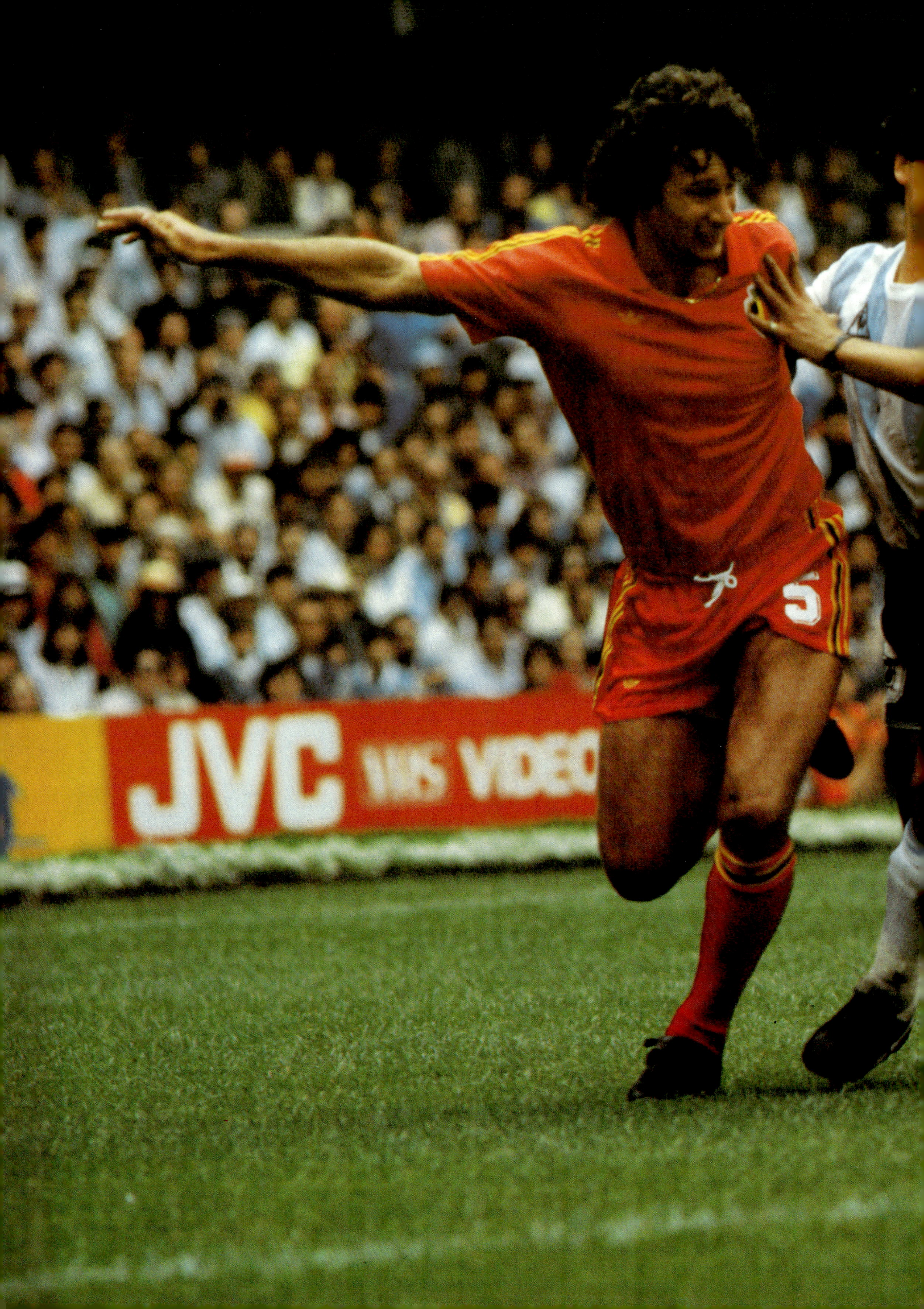
JVC

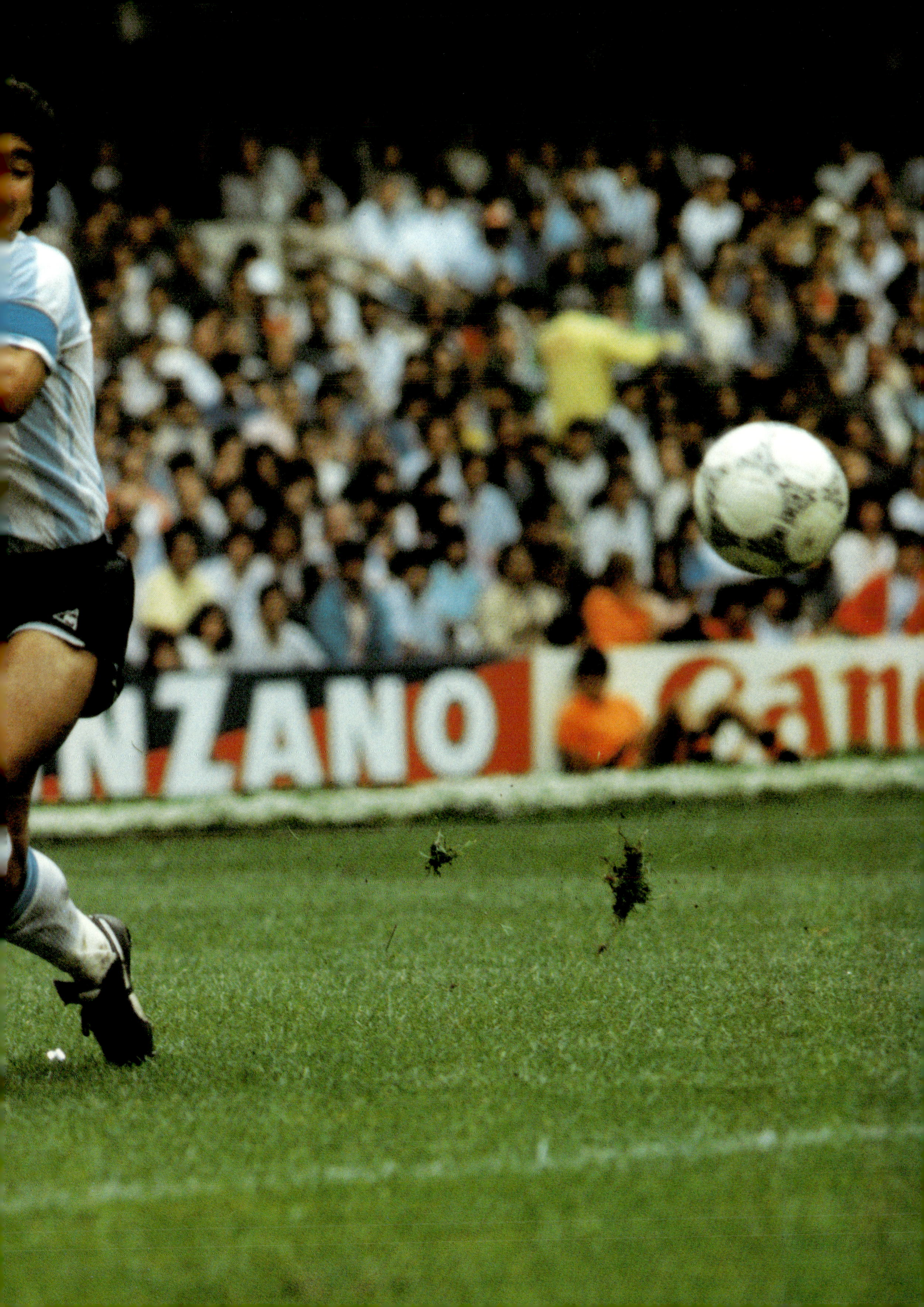
NZANO

leur qualification de Séville, qu'ils s'étaient préparés, eux aussi, à cette nouvelle bataille et que, par conséquent, ils pouvaient être parmi tous les adversaires potentiels ceux qui connaissaient le mieux le jeu de l'équipe de France, ceux qui étaient le mieux armés pour lui faire échec. Mais ça, tout le monde ou presque l'avait oublié dans l'euphorie d'une qualification aux dépens du Brésil qui flatta l'orgueil gaulois, certes, mais qui aurait dû faire comprendre aussi aux Français qu'ils avaient eu beaucoup de réussite. Ceux qui cherchent avant tout à avoir bonne conscience, s'empressèrent d'ajouter que la chance fait aussi partie du talent. On veut bien. Mais nous expliquera-t-on un jour pourquoi, lorsqu'elle est absente, c'est beaucoup du talent qui fout le camp...

Le fait est que, dans ce match contre la R.F.A, la France ne réussit pas vraiment à imposer son style pour jeter suffisamment de doutes dans les esprits allemands et troubler leurs belles certitudes. Le système français fit faillite face à une équipe qui maîtrisa parfaitement son sujet en affichant une formidable sérénité. Il est vrai que les Français eurent à affronter autant leurs adversaires que le chronomètre. Ce fut leur sort, en effet, depuis que Andreas Brehme, à la neuvième minute de jeu, expédia sur coup franc un fantastique tir à ras de terre. Le ballon glissa sous Bats pour donner à l'Allemagne un avantage qui allait se révéler insurmontable. Les Français eurent à se lancer alors dans une formidable course-poursuite pour rattraper ce but et se mettre à l'heure avec l'histoire. En vain !

Pour être honnête, il fallait bien reconnaître que les Allemands jouaient bien, qu'ils jouaient mieux que les Français dans la mesure où ils utilisaient à fond le potentiel de leurs individualités. Il n'était pas question pour eux de jouer à la brésilienne, il n'était pas plus question qu'ils puissent rivaliser avec les Français sur le plan de la vivacité et des automatismes graciles. Ils acceptèrent par conséquent de laisser les Tricolores faire leur cuisine dans l'entre-jeu, pour mieux les prendre à la gorge un peu plus loin dans la zone décisive où ils édifièrent une véritable muraille. Et comme ils n'avaient pas seulement la préoccupation de défendre – du moins pendant la première mi-temps – ils firent en sorte d'éviter le milieu de terrain en faisant passer tous leurs ballons d'attaque par les côtés, misant pour ce faire sur les qualités physiques extraordinaires de leurs deux défenseurs d'aile, Briegel et Brehme, toujours disponibles pour la contre-offensive.

Sitôt le but marqué, l'équipe allemande consolida encore plus ses fortifications en proposant Matthäus et Jakobs à des tâches encore plus défensives. Il ne fallait pas être très finauds pour se rendre compte que Franz Beckenbauer, le *Kaiser,* qui fut un fantastique libero, était devenu comme entraîneur un fin tacticien de la « guerre » de mouvement. Ainsi avait-il fait comprendre à ses troupes qu'elles n'avaient rien à gagner à vouloir rivaliser avec les Français en acceptant le combat autour de la ligne médiane. Pour elles, il y avait bien mieux à faire en posant des mines sur le chemin d'Amoros et d'Ayache, capables par leurs montées incessantes d'apporter un surnombre aux attaques françaises, en même temps qu'elles obligeaient l'équipe française à se livrer plus complètement et à libérer ainsi des espaces où les attaquants allemands, mis sur orbite superbement par un Felix Magath beaucoup trop libre de ses mouvements, avaient alors les moyens de faire peser une menace permanente sur le but de Joël Bats. A l'évidence, les Français se souciaient davantage de foncer tête baissée dans la nasse qui les attendait, que de s'occuper à de basses besognes défensives. Toute la stratégie allemande reposa en fait là-dessus, dès que Brehme eût donné l'avantage à son équipe. Un avantage qui aurait bien pu être plus lourd si Bats, une fois de plus, n'avait été là pour sortir des ballons brûlants.

Les Français mirent toute la première période à comprendre qu'ils étaient manœuvrés par une équipe allemande superbement organisée. Lorsqu'ils adaptèrent leur jeu à de nouvelles dispositions, il était peut-être déjà trop tard. Michel Platini se transforma alors en véritable avant-centre, laissant à d'autres le soin d'orienter la manœuvre. Tigana se révéla encore plus habile qu'à l'ordinaire, mais Giresse ne faisait plus le poids face à la lourde machine allemande, et Fernandez, pris d'homme à homme dans des duels parfois épiques, n'eut pas son rayonnement habituel. On le disait bien, les Allemands avaient superbement pigé le coup. Il était apparu au fil du temps que Bellone ne pourrait pas faire exploser l'arrière-défense germanique par ses coups d'audace, plus tran-

Double page précédente : Personne, dans la défense belge (pas même, ici, Renquin), ne put museler *Maradona.* Lequel, pour être un artiste véritable, n'en use pas moins à l'occasion de moyens... plus terre à terre.

Pas besoin seulement de refroidir les têtes et les esprits après une chaude explication de 90 minutes — les pieds aussi ont besoin d'un peu de fraîcheur, comme ici ceux du gardien belge Jean-Marie Pfaff.

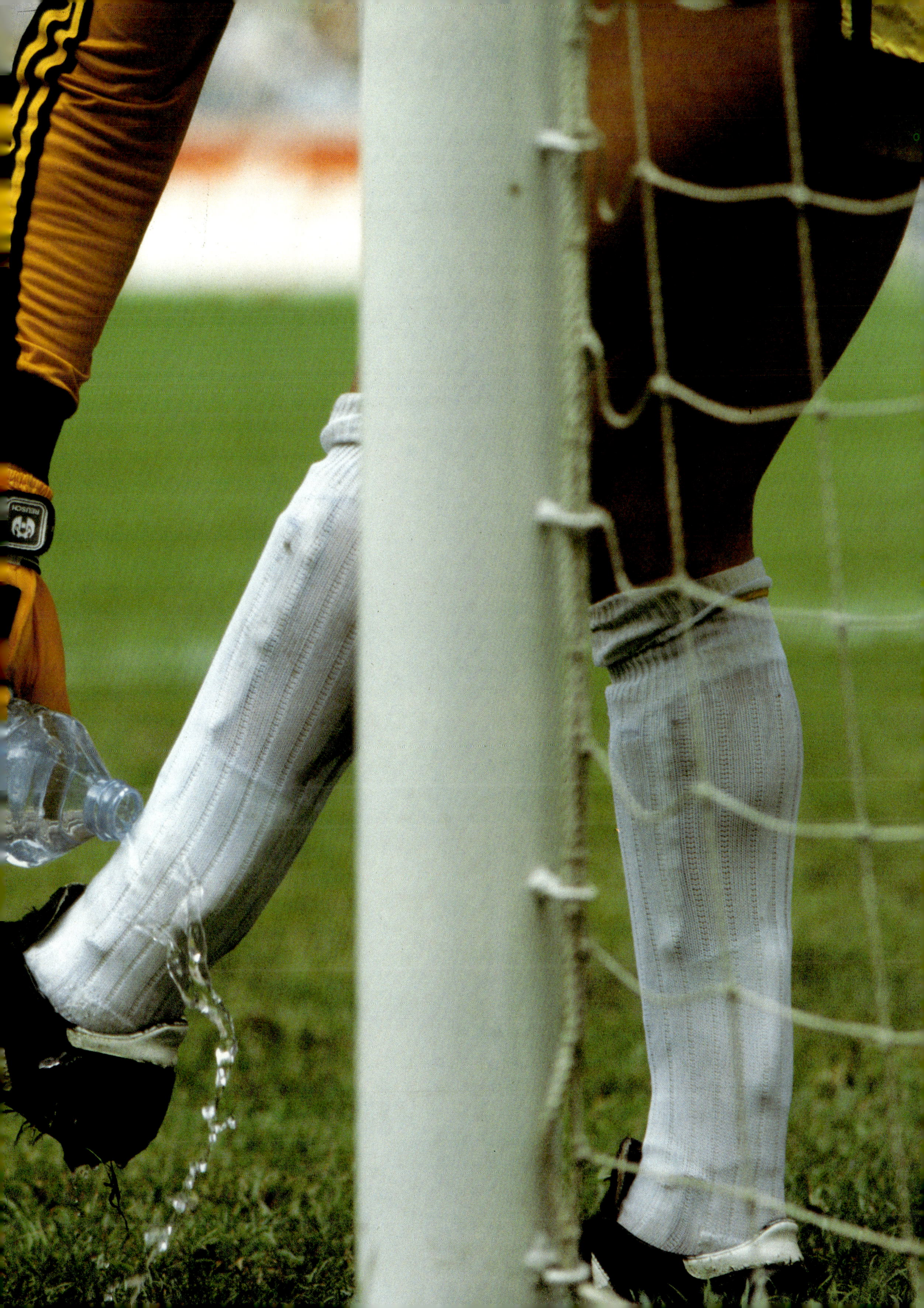
REUSCH

chants que construits, et que l'unique danger tricolore reposait sur la tête et les pieds de Yannick Stopyra. Celui-ci fut opiniâtre à la pointe du combat pour porter la contestation juste sous le nez d'Harald Schumacher. Peut-être aurait-il mérité plus de réussite, auquel cas la machine de guerre allemande aurait été enrayée. Mais il n'en fut rien.

Et le temps, lui, ne savait être que cruel. Il jouait des tours aux Français, chaque minute qui s'écoulait les éloignait un peu plus de la finale. Alors, mus plus encore par l'orgueil et par l'obsession de terrasser le dragon allemand que par la volonté d'exposer quelques points de vue plus tactiques ou techniques, ils se lancèrent dans des opérations de commando très proches les unes des autres, poignantes, crispantes, émouvantes mais, hélas ! jamais victorieuses.

Ce farouche désir était somme toute louable de rompre le cours du destin comme le cours d'une rivière pour mieux utiliser ses bienfaits. Mais s'ils avaient l'audace des bâtisseurs, les Bleus n'avaient pas ce jour-là le génie créateur qui fait les grands travaux. Ils osèrent jusqu'au bout, c'est vrai. Jusqu'à l'écœurement, jusqu'à la mort. Mais c'est la mort qui les guettait au détour d'une 90ᵉ minute, plus assassine que toutes les autres, et qui se chargea de les crucifier par un second but de Rudi Voeller, le remplaçant de Karl Heinz Rummenigge. Car, dans leur désir obsessionnel de remonter le temps et de refaire surface au score, les Français avaient oublié qu'ils pouvaient à nouveau s'incliner. A vrai dire, ils s'en fichaient un peu. Un ou deux buts à zéro, où était la différence quand il s'agissait surtout de marquer soi-même ? Voeller se retrouva donc tout seul face à Bats, puis face au but vide, pour marquer à nouveau pour l'Allemagne. La dernière seconde venait de s'écouler. Elle les enfonça dans leur chagrin.

Le coq ne chanterait plus. On lui avait coupé les ailes pour ne lui laisser que des ergots. Ils se brisèrent finalement contre un mur de pierre. Il y avait de quoi verser une larme, mais l'Allemagne ce jour-là avait bien mérité du Mundial. Cette fois, Séville était bel et bien effacé de toutes les mémoires...

Comme quatre ans plus tôt, l'Allemagne jouerait donc la finale de la Coupe du Monde contre une équipe d'Argentine qui finit son Mundial à la vitesse d'un Exocet. Il faut dire que, côté argentin, Diego Maradona était en train de justifier, lui, son label de grande vedette internationale. La star était au rendez-vous. C'était un peu l'exception parmi toutes les « prima donna » que l'on avait annoncées à coups de roulements de tambour, et qui passèrent plus de temps au Mexique à philosopher sur leur condition qu'à justifier, sur le terrain, toute l'étendue de leur talent. Maradona super-star contre l'Angleterre et Maradona à nouveau chef d'orchestre et maître d'œuvre de la maestria argentine contre la Belgique.

Les Belges, pourtant, qui n'avaient rien à perdre dans une partie qui, pour beaucoup, était jouée d'avance, cherchèrent à brouiller les cartes en essayant de ficeler Maradona. une tâche qui s'avéra difficile à entreprendre et plus encore à réussir. Car, Maradona n'était pas du genre à se laisser prendre par la main pour se faire ligoter. Vervoort ne ménagea ni sa peine, ni sa hargne pour baillonner le petit prodige argentin, mais rien n'y fit. Ce fut la grande leçon de cette deuxième demi-finale où les Belges manifestèrent un énorme enthousiasme, sans pouvoir pour autant contrecarrer les plans élaborés dans la caboche du nouveau Dieu des stades. Des Belges très latins dans l'expression d'une technique plus affinée qu'à l'ordinaire, avec une bande de jeunes et joyeux lurons comme Vervoort, Demol ou Claessen, sans oublier les Schifo ou Vercauteren au talent déjà bien affirmé. Mais des Belges

Double page suivante : Stopyra (au centre) a tout tenté, mais la balle sera allemande, pour Jakobs (à g.). A droite, Brehme, le bourreau des Français.

Scène typique du style de jeu allemand, basé sur un engagement physique total. Joueur habituellement fin et intelligent, Felix Magath se met ici à l'unisson des autres combattants de choc allemands. Battiston et Tigana sont impuissants à bloquer son tir.

La manière dont Wolfgang Rolff parvint à s'opposer aux actions de Michel Platini, fut sans doute l'une des clés du match. L'Allemand ne laissa jamais au capitaine français la marge de manœuvre qui lui est nécessaire pour orienter le jeu. Derrière Platini, Giresse accourt.

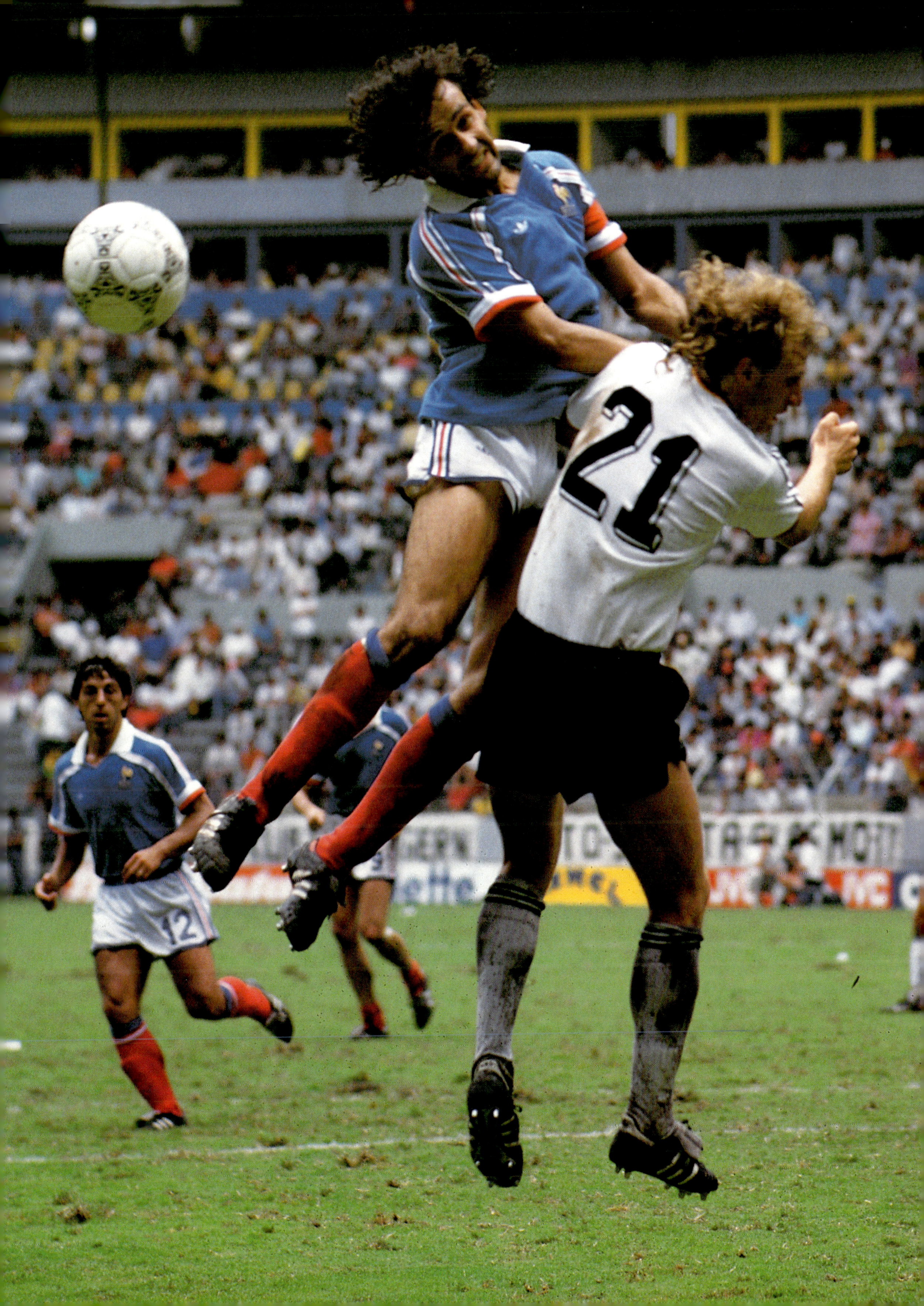
21
12

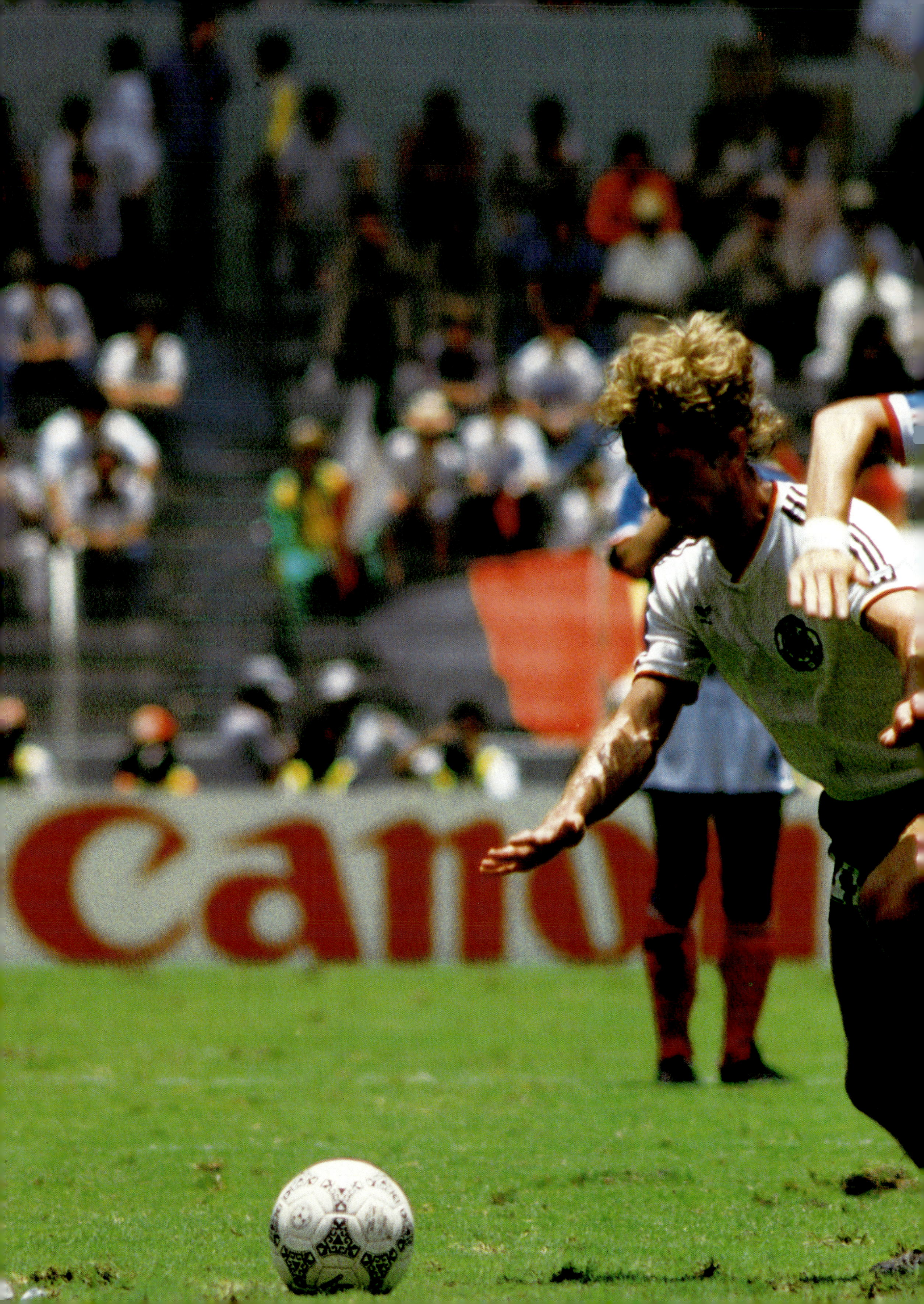
Canon

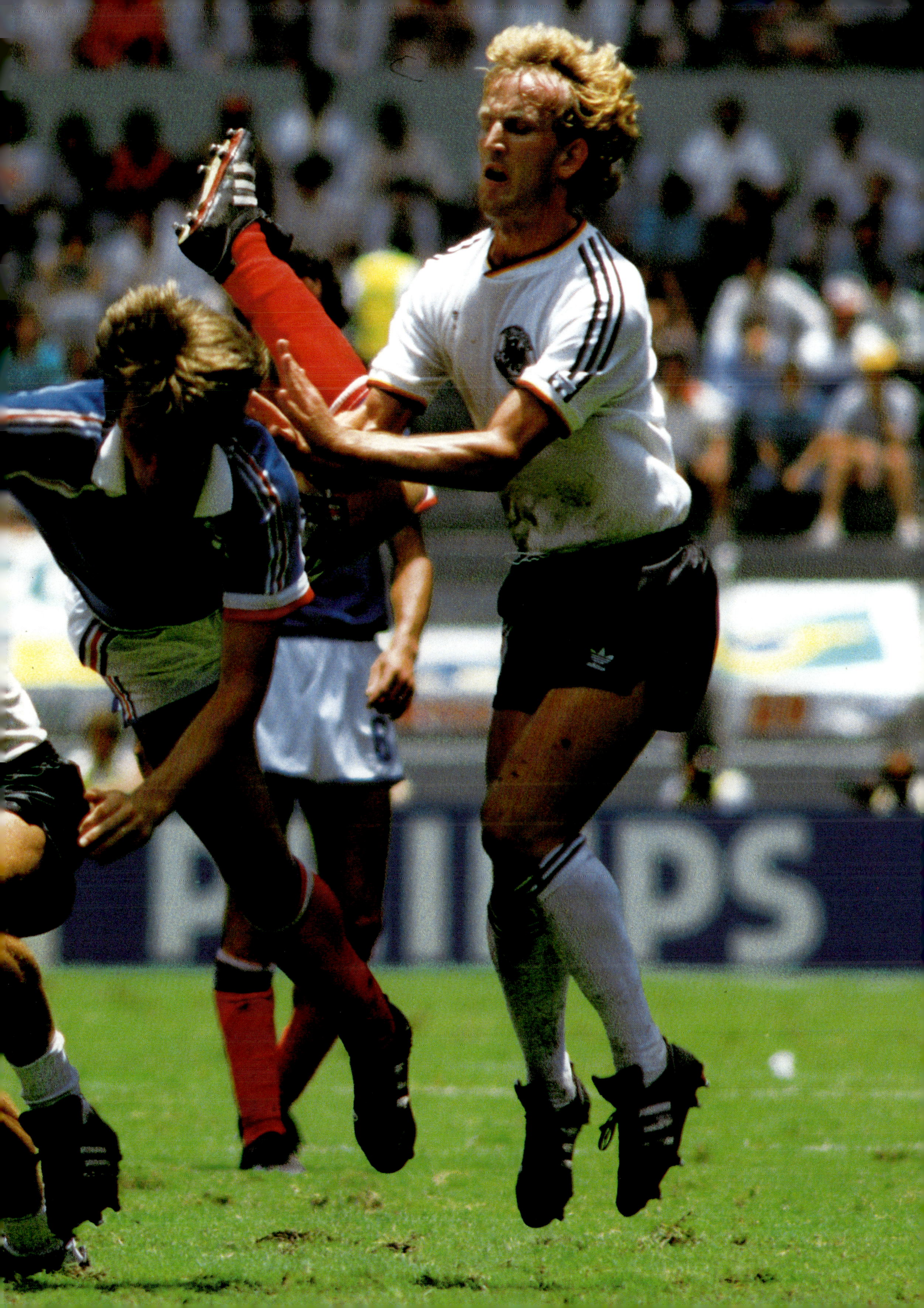

qui eurent à s'opposer à une équipe d'Argentine qui tournait rond, et où la carburation semblait s'effectuer de mieux en mieux.
Technique fine et subtile, passes courtes au rythme vif, les Argentins firent peser très vite une formidable menace sur le but de Pfaff.
Dès la septième minute, sur une action collective menée par le milieu de terrain argentin, Maradona expédia un fantastique boulet que Pfaff eut toutes les peines du monde à renvoyer... juste dans les pattes de Valdano qui se dépêcha de le transformer en but. Le ton était donné même si l'arbitre mexicain de la rencontre refusa de valider ce point pour une faute de main préalable.
Il était dit que les Argentins feraient peser sur la rencontre toute l'emprise de leur supériorité collective. Outre Maradona, largement au-dessus de la mêlée, on vit des joueurs comme Burruchaga, comme Battista, comme Giusti affirmer de plus en plus de personnalité. C'était à désespérer du sort des Belges, que l'on voyait finir à la moulinette. C'était mal connaître, en fait, les ressources de la formation dirigée par Guy Thys. Celle-ci donna l'impression de vouloir laisser passer le typhon avant de tenter quelques incursions dans le camp argentin.
Elle fit tant et si bien que toute la fin de la première mi-temps fut essentiellement à son avantage. Cela promettait un fantastique final. Hélas pour la Belgique, Maradona devait frapper quelques minutes seulement après la reprise, sur une belle ouverture de Burruchage, l'Argentin de Nantes. Un but comme un coup de poignard planté dans le cœur belge. Et Maradona allait récidiver un peu plus tard en nous rejouant le coup de l'Angleterre, histoire de passer en revue tout l'effectif belge. De l'art, du grand art !
Ensuite, l'Argentine démontra à tous les sceptiques que ses garçons avaient du ballon plein les pattes. On vit alors des gestes techniques d'une grande pureté qui poussaient à penser que la finale avec une Allemagne hyper-tacticienne vaudrait le dérangement. Le génie contre l'organisation, le talent contre la rigueur. Deux conceptions du football appelées à s'affronter sur la pelouse du Stade Aztèque, décidément ce Mundial mexicain nous aurait réservé des surprises... presque jusqu'au bout. Et c'était bien comme ça.

Le tir puissant de Brehme, sur coup franc (ci-dessous) fit basculer le match dès la 9ᵉ minute. Le ballon devait échapper à Joël Bats.

Platini contré ! Cette fois, l'adversaire n'est pas Rolff, mais un autre chien de garde, Dietmar Jakobs, qui dégage énergiquement.

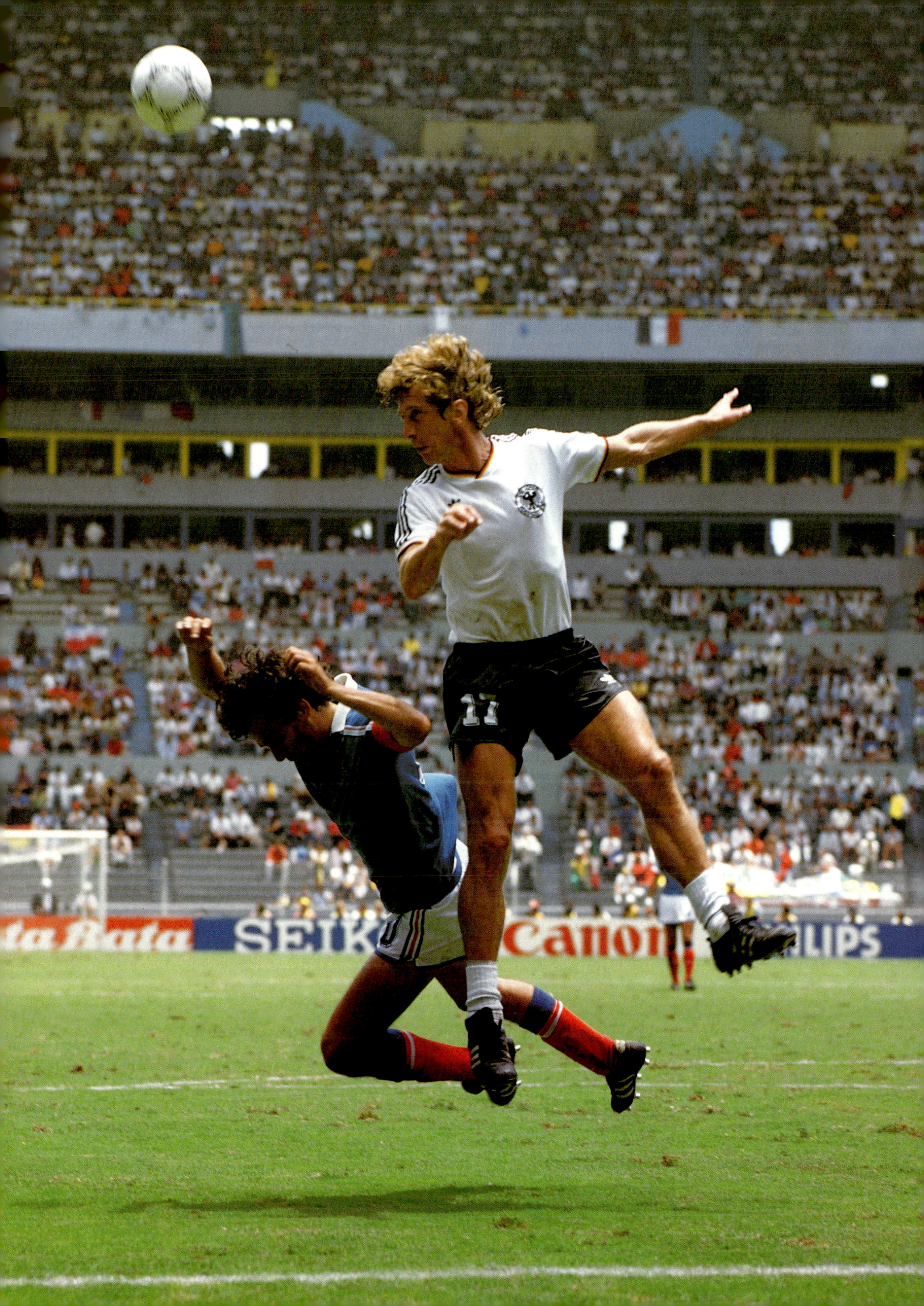
SEIK
Canon
17

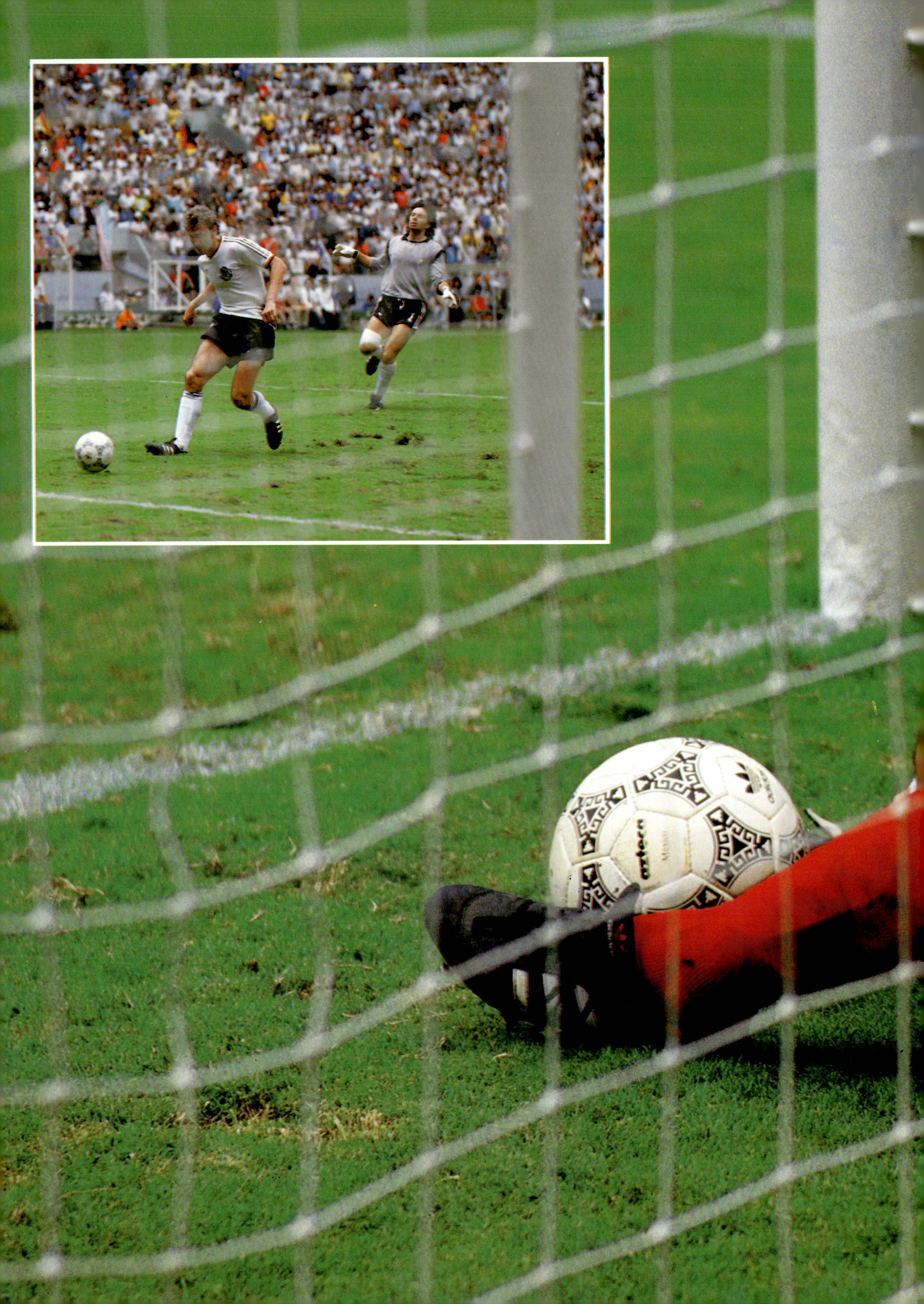

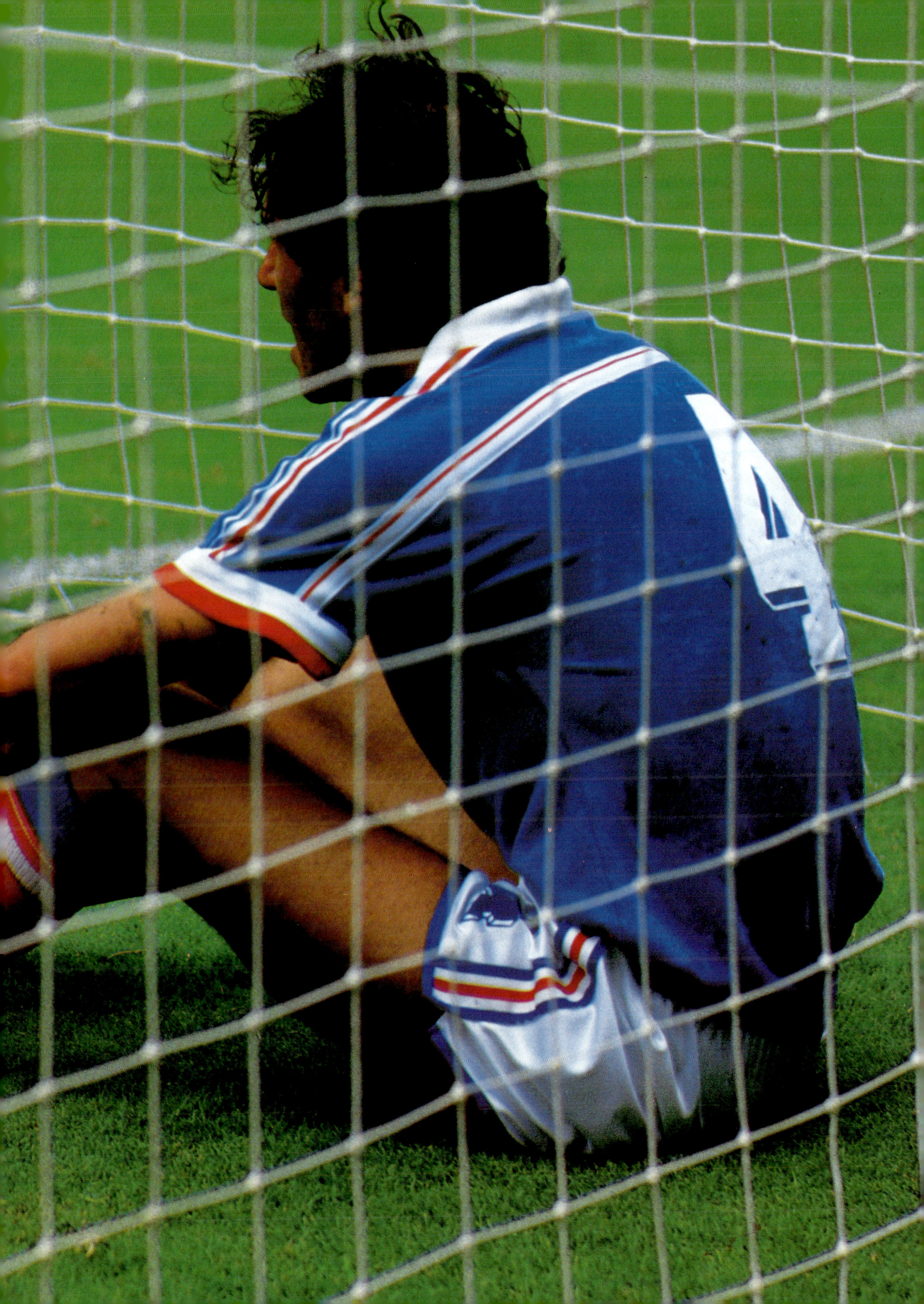

COMME EN SUÈDE !

Puebla n'était pas Mexico, et ce match pour la troisième place entre Belges et Français avait un petit côté devoir de vacances. De ceux que l'on fait avec application mais sans émotion.

La tension était tombée, c'est vrai, lorsque les Allemands de Franz Beckenbauer avaient donné à la France une leçon de réalisme tactique. On s'était fait à l'idée, germée bien avant la demi-finale, que l'équipe de France était digne de la finale. Bref, qu'elle avait fait le plus dur en tordant le cou aux ambitions italiennes et brésiliennes. Il ne pouvait donc pas être question de mettre un emplâtre sur des plaies encore béantes en jouant cette finale de consolation. La déception avait été à la hauteur des espérances. Et les Bleus n'étaient pas du genre à se satisfaire de ce genre de sucre d'orge quand ils avaient rêvé de tout un magasin de sucreries. Décidément, la France était inconsolable...

Pourtant, ce match restait à jouer. Il était un peu l'ultime examen de passage d'une équipe de France qui pouvait encore accrocher un tableau d'honneur après avoir raté le prix d'excellence. Troisième d'une coupe du Monde, c'est tout de même un sacré label de qualité. Les Anciens de Suède le portaient encore très haut, bien après avoir enterré leur carrière. Il avait servi de référence, de valeur-étalon... depuis 1958. Aujourd'hui, l'équipe de France, confirmée dans sa valeur par son titre de Championne d'Europe obtenu dans la foulée d'un Mundial espagnol qui avait pu lui servir de révélateur, se devait d'aller plus loin qu'en 1982 (4e). Privée de finale, il ne lui restait plus que la troisième place à se mettre sous la dent.

Encore fallait-il croquer une équipe de Belgique qui se trouvait là pour la première fois de son histoire et qui voulait faire du Mexique l'épopée qui traverse le temps sans y laisser de plumes. Comme celle que chantaient les Français, pour leur part, depuis l'affaire de Suède.

Autant dire que les Belges n'étaient pas à prendre avec des pincettes et c'est, sans doute, ce qui permit à ce match de naviguer dans des eaux agitées alors que l'on avait pu craindre pour lui le calme plat des trajectoires limpides. Et ce fut un bon match à défaut d'être un beau match. Une rencontre engagée à défaut d'être passionnée. Bref, une de ces parties où l'on ne s'ennuie jamais, parce qu'elles re-

Double page précédente : Cette fois, c'est bien fini pour les Bleus... Völler a pris de vitesse Joël Bats, sorti de ses 18 mètres, et enfonce le clou à la dernière minute de la demi-finale : 2–0 pour l'Allemagne, Battiston dans les buts est l'image de la désolation.

On pouvait craindre que Belges et Français ne prennent guère au sérieux le match pour la troisième place, d'autant que les Français firent jouer pour l'occasion tous leurs remplaçants. Mais ceux-ci eurent à cœur de démontrer qu'ils valaient les titulaires. Au terme d'une partie enlevée et à rebondissements, la France s'imposa (4–2) dans les prolongations. Ici, Jean-Pierre Papin inscrit, juste avant la mi-temps, le but qui donne une provisoire avance à la France (2–1). Les cheveux s'en dressent sur la tête de Vervoort !

bondissent à tout bout de champ. Les Belges, eux, ne souffraient pas de la moindre crise psychologique, ils étaient loin de toute introspection tourmentée. Ils voulaient gagner pour terminer troisièmes. C'était clair, net et précis. Et pour cela, ils avaient lancé leurs meilleures troupes dans une bataille qu'ils se promettaient de mener à leur guise, pour nous raconter à leur façon une de ces fameuses histoires belges qui feraient, pour une fois, leur délice. Seul Vercauteren manquait à l'appel, mais le blond Francky était cuit et avait préféré laisser sa place.

Côté français, on faisait donner la réserve, tous ces laissés-pour-compte du Mexique jetés dans une démonstration de haute volée pour faire la preuve qu'ils auraient pu être mieux que des doublures si l'on avait fait appel à eux. Il y avait là Bellone, Papin, Ferreri, Vercruysse, Tusseau, Genghini, Le Roux Bibard, Rust... bref, tous ces remplaçants qui avaient attendu, souvent en vain, qu'on leur donnât leur chance de briller sous le soleil mexicain. Et il fut tout à fait judicieux de faire jouer ce match-là par ces joueurs-là : les autres (Platini et consorts) auraient eu le spleen des battus magnifiques. Effectivement, nous n'avions pas atteint encore les dix minutes de jeu que les deux équipes avaient eu déjà l'occasion de croiser sérieusement le fer. Si Papin gâcha lamentablement une occasion en or, Ceulemans, une minute plus tard, se permit le luxe de résister à Le Roux avant de marquer dans un angle difficile. Jan Ceulemans, capitaine courageux d'une équipe belge en prise directe avec ses ambitions. Ceulemans marathonien, Ceulemans infatigable travailleur et buteur inspiré. Albert Rust, qui gardait pour la première fois les buts de l'équipe de France, fit ainsi connaissance avec son premier coup bas. Il eut la chance d'éviter le pire sur des tentatives mal ajustées de Daniel Veyt. Le match était animé, à l'avantage tour à tour des deux formations. Une fois qu'ils eurent égalisé par l'intermédiaire de Ferreri (27e minute) en conclusion d'une offensive de Bellone poursuivie par Vercruysse, les Bleus de France mirent plus de pression au turbo avec un Bruno Bellone déchaîné, qui offrit un second but à Jean-Pierre Papin juste avant la mi-temps. Les Français crurent dès lors que la victoire ne pourrait plus leur échapper, tandis que les Belges engageaient la course-poursuite. Claessen égalisait très justement à la 73e minute sur un centre de Leo Van der Elst qui laissa la défense française totalement désarmée. Le scénario habituel se profilait à l'horizon, des prolongations et, qui pouvait le dire alors..., des tirs au but. Mais Genghini profita rapidement d'une erreur défensive pour asséner un premier coup irréparable. Amoros, pour sa part, réussissait ensuite le KO en transformant un penalty qui sanctionnait une faute de Gerets sur lui-même.

La France terminait donc troisième. Etait-ce là le résultat espéré par tout un peuple ? Sans doute pas. Il fut en tout cas la confirmation d'une certaine valeur. Henri Michel, le sélectionneur, en acceptait la signification. « L'équipe de France, dit-il, a prouvé qu'elle était digne de son titre européen. Certes, nous devons nous contenter d'une troisième place, mais d'autres qui affichaient également de l'ambition sont tombés bien avant nous... »

Rideau, donc, pour les Bleus !

Troisième prolongation du Mundial pour les Belges, la deuxième pour les Français. Le but de Genghini à la 104e minute vient à point pour replacer les Bleus en tête. Un penalty d'Amoros confirmera leur succès.

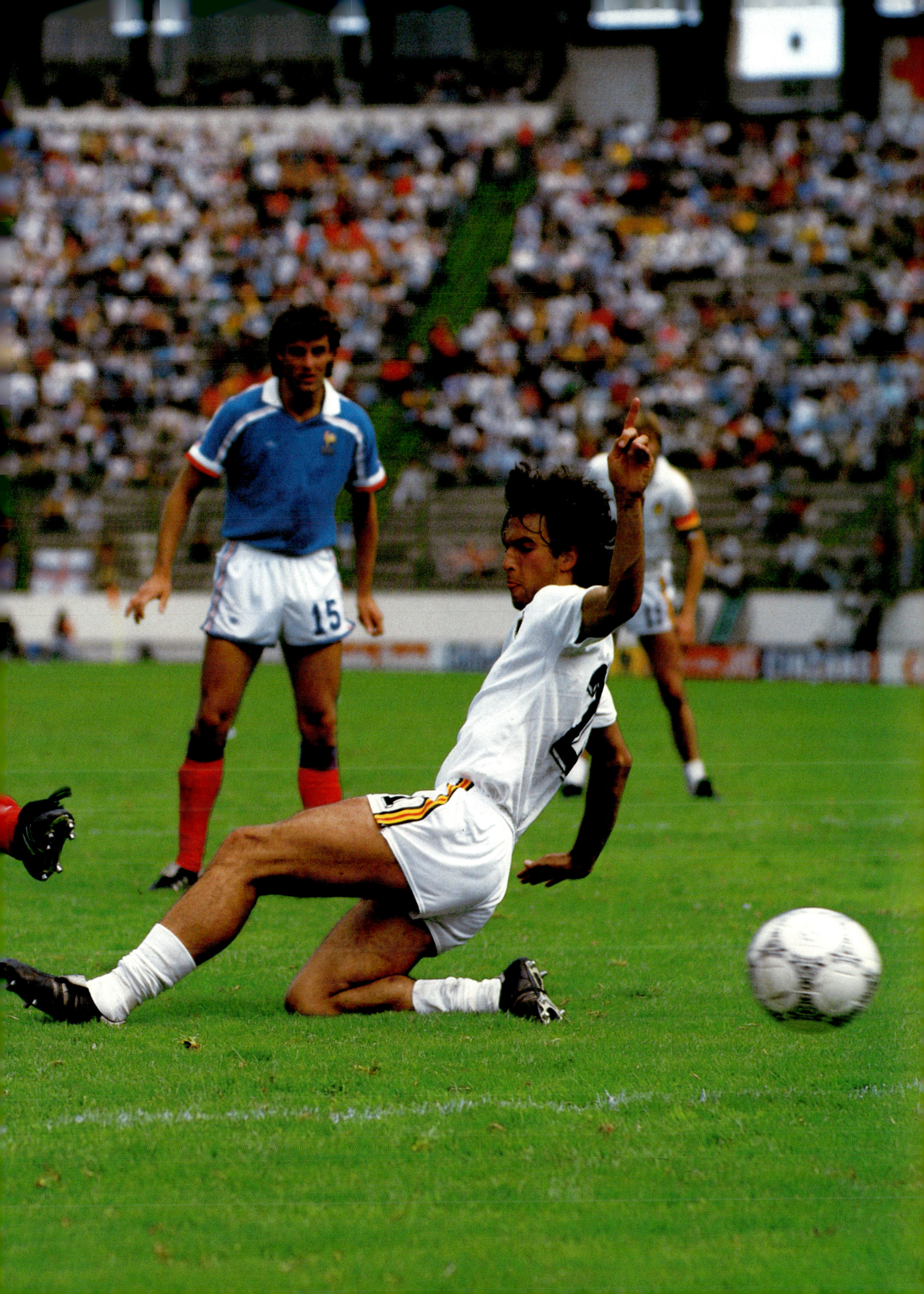

LAF

NALE

LE SACRE DE DIEGO

Les équipes posent avant la finale, sur la pelouse du Stade Aztèque. Les Allemands sont au rendez-vous, mais pas les Français que l'on attendait. Déjà rentrés à Paris par le premier avion, ceux-là regarderont la finale à la Télévision, le cœur serré.

On ne passe pas ! Aucun moyen ne fut négligé par la défense allemande pour mettre Diego Maradona sous l'éteignoir ! Ce qui libéra d'autant ses équipiers... Ici, Maradona se heurte au mur que forment Förster et Schumacher.

On l'attendait, Diego, et tout Mexico s'était mis sur son trente-et-un pour célébrer Maradona. Car personne n'avait douté que cette finale du Mundial entre Argentine et Allemagne servirait la soupe à Diego, qu'elle lui offrirait la consécration suprême. Maradona le méritait bien, qui avait effectivement sauvé ce Mundial de la misère en répondant présent à tous ses rendez-vous, en l'éclaboussant de sa classe, en faisant rêver tout un univers. Il ne lui restait plus que cette dernière cérémonie de la finale pour se saisir lui-même de la couronne et la placer sur sa tête aux cheveux crépus. De toute façon, si deux équipes pouvaient être sacrées championnes du monde, un seul homme serait célébré comme le plus grand, Diego Maradona. Le sort de l'Argentine semblait dissocié de son aventure personnelle car il avait, lui, gagné, et depuis longtemps, ses galons de superstar internationale. Il avait bien mérité de la nation-football qui se cherchait un roi depuis longtemps, et qui l'avait enfin trouvé.
Aussi n'avions nous d'yeux que pour lui lorsque l'arbitre brésilien, M. Arppi-Filho, au visage sombre d'un criquet agité, donna le coup d'envoi de cette finale pour l'éternité. Il apparut très vite que Maradona n'était pas dans son assiette, qu'il n'avait pas son aisance habituelle. Erreur ! Nous avions été sots au point de ne croire qu'en ses gris-gris, qu'en ses arabesques, qu'en sa technique. Nous avions tout simplement oublié qu'il était le meilleur, un être doué d'intelligence, qui saurait le moment venu faire le sacrifice de sa personne pour se mettre au service de la collectivité et attirer les autres, ses adversaires, dans ce piège-là. C'était bien la marque des seigneurs, la marque du plus grand, l'héritage de Pelé. Car, ce 29 juin, Maradona avait bel et bien rejoint Pelé.
C'est ici, déjà au stade Aztèque de Mexico, que Pelé avait couronné une somptueuse carrière. C'était il y a seize ans. Depuis, on attendait celui qui lui succéderait. On guettait, on vivait dans l'attente de ce nouveau roi. On se laissa emporter parfois en considérant le talent de Cruyff, la classe de Beckenbauer, le rayonnement de Platini, la subtilité de Zico, pressé que l'on était de trouver un souverain nouveau. Mais tous ceux-là ne purent jamais atteindre à la dimension du dieu Pelé. Joueurs d'exception sans doute, ils ne furent pas en mesure pourtant de marcher sur les traces du plus grand. Tous, sauf Mara-

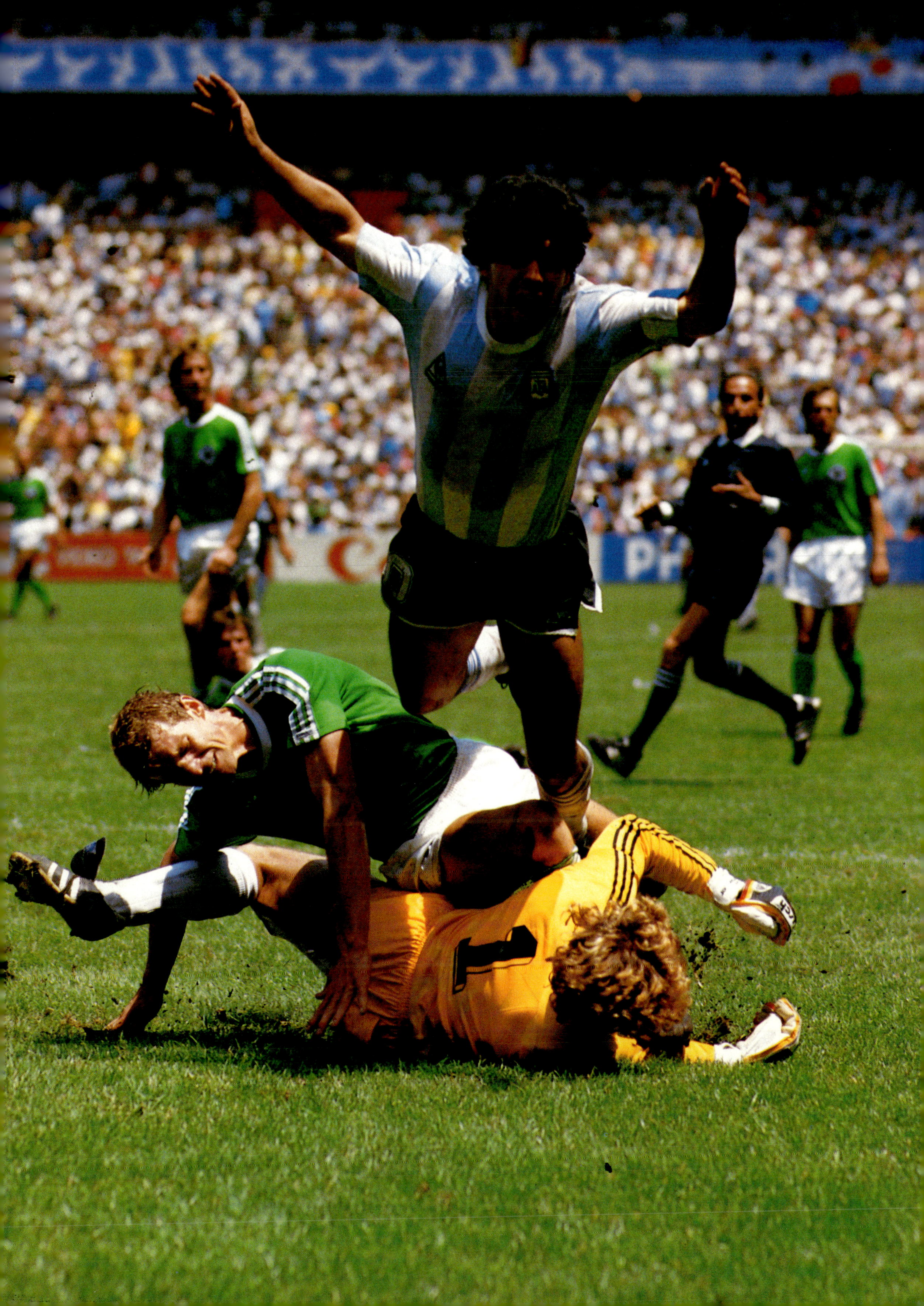

dona !
Diego Maradona, le petit prodige argentin, réussit dans ce Mundial mexicain à hisser ses 166 centimètres au niveau de Pelé. Il est tout à fait symbolique que ce télescopage de deux destinées soit intervenu dans le même cadre du stade Aztèque, pour une consécration de légende. Une différence pourtant : alors que cela put avoir valeur de couronnement pour Pelé, pour Maradona il s'agit plus sûrement du point de départ d'une carrière prodigieuse. À vingt-cinq ans, Maradona s'est hissé au niveau de Pelé en même temps qu'il exerça un véritable envoûtement sur les témoins de ses exploits. C'était bien cela, la magie de Pelé, et ce fut cela aussi, le charisme de Maradona, capable de soulever l'enthousiasme des foules, de les subjuguer, de les suspendre à l'enchaînement de ses dribbles jusqu'à l'explosion finale, une sorte de jouissance orgasmique. Ce furent là des secondes d'éternité partagées par toute la nation-football. Maradona super-star au rendez-vous de la gloire, pour être sacré meilleur joueur du monde dans le sillage d'un Pelé que l'on n'a pas commencé d'oublier, mais que l'on peut désormais comparer. Car, au Mexique, Maradona c'était bien Pelé, à moins qu'il y ait eu du Maradona dans Pelé. De toute façon, leurs deux trajectoires s'étaient désormais rejointes.

Ainsi que Pelé tissait sa toile, Maradona dessina le canevas parfait de cette finale. Il se fit sobre et s'effaça en apparence. Mais il s'efforçait surtout de placer ses partenaires dans la position idéale pour prendre à revers la défense allemande. Du côté germanique, en effet, on ne le quittait pas d'un pouce. Un marquage « à la culotte ». D'ailleurs, Maradona avait annoncé lui même la couleur. « Si Matthaus me marque de près, l'Allemagne aura perdu ce match car elle n'aura plus l'usage de son moteur principal dans le domaine offensif. » Effectivement Lothar Matthaus se transforma d'emblée en un chien de berger vigilant et Maradona sembla s'assoupir. Pas de slaloms étourdissants, pas de percées héroïques, il se contentait de retenir autour de lui deux ou trois gardes allemandes aussi méfiants que s'ils veillaient sur les joyaux de la couronne. Pendant ce temps, les petits camarades de Diego pouvaient se permettre quelques tours de passe-passe.

Jorge-Luis Brown, par exemple, défenseur central intraitable, tren-

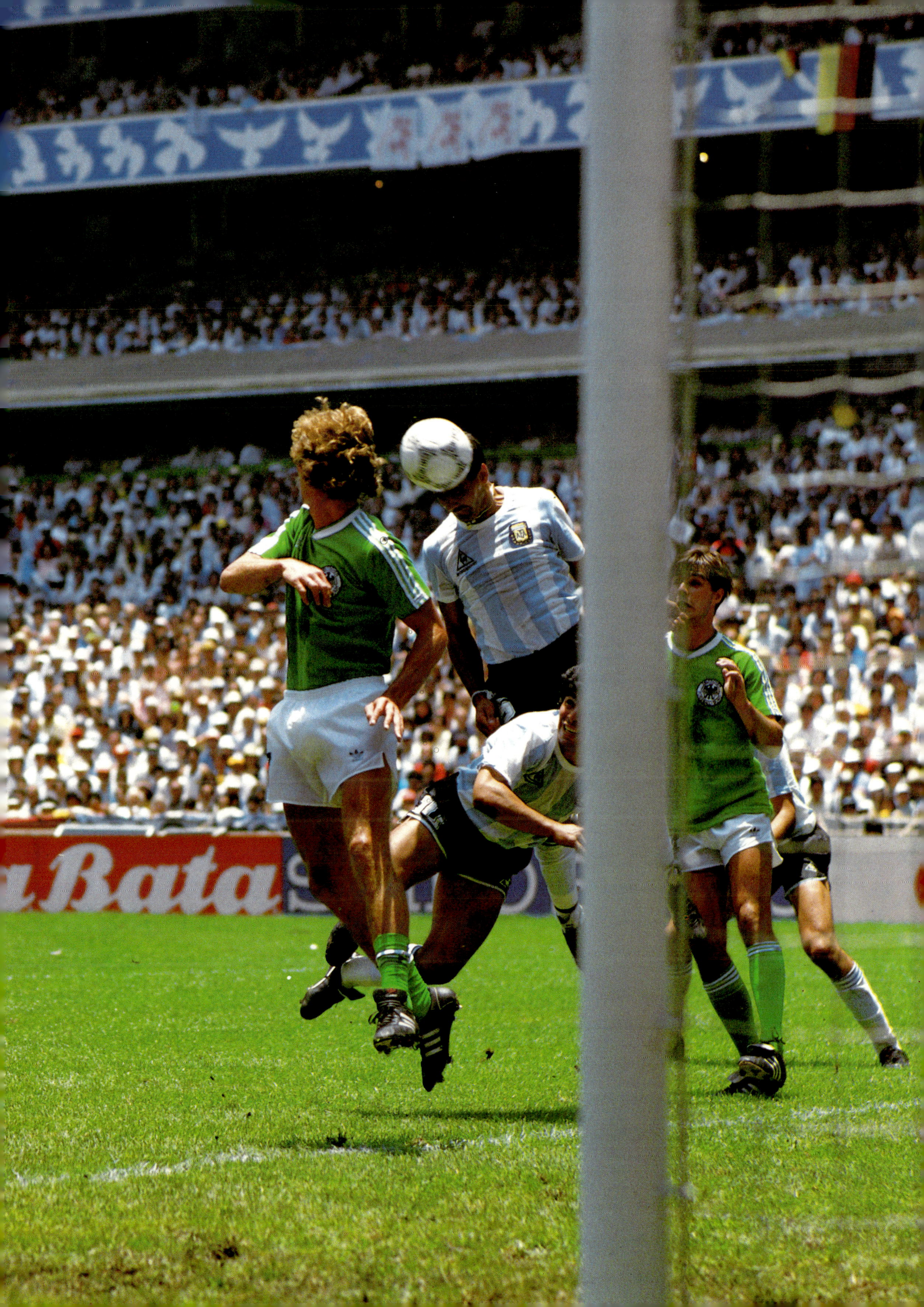
Bata

tenaire expérimenté, tenta ainsi quelques raids sur le front de l'attaque, qu'il ne se serait jamais autorisés en temps ordinaire. Mais il avait le quitus de Maradona et, devant lui, la voie était ouverte. Alors, pas étonnant qu'il se soit trouvé là, à la 22e minute, pour reprendre de la tête un coup franc tiré par Burruchaga. C'était le premier but argentin, un but de défenseur, mais le but qui débroussaillait le chemin de la victoire. Et Maradona riait sous cape ! Décidément, il les tournait tous en bourriques, ces pauvres Allemands. Même Harald Schumacher, la tête ailleurs sans doute, qui avait complètement raté l'interception de cette passe aérienne. L'effet Maradona, c'était aussi cela.

A première vue, donc, Maradona n'avait pas son rayonnement habituel ; mais en disséquant le style et la tactique de l'équipe argentine, on pouvait mesurer alors toute la puissance de son intelligence de jeu. Matthaus s'usa les nerfs et la santé dans cette chasse sans espoir face à un gibier qui se jouait de son acharnement. Ainsi accepta-t-il de se torpiller sur le plan offensif, privant l'attaque allemande d'un de ses principaux approvisionneurs. C'était encore l'effet Maradona.

Et toujours l'effet Maradona sur le second but sud-américain, celui de Valdano. On approchait de l'heure de jeu, quand Enrique déclencha l'offensive pour l'attaquant du Real. Comme toujours, instinctivement, celui-ci chercha à s'appuyer sur Maradona. Diego se « contentait » d'occuper trois garde-

Double page précédente: Une sortie hasardeuse de Harald Schumacher allait amorcer à la 23e minute le triomphe des Argentins. Parfait jusque-là, le gardien allemand s'avéra exagérément nerveux et fébrile durant la finale. Le libero argentin José-Luis Brown ne laisse pas passer pareille occasion: de la tête, il inscrit ici le premier but de son équipe.

Valdano ayant porté l'avance de l'Argentine à 2–0 à la 56e minute, on crut la finale terminée. Mais l'intérêt du match rebondit de manière inattendue lorsque Rummenigge, en embuscade sur un corner allemand, ramena le score à 1–2 (ci-contre).

La bataille fut incessante en deuxième mi-temps sur les deux buts. A gauche en haut, Jakobs dégage acrobatiquement devant Valdano, cependant que Rummenigge (à droite) tente vainement sa chance de la tête.

chiourmes dans un petit carré de terrain. Jorge Valdano se rendit compte alors qu'il pouvait avoir confiance en ses propres moyens, et ne se posa plus de questions à l'instant d'expédier le ballon dans les buts de Schumacher.

2 à 0 alors, et on ne sentait pas l'équipe de Beckenbauer capable de renverser la vapeur. Elle ne pesait pas suffisamment sur le match pour pouvoir refaire surface. On se trompait dans la mesure où les Argentins, préoccupés essentiellement de préserver leur avantage, firent quelques concessions à leurs adversaires. Les Allemands, qui ne passent pas pour des rêveurs, se rendirent compte très vite du profit qu'ils pourraient tirer de cette nouvelle situation. Et coup sur coup, en l'es-

pace de huit minutes, Rummenigge, en embuscade, et Voeller, à l'affût, frappèrent deux fois sur deux corners bien tirés pour remettre les deux équipes à égalité. Il restait alors moins de dix minutes à jouer. Le final de cette finale promettait d'être aussi palpitant que l'avait été toute la seconde mi-temps.

Et Maradona dans tout ça ? Nous l'avions un peu perdu de vue à force de poser notre regard sur l'agitation des autres. Eh bien, nous étions naïfs ou tout simplement abusés par le choc des images. Maradona travaillait dans l'ombre, comme toujours depuis le début de cette finale. A la 85e minute pourtant, à cinq minutes du sacre, à cinq minutes seulement de la consécration suprême, qui donc se trouva là pour lancer Jorge Burruchaga en profondeur ? Mais Maradona, bien sûr. Burruchaga, l'ami d'enfance, le besogneux, l'opiniâtre, venait d'être lancé vers la lumière par le génie de Diego. Pour une fois, les rôles étaient inversés. Maradona avait accepté de porter l'eau des Valdano, des Enrique, des Burruchaga... de tous les autres. A cinq minutes de la fin, donc, Burruchaga résista au retour de Briegel, le colosse, avant de devancer la sortie, un peu tardive, de Schumacher.

Le géant allemand venait de prendre sa troisième balle en plein cœur. Maintenant, il ne s'en remettrait plus.

L'Argentine obtenait son deuxième titre de Champion du Monde, huit ans après avoir été sacrée une première fois chez elle à Buenos Aires. Mais cette fois, son triomphe ne souffrait aucune contestation. Il était l'expression de la plus grande

Menace de l'Argentine devant le but allemand. Schumacher intervient, cependant que Förster est impuissant face à Enrique.

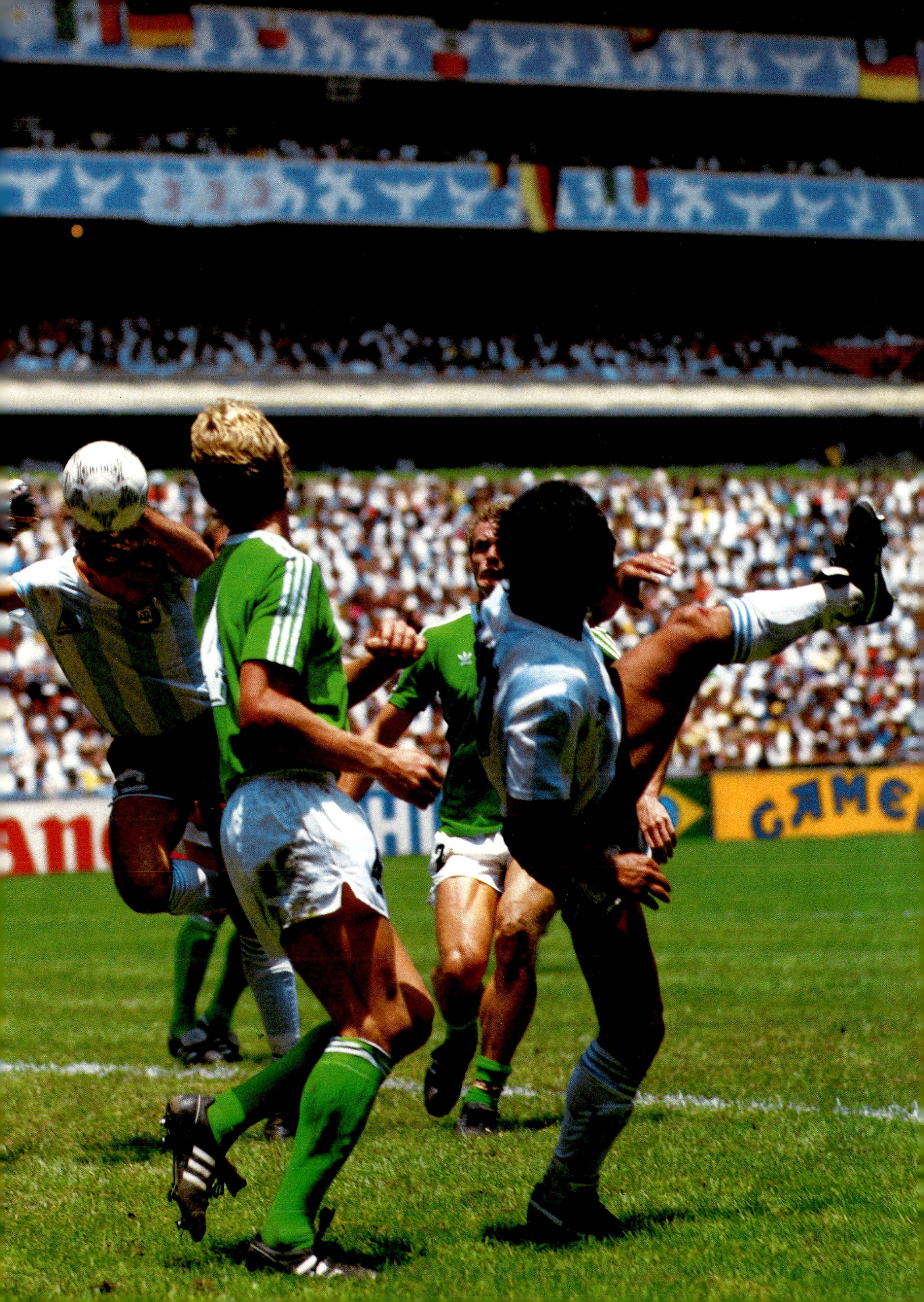
GAME

maturité, de la meilleure organisation (notamment sur le plan défensif), de la technique, mais aussi du talent. L'Argentine de Bilardo n'a rien à envier à celle de Menotti. Au contraire, elle paraît encore plus souveraine avec un Maradona au sommet de son art, meilleur joueur du Mundial mais aussi meilleur footballeur du monde. En finale, les Allemands ne pensaient qu'à lui et ses partenaires purent sortir de l'ombre pour jouer le match de leur vie, celui qu'il ne fallait pas perdre. Chapeau ! Car l'Allemagne, à Mexico, n'était peut-être pas géniale, mais elle était féroce, comme avant, comme toujours. L'Argentine championne du monde c'était le triomphe de la technique et du talent. Avec Maradona, c'était encore l'imagination au pouvoir !

Lorsque Völler eut égalisé à huit minutes de la fin, reprenant come Rummenigge avant lui un corner excellemment tiré, les Allemands se mirent à croire au miracle. Maradona, alors, offrit une balle en or à Burruchaga, qui inflige (ci-dessus) sa troisième défaite de la journée à Schumacher. Briegel arrive trop tard pour intervenir. Jakobs (ci-dessous) se désespère et Schumacher, les mains sur les hanches, essaie de comprendre pourquoi il a raté sa deuxième finale.

Armando Diego Maradona, 25 ans, 1 m.66, vient de recevoir le trophée en or massif. Ses camarades le portent en triomphe, la foule l'acclame, deux milliards de téléspectateurs ne jurent plus que par lui. Il a été la « superstar » du Mundial, le véritable successeur de Pelé. Le Brésilien avait connu sa consécration sur le même stade seize ans plus tôt, mais il était alors proche du terme de sa carrière. Maradona, lui, n'est qu'à mi-chemin de la sienne : on le reverra en Italie, lors de la Coupe du Monde de 1990.

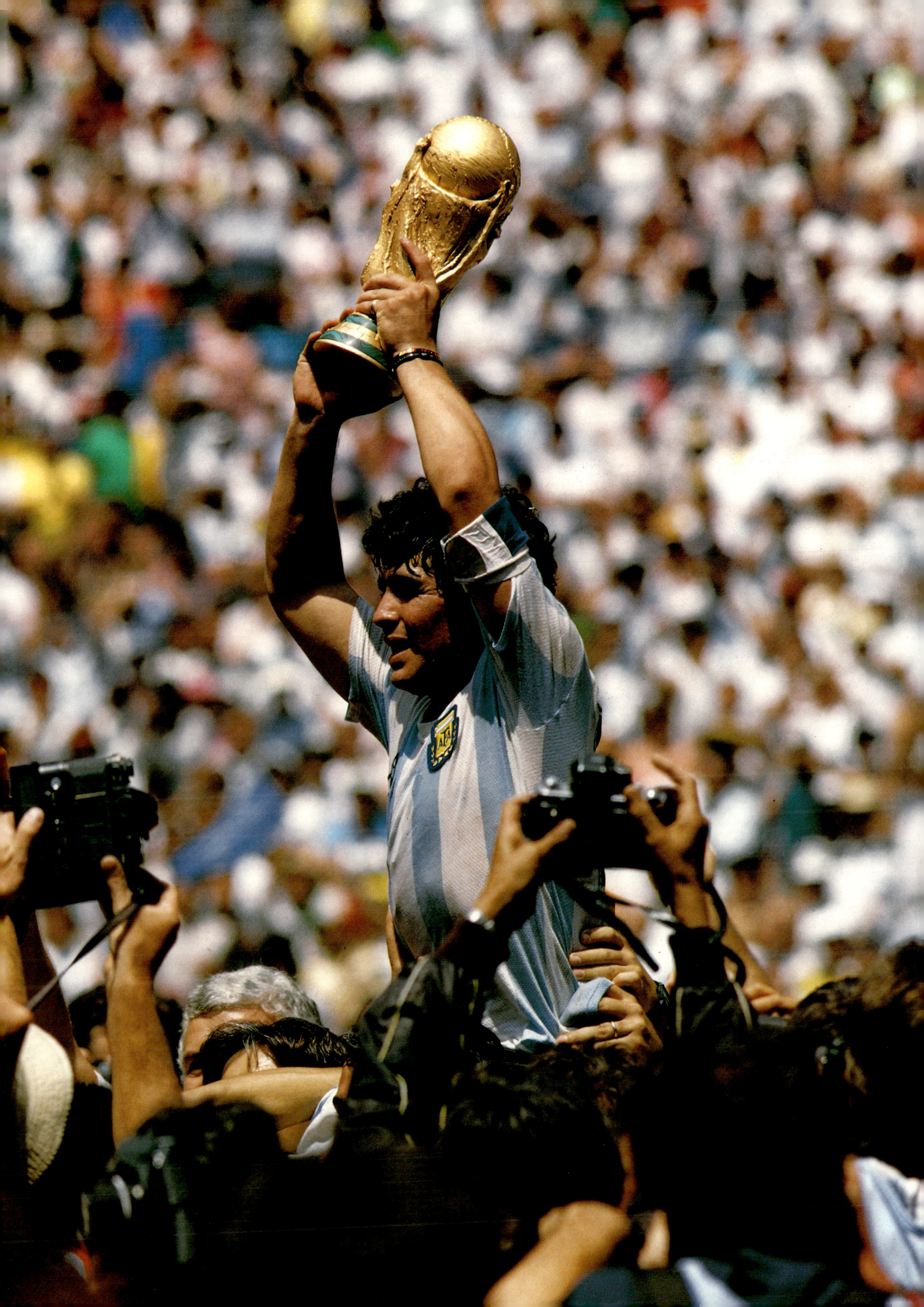

LES MATCHES DU PREMIER TOUR

Groupe A

Le 31 mai à Mexico (Stade Aztèque)

ITALIE et BULGARIE : 1-1 (1-0).
Temps gris et lourd. Terrain friable. Arb. : M. Friedriksson (Suède). 100 000 spectateurs. Buts : Altobelli (43e) pour l'Italie ; Sirakov (85e) pour la Bulgarie. Avertissements : Cabrini (47e), Markov (50e) et Sicrea (64e).

ITALIE : Galli – Bergomi, Vierchowod, Scirea (cap.), Cabrini – Bagni, De Napoli, Di Gennaro – Conti (puis Vialli, 65e), Galderisi, Altobelli. **Entr. : Bearzot.**
BULGARIE : Mikhaliov – Zdravkov, Dimitrov (cap.), Arabov, A. Markov – Sadkov, Sirakov, Guetov, Gospodinov (puis Jeliaskov, 74e) – Izkrenov (puis Kostadinov, 65e), Mladenov. **Entr. : Voutsov.**

Le 2 juin à Mexico (Stade olympique)

ARGENTINE b. CORÉE DU SUD : 3-1 (2-0).
Bon terrain. 50 000 spect. Arb. : M. Sanchez Arminio (Espagne). Buts : Valdano (6e et 48e), Ruggeri (18e) pour l'Argentine ; Park Chang-sun (73e) pour la Corée du Sud. Avertissements : Huh Jung-moo (44e) et Park Chang-sun (49e).

ARGENTINE : Pumpido – Clausen, Ruggeri, Brown, Garre – Glusti, Batista (puis Olarticoechea, 76e), Burruchaga, Maradona (cap.) – Pasculli, Valdano. **Entr. : Bilardo.**
CORÉE DU SUD : Oh Yun-kyo – Park Kyunghoon, Jung Yong-hwan, Cho Min-kook, Huh Jung-moo – Kim Pyung-suk (puis Cho Kwang-rae, 23e), Park Chang-sun (cap.), Kim Yong se (puis Byun Byung-joo, 46e), Kim Joo-sung – Cha Bum-kun, Chol Soon-ho. **Entr. : Kim Jung-nam.**

Le 5 juin à Puebla

ITALIE et ARGENTINE : 1-1 (1-1).
Température agréable. Bon terrain. 40 000 spectateurs. Arb. : M. Keiser (Pays-Bas). Buts : Altobelli (7e sur penalty) pour l'Italie, Maradona (34e) pour l'Argentine. Avertissements : Bergomi (54e) pour l'Italie, Glusti (58e) et Garre (65e) pour l'Argentine.

ITALIE : Galli – Bergomi, Vierchowod, Scirea (cap.), Cabrini – Bagni, Conti (puis Vialli, 84e), De Napoli (puis Baresi, 87e), Di Gennaro – Galderisi, Altobelli. **Entr. : Bearzot.**
ARGENTINE : Pumpido – Cucciuffo, Ruggeri, Brown, Garre – Glusti, Batista (puis Olarticoechea, 59e), Burruchaga, Maradona (cap.) – Borghi (puis Enrique, 74e), Valdano. **Entr. : Bilardo.**

Le 5 juin à Mexico (Stade olympique)

BULGARIE et CORÉE DU SUD : 1-1 (1-0).
Pluie battante pendant tout le match. Eclairage après une demi-heure de jeu. Pelouse marécageuse. 40 000 spectateurs. Arb. : M. Al Shanar (Arabie Saoudite). Buts : Guetov (11e) pour la Bulgarie ; Kim Jongboo (69e) pour la Corée du Sud. Avertissements : Cho Young-jeung (60e), Kim Joo-sung (30e) pour la Corée du Sud ; Gospodinov (48e) pour la Bulgarie.

BULGARIE : Mikhaliov – Zdravkov, Dimitrov (cap.), Arabov, Petrov – Sirakov, Sadkov, Gospodinov, Guetov (puis Jeliazkov, 57e) – Iskrenov (puis Kostadinov, 46e), Mladenov. **Entr. : Voutsov.**
CORÉE DU SUD : Oh Yun-kyo – Park Kyunghoon, Chung Jung-soo, Cho Youn-jeung, Jung Yong-hwan – Cho Kwang-rae (puis Cho Min-kook, 72e), No Soo-jin (puis Kim Jong-boo, 46e), Park Chang-sun – Byun Byung-joo, Kim Joo-sung – Cha Boumkun (cap.). **Entr. : Kim Jung-nam.**

Le 10 juin à Mexico (Stade olympique)

ARGENTINE b. BULGARIE : 2-0 (1-0).
Ciel brumeux. Chaleur normale. Arb. : M. Berny Ullov (Costa Rica). 60 000 spect. Buts : Valdano (3e), Burruchaga (77e). Avertissement à Cuccioffo (26e).

ARGENTINE : Pumpido – Cucciuffo, Ruggeri, Brown, Garre – Batista (puis Olarticoechea, 46e), Glusti, Burruchaga, Maradona (cap.) – Borghi (puis Enrique, 46e), Valdano. **Entr. : Bilardo.**
BULGARIE : Mikhaliov – Sirakov (puis Vdravkov, 70e), Dimitrov (cap.), Jeliazkov, A. Markov – Sadkov, Yordanov, Petrov, P. Markov – Mladenov (puis Velitchkov, 52e), Guetov. **Entr. : Voutsov.**

Le 10 juin à Puebla

ITALIE b. CORÉE DU SUD : 3-2 (1-0).
Temps doux. Bon terrain. Arb. : M. Sacha (E.U.). 10 000 spectateurs. Buts : Altobelli (17e, 73e), Cho Kwang-rae, csc 83e), pour l'Italie ; Chol Soon-ho (62e), Huh Jung-moo (89e) pour la Corée du Sud. Avertissements : Kim Joo-sung (18e), Bagni (32e), Park Kyung-hoon (35e), Scirea (55e), Vierchowod (70e), Chung Jong-soo (74e).

ITALIE : Galli – Collovati, Vierchowod, Scirea (cap.), Cabrini – Bagni (puis Baresi, 67e), Conti, De Napoli, Di Gennaro – Galderisi (puis Vialli, 87e), Altobelli. **Entr. : Bearzot.**
CORÉE DU SUD : Oh Yun-kyo – Park Kyunghoon, Jung Yong-hwan, Cho Young-jeung, Huh Jung-moo (puis Kim Jong-boo, 74e) – Cho Kwang-rae, Kim Joo-sung (puis Chung Jong-soo, 46e), Byun Byung-joo, Park Chang-sun – Chol Soon-ho, Cha Bum-kun (cap.). **Entr. : Kim Jung-nam.**

CLASSEMENT

	Pts	J	G	N	P	p.	c.
1. **ARGENTINE**	5	3	2	1	0	6	2
2 ITALIE	4	3	1	2	0	5	4
3 Bulgarie	2	3	0	2	1	2	4
4 Corée du Sud	1	3	0	1	2	4	7

ARGENTINE ET ITALIE QUALIFÉES

Groupe B

Le 3 juin à Mexico (Stade Aztèque)

MEXIQUE b. BELGIQUE : 2-1 (2-1).
Temps agréable, pelouse grasse et en assez bon état. 100 000 spectateurs. Arb. : M. Esposito (Argentine). Buts : Quirarte (24e), Sanchez (37e) pour le Mexique ; Vandenbergh (44e) pour la Belgique. Avertissements : Sanchez (25e) et Munoz (85e) pour le Mexique. Van der Elst (57e) pour la Belgique.

MEXIQUE : Larios – Trejo, Quirarte, Cruz, Servin – Munoz, Aguirre, Negrete, Boy (cap.) (puis Espana, 70e) – Sanchez, Flores (puis Abuelo Cruz, 80e). **Entr. : Milutinovic.**
BELGIQUE : Pfaff – Gerets (cap.), Van der Elst, Broos, DeWolf – Scifo, Vandereycken, Ceulemans, Vercauteren – Vandenbergh (puis Demo 65e), Desmet (puis Claessen, 60e). **Entr. : Thys.**

Le 4 juin à Toluca

PARAGUAY b. IRAK : 1-0 (1-0).
Température fraîche. Temps nuageux. Terrain en bon état. 12 000 spectateurs. Arb. : M. Picon (Ile Maurice). But : Romero (36e). Avertissement à Samir (30e).

PARAGUAY : Fernandez – Torales, Zabala, Delgado, Schettina – Nunez, Romero (cap.), Canete – Ferreira, Cabanas, Mendoza (puis Guasch, 68e). **Entr. : Ré.**
IRAK : Raad (cap.) – Khalli, Samir, Nadum, Ghanlm – Haris (puis Sadam, 68e), Basil (puis Kassim, 81e), Natik, All Hussein – Hussein Saïd, Ahmed. **Entr. : Evaristo.**

Le 7 juin à Mexico (Stade Aztèque)

MEXIQUE et PARAGUAY : 1-1 (1-0)
Temps chaud et ensoleillé. Terrain spongieux. 110 000 spectateurs. Arb. : M. Courtney (Angleterre). Buts : Florès (2e) pour le Mexique ; Romero (84e) pour le Paraguay. Avertissements : aux Paraguyens Mendoza (5e), Schettina (29e) ; aux Mexicains Negrete (26e), Trejo (48e), Sanchez (75e).

MEXIQUE : Larios – Trejo, Quirarte, Cruz Barbosa, Servin – Munoz, Aguirre, Negrete, Boy (cap.) (puis Espana, 58e) – Sanchez, Flores (puis Abuelo Cruz, 75e). **Entr. : Milutinovic.**
PARAGUAY : Fernandez – Torales (puis Hicks, 79e), Zavala, Delgado (cap.), Schettina – Nunez, Romero, Canete Mendoza (puis Guasch, 61e) – Ferreira, Cabanas. **Entr. : Ré.**

Groupe C

Le 8 juin à Toluca

BELGIQUE b. IRAK : 2-1 (2-0).
Temps frais, pelouse en bon état. 10 000 spectateurs. Arb. : M. Palacio (Colombie). Buts : Scifo (16e), Claessen (20e sur penalty) pour la Belgique ; Ahmed (57e) pour l'Irak. Avertissements : Raad (20e), Nadum (30e), Haris (42e), Samir (49e), Natik (66e) pour l'Irak. Expulsion de Basil (Irak) (51e).

IRAK : Raad (cap.) - Khalli, Nadum, Samir, Ghanim - Haris, All-Hussein, Basil, Natik - Ahmed, Karen-Sadam (puis Rahim, 83e). **Entr. : Evaristo.**
BELGIQUE : Pfaff - Gerets (cap.), Demol (puis Grun, 68e), Van der Elst, DeWolf - Scifo (puis Clijsters 68e), Vandereycken, Vercauteren, Ceulemans - Claessen, Desmet. **Entr. : Thys.**

Le 11 juin à Toluca

BELGIQUE et PARAGUAY : 2-2 (1-0).
Temps frais. Vent fort. Bonne pelouse. Arb. : M. Dotschev (Bulgarie). 16 000 spectateurs. Buts : Vercauteren (30e) et Veyt (59e) pour la Belgique ; Cabanas (50e, 76e) pour le Paraguay. Avertissements : Ceulemans (54e) pour la Belgique et Romero (54e) pour le Paraguay.

BELGIQUE : Pfaff - Grun (puis Van der Elst, 89e), Broos, Renquin, Vervoort - De Mol, Scifo, Ceulemans, Vercauteren - Veyt, Claessen. **Entr. : Thys.**
PARAGUAY : Fernandez - Torales, Zavala, Delgado (cap.), Guasch - Nunez, Ferreira, Romero, Canete - Cabanas, Mendoza (puis Hicks, 68e). **Entr. : Ré.**

Le 11 juin à Mexico (Stade Artèque)

MEXIQUE b. IRAK : 1-0 (0-0).
Temps frais et couvert. Pelouse en bon état. Arb. : M. Petrovic (Yougoslavie). 18 000 spect. But : Quirarte (54e). Avertissements : Natik (30e), Khalil (73e).

MEXIQUE : Larios - Amador (puis Dominguez, 62e), Quirarte, Barbosa Cruz, Servin - De Los Cobos (puis Abuelo Cruz, 78e), Espana, Negrete, Boy (cap.) - Aguirre, Flores. **Entr. : Milutinovic.**
IRAK : Fatah - Khalli, Maad, Nadum, Ghanim - All-Hussein, Basil, Natik (puis Abdul, 60e), Ainid (puis Shaker, 68e) - Karen-Sadam, Ahmed. **Entr. : Evaristo.**

CLASSEMENT

	Pts	J	G	N	P	p.	c.
1. **MEXIQUE**	5	3	2	1	0	4	2
2 PARAGUAY	4	3	1	2	0	4	3
3 BELGIQUE	3	3	1	1	1	5	5
4 IRAK	0	3	0	0	3	1	4

MEXIQUE, PARAGUAY et BELGIQUE QUALIFIÉS

Le 1er juin à Léon

FRANCE b. CANADA : 1-0 (0-0).
Temps lourd. Pelouse souple. Arbitrage de M. Hernan Silva Arce (Chili). 20 000 spect. But : Papin (80e).

FRANCE : Bats - Amoros, Battiston, Bossis, Tusseau - Fernandez, Tigana, Giresse, Platini (cap.) - Rocheteau (puis Stopyra, 71e), Papin. **Entr. : Michel.**
CANADA : Dolan - Lenarduzzi, Samuels, Bridge, Wilson (cap.) - Ragan, James, Norman, Sweeney (puis Lowery, 55e) - Valentine, Vrablic. **Entr. : Walters.**

Le 2 juin à Irapuato

URSS b. HONGRIE : 6-0 (3-0).
Pelouse bosselée. Température estivale. 15 000 spectateurs. Arb. : M. Agnolin (Italie). Buts : Yakovenko (2e), Aleinikov (4e), Belanov (24e sur penalty), Yaremtchouk (66e), Dajka (75e, c.s.c.), Rodionov (80e).

URSS : Dassaev (cap.) - Bessonov, Kouznetsov, Larionov, Demianenko - Yaremtchouk, Yakovenko (puis Evtouchenko, 78e), Aleinilov, Rats - Zavarov, Belanov (puis Rodionov, 70e). **Entr. : Labanovski.**
HONGRIE : Disztl - Sallai, Roth (puis Burcsa, 13e), Kardos, Peter (puis Dajka, 62e) - Nagy (cap.), Bognar, Detari, Garaba - Kiprich, Esterhazy. **Entr. : Mezzey.**

Le 5 juin à Léon

FRANCE et URSS : 1-1 (0-0).
Beau temps chaud. Pelouse en bon état. Arb. : M. Arppi Filho (Brésil). 30 000 spect. Buts pour la France : Fernandez (62e) ; pour l'URSS : Rats (54e). Avertissements : Rats (30e), Belanov (34e), Fernandez (40e), Amoros (44e).

FRANCE : Bats - Ayache, Battiston, Bossis, Amoros - Fernandez, Tigana, Giresse (puis Vercruysse 83e), Platini (cap.) - Papin (puis Bellone 77e), Stopyra. **Entr. : Michel.**
URSS : Dassaev (cap.) - Larionov, Kouznetsov, Bessonov, Demianenko (cap.) - Rats, Yakovenko (puis Rodionov, 68e), Aleinikov, Yaremtchouk - Zavarov (puis Blokhine, 59e), Belanov. **Entr. : Labanovski.**

Le 6 juin à Irapuato

HONGRIE b. CANADA : 2-0 (1-0).
Temps chaud, léger vent, pelouse inégale. Arb. : M. Al Sharif (Syrie). 8 000 spectateurs. Buts : Esterhazy (2e), Detari (70e). Avertissements à Sweeney (52e), Lenarduzzi (83e). Expulsion : Sweeney (86e).

HONGRIE : Szendrei - Sallai, Kardos, Garaba, Vargas - Nagy (cap.) (puis Dajka, 63e), Bognar, Burcsa (puis Roth 29e), Detari - Esterhazy, Kiprich. **Entr. : Mezzey.**
CANADA : Lettieri - Lenarduzzi, Samuels, Bridge, Wilson (cap.) (puis Sweeney, 52e) - Ragan, Gray, James (puis Segota, 55e), Norman - Vrablic, Valentine. **Entr. : Walters.**

Le 9 juin à Léon

FRANCE b. HONGRIE : 3-0 (1-0).
Temps chaud (25°). Bon terrain légèrement lourd. 32 000 spectateurs. Arb. : M. Silva Valente (Portugal). Buts : Stopyra (30e), Tigana (63e), Rocheteau (84e). Avertissements : Ayache (42e), Rocheteau (68e).

FRANCE : Bats - Ayache, Battiston, Bossis, Amoros - Fernandez, Tigana, Giresse, Platini (cap.) - Stopyra (puis Ferreri, 71e), Papin (puis Rocheteau, 61e). **Entr. : Michel.**
HONGRIE : Disztl - Sallai, Roth, Kardos, Garaba (cap.) - Hannich, (puis Nagy, 46e), Dajka, Detari, Varga - Esterhazy, Kovacs (puis Bognar, 66e). **Entr. : Mezzey.**

Le 9 juin à Irapuato

URSS b. CANADA : 2-0 (0-0).
Temps chaud. Vent fort, pelouse inégale. Arb. : M. Traoré (Mali). 10 000 spectateurs. Buts : Blokhine (58e), Zavarov (75e).

URSS : Tchanov - Bal, Boubnov, Kouznetsov, Morozov - Aleinikov, Litovtchenko, Evtouchenko, Blokhine (puis Zavarov, 61e) - Protassov (puis Belanov, 57e), Radionov. **Entr. : Labanovski.**
CANADA : Lettieri - Lenarduzzi, Samuels, Bridge, Wilson (cap.) - Ragan, Gray (puis Pakos, 70e), James (puis Segota, 65e), Norman - Valentine, Mitchell. **Entr. : Walters.**

CLASSEMENT

	Pts	J	G	N	P	p.	c.
1. **URSS**	5	3	2	1	0	9	1
2 FRANCE	5	3	2	1	0	5	1
3 Hongrie	2	3	1	0	2	2	9
4 Canada	0	3	0	0	3	0	5

U.R.S.S. et FRANCE QUALIFIÉS

Groupe D

Le 1er juin à Guadalajara

BRESIL b. ESPAGNE : 1-0 (0-0).
Canicule. Bonne pelouse. 60 000 spectateurs. Arb. : M. Bambridge (Australie). But : Socratès (60e). Avertissements à Julio Alberto (3e) pour l'Espagne, Branco (87e) pour le Brésil.

BRESIL : Carlos – Edson, Edinho (cap.), Julio Cesar, Branco – Elzo, Alemao, Junior (puis Falcao, 80e), Socratès – Careca, Casagrande (puis Muller, 67e). **Entr. : Santana.**
ESPAGNE : Zubizarreta – Tomas, Goicoetchea, Maceda, Julio Alberto – Camacho (cap.), Francisco (puis Senor, 81e), Michel, Victor – Salinas, Butragueno. **Entr. : Munoz.**

Le 3 juin à Guadalajara

IRLANDE DU NORD et ALGERIE : 1-1 (0-0).
Temps très chaud. Terrain excellent. Arb. : M. Butenko (U.R.S.S.). 22 000 spectateurs. Buts pour l'Irlande du Nors : Whiteside (79e) ; pour l'Algérie : Zidane (59e). Avertissements : Mansouri (37e) pour l'Algérie ; Hamilton (57e), McIlroy (77e), Whiteside (79e) pour l'Irlande du Nord.

IRLANDE DU NORD : Jennings – Nicholl, O'Nell, McDonald, Donaghy – McCreery, McIlroy (cap.), Worthington, Penney (puis Stewart, 67e) – Whiteside (puis Clarke, 81e), Hamilton. **Entr. : Bingham.**
ALGERIE : Larbi – Liégeon, Kourichi, Guendouz (cap.), Mansouri – Kaci Saïd, Ben Mabrouck, Zidane (puis Belloumi, 72e), Maroc – Assad, Madjer (puis Harkouk, 33e). **Entr. : Saadane.**

Le 6 juin à Guadalajara

BRESIL b. ALGERIE : 1-0 (0-0).
Temps chaud. Bonne pelouse. Arb. : M. Mendez (Guatemala). 40 000 spectateurs. But : Careca (66e).

BRESIL : Carlos – Edson (puis Falcao, 11e), Julio Cesar, Edinho (cap.), Branco – Alemao, Elzo, Junior, Socrates – Casagrande (puis Muller, 60e), Careca. **Entr. : Santana.**
ALGERIE : Drid – Liégeon, Megharia, Guendouz (cap.), Mansouri – Kaci Saïd, Ben Mabrouck, Belloumi (puis Zidane, 79e), Assad (puis Bensaoula, 87e) – Menad, Madjer. **Entr. : Saadane.**

Le 7 juin à Guadalajara

ESPAGNE b. IRLANDE DU NORD : 2-1 (1-0).
Temps très lourd. Bonne pelouse. Arb. : M. Brumeler (Autriche). 25 000 spectateurs. Buts pour l'Espagne : Butragueno (1e), Salinas (19e) ; pour l'Irlande du Nord : Clarke (47e). Avertissements à Victor (55e) pour l'Espagne, Hamilton (86e) pour l'Irlande du Nord.

ESPAGNE : Zubizarreta – Tomas, Goicoetchea, Gallego, Camacho (cap.) – Michel, Francisco, Victor, Gordillo (puis Caldere, 53e) – Butragueno, Salinas (puis Senor, 78e). **Entr. : Munoz.**
IRLANDE DU NORD : Jennings – Nicholl, McDonald, O'Neill, Donaghy – McCreery, McIlroy (cap.), Worthington (puis Hamilton, 70e), Penney (puis Stewart, 53e) – Clarke, Whiteside. **Entr. : Bingham.**

Le 12 juin à Guadalajara

BRESIL b. IRLANDE DU NORD : 3-0 (2-0).
Temps chaud et couvert. Bonne pelouse. Arb. : M. Kirschen (RDA). 40 000 spectateurs. Buts : Careca (15e, 87e), Josimar (42e). Avertissement à Donaghy (13e).

BRESIL : Carlos – Josimar, Julio Cesar, Edinho (cap.), Branco – Alemao, Elzo, Junior, Socrates (puis Zico, 68e) – Careca, Muller (puis Casagrande, 27e). **Entr. : Santana.**
IRLANDE DU NORD : Jennings – Nicholl, O'Neill, McDonald, Donaghy – McCreery, McIlroy (cap.), Campbell (puis Armstrong, 71e), Whiteside (puis Hamilton, 68e) – Clarke, Stewart. **Entr. : Bingham.**

Le 12 juin à Monterrey

ESPAGNE b. ALGERIE : 3-0 (0-0).
Temps lourd. Terrain inégal. Arb. : M. Takada (Japon). 15 000 spectateurs. Buts : Caldere (15e, 68e), Eloy (70e). Avertissements : Madjer (30e) pour l'Algérie ; Goicoetchea (89e) pour l'Espagne.

ESPAGNE : Zubizarreta – Tomas, Goicoetchea, Gallego, Camacho (cap.) – Michel (puis Senor, 63e), Francisco, Caldere, Victor – Salinas, Butragueno (puis Eloy, 46e). **Entr. : Munoz.**
ALGERIE : Drid (puis El Hadi, 18e) – Megharia, Kourichi, Guendouz (cap.), Mansouri – Kaci Saïd, Maroc, Zidane (puis Menad, 58e), Belloumi – Madjer, Harkouk. **Entr. : Saadane.**

CLASSEMENT

	Pts	J	G	N	P	p.	c.
1. BRESIL	6	3	3	0	0	5	0
2 ESPAGNE	4	3	2	0	1	5	2
3 Irlande du Nord	1	3	0	1	2	2	6
4 Algérie	1	3	0	1	2	1	5

BRÉSIL et ESPAGNE QUALIFÉS

Groupe E

Le 4 juin à Queretaro

URUGUAY et R.F.A. : 1-1 (1-0)
Temps très chaud. Pelouse moyenne. 20 000 spectateurs. Arb. : M. Christov (Bulgarie). Buts : Alzamendi (4e) pour l'Uruguay ; Allofs (84e) pour la RFA. Avertissements à Dlogo (28e) et Saralegui (60e) pour l'Uruguay.

R.F.A : Schumacher (cap.) – Eder, Förster, Augenthaler – Berthold, Matthaus (puis Rummenigge, 69e), Brehme (puis Littbarski, 46e), Magath, Briegel – Völler, Allofs. **Entr. : Beckenbauer.**
URUGUAY : Alvez – Dlogo, Acevedo, Gutierrez, Batista – Bosslo, Barrios (cap.) (puis Saralegui, 56e), Santin, Francescoli – Alzamendi (puis Ramos, 81e), Da Silva. **Entr. : Borras.**

Le 4 juin à Nezahualcoyotl

DANEMARK b. ECOSSE : 1-0 (0-0).
Température douce. Petit vent. Pelouse souple. Arb. : M. Nemeth. 22 000 spectateurs. But : Elkjaer-Larsen (66e). Avertissement : Berggreen (83e).

DANEMARK : Rasmussen – Busk, M. Olsen, Nielsen – Berggreen, Bertelsen, Lerby, Arnesen (puis Slvebaek, 74e), J. Olsen (puis Moelby, 79e) – Elkjaer-Larsen, Laudrup. **Entr. : Piontek.**
ECOSSE : Leighton – Gough, McLeish, Miller, Malpas – Sounesse, Aitken, Strachan (puis Bannon, 74e), Nicol – Nicholas, Sturrock (puis McAvenie, 61e). **Entr. : Ferguson.**

Le 8 juin à Queretaro

R.F.A. b. Ecosse : 2-1 (1-1).
Temps très chaud. Pelouse moyenne. 22 000 spectateurs Arb. : M. Igna (Roumanie). Buts : Völler (22e), Allofs (49e) pour la R.F.A. ; Strachan (17e) pour l'Ecosse. Avertissements : Archibald (30e), Bannon (44e), Malpas (74e) pour l'Ecosse.

R.F.A. : Schumacher (cap.) – Eder, Förster, Augenthaler, Briegel (puis Jakobs, 62e), Berthold, Littbarski (puis Rummenigge, 75e), Matthaus, Magath – Völler, Allofs. **Entr. : Beckenbauer.**
ECOSSE : Leighton – Gough, Narey, Miller, Malpas – Nicol (puis McAvennie, 60e), Strachan, Aitken, Souness (cap.) – Archibald, Bannon (puis Cooper, 74e). **Entr. : Ferguson.**

Groupe F

Le 8 juin à Nezahualcoyotl

DANEMARK b. URUGUAY : 6-1 (2-1)
Temps couvert. Terrain glissant. 23 000 spectateurs. Arb. : M. Marquez (Mex.). Buts : Elkkjaer-Larsen (16e, 68e, 79e). Lerby (40e), Laudrup (51e), Jo Olsen (88e) pour le Danemark. Francescoli (45e sur pen.) pour l'Uruguay. Avertissements : Nielsen (9e) pour le Danemark. Da Silva (56e), Bossio (12e), puis expulsion (19e),
DANEMARK : Rasmussen. - M. Olsen, Nielsen, Busk - Bertelsen (puis Molby, 56e), Berggreen, Andersen, Arnesen, Lerby - Elkjaer-Larsen, Laudrup (puis J. Olsen, 81e) - **Entr. : Piontek**
URUGUAY : Alvez - Diego, Guttieriez, Acevedo, Batista - Bossio, Barlos, Santin (puis Salazar, 56e), Francescoli - Da Silva, Alzamendi (puis Ramos 56e) - **Entr. : Borras**.

Le 13 juin à Queretaro

DANEMARK b. R.F.A. : 2-0 (1-0)
Temps chaud. Pelouse moyenne. 30 000 spectateurs. Arb. : M. Ponnet (Belgique). Buts : Jesper Olsen (43e, sur pen.), Eriksen (62e). Avertissements à Arnesen (35e), pour le Danemark ; Eder (48e) et Jakobs (51e), pour la RFA. Expulsion d'Arnesen (89e).
R.F.A. : Schumacher (cap.) - Eder, Förster (puis Rummenigge, 70e), Herget, Jakobs - Berthold, Rolff (puis Littbarski, 46e), Matthaus, Brehme - Völler, Allofs. **Entr. : Beckenbauer.**
DANEMARK : Hoeg - Slvebaek, Busk, Morten Olsen (cap.), Andersen - Arnesen, Molby, Lerby, Jesper Olsen (puis Simonsen, 70e) - Larsen (puis Eriksen, 46e), Laudrup. **Entr. : Piontek.**

Le 13 juin à Nezahualcoyotl

ECOSSE et URUGUAY : 0-0
Temps agréable. Pelouse moyenne. 16 000 spect. Arb. : M. Quiniou (France). Avertissements aux Ecossais : Narey (48e), Nicol (63e) ; aux Uruguayens Cabrera (31e), Dlogo (73e), Alvez (87e). Expulsion de Batista (1re).
ECOSSE : Leighton - Gough, Narey, Miller, Albiston - Aitken, Nicol (puis Cooper, 70e), Strachan (cap.), McStay - Sharp, Sturrock (puis Nicholas, 70e). **Entr. : Ferguson.**
URUGUAY : Alvez - Dlogo, Guttierez (cap.), Acevedo, Pereira - Batista, Barrios, Santin, Francescoli (puis Alzamendi, 84e) - Ramos (puis Saralegui, 71e), Cabrera. **Entr. : Borras.**

CLASSEMENT

	Pts	J	G	N	P	p.	c.
1. **DANEMARK**	6	3	3	0	0	9	1
2. R.F.A.	3	3	1	1	1	3	4
3. Uruguay	2	3	0	2	1	2	7
4. Ecosse	1	3	0	1	2	1	3

DANEMARK, R.F.A. ET URUGUAY QUALIFIÉES

Le 2 juin à Monterrey

POLOGNE et MAROC : 0-0
Temps orageux, terrain inégal, 12 000 spectateurs. Arbitre : M. Martinez (Uruguay). Avertissement à Timoumi (32e).
POLOGNE : Mlynarczyk - Kubickl (puis Przybys 46e), Majewski, Wojcicki et Ostrowski, Buncol, Matysik, Komornickl, Boniek (cap.), Dzieranowski (puis Urban 55e), Smolarek. **Entr. : Piechniczek.**
MAROC : Zaki - Khalifa, Biaz, Bouyahiaoul, Lemrisse, Haddaoui (puis Souleymani 89e), Dolmy, Timoumi (puis Khirel 90e) Aziz, Krimau, Merry. **Entr. : Farias.**

le 3 juin à Monterrey

PORTUGAL b. ANGLETERRE : 1-0 (0-0)
Temps lourd, bonne pelouse, 13 000 spectateurs. Arb. : M. Roth (RFA). But : Carlos Manuel (75e). Avertissements : Fenwick (17e) et Butcher (78e) pour l'Angleterre ; Jaime Pacheco (88e) pour le Portugal.
ANGLETERRE : Shilton - Stevens, Fenwick, Butcher, Sansom - Hoddle, Robson (cap.) (puis Hodge, 79e), Waddle (puis Beardsley, 79e) - Lineker, Hateley. **Entr. : Robson.**
PORTUGAL : Bento (cap.) - Alvaro, Frederico, Oliveira, Inacio - Diamantino (puis Jose Antonio, 82e), André, Carlos Manuel, Jaime Pacheco, Sousa - Gomes (puis Futre, 73e). **Entr. : Torres.**

Le 6 juin à Monterrey

ANGLETERRE et MAROC : 0-0.
Temps très chaud. Pelouse épaisse. 20 000 spectateurs. Arb. : M. Gonzalez (Paraguay). Avertissements : Wilkins (40e), Hateley (68e) pour l'Angleterre ; Khalifa (51e), Khairi (76e) pour le Maroc. Expulsion : Wilkins (43e) pour un second carton jaune.
ANGLETERRE : Shilton - Steven, Fenwick, Butcher, Sansom - Hoddle, Wilkins, Robson (cap.) (puis Hodge, 41e) - Lineker, Hateley (puis Stevens, 75e), Waddle. **Entr. : Robson.**
MAROC : Zaki (cap.) - Khalifa, Biaz, Bouyahiaoul, Lemriss (puis Lahcen, 72e) - Haziz, Dolmy, Timoumi, Khairi - Merry (puis Souleymani, 86e), Krimau. **Entr. : Faria.**

Le 7 juin à Monterrey

POLOGNE b. PORTUGAL : 1-0 (0-0)
Temps lourd et orageux. Pelouse bosselée. Arb. : M. Bennaceur (Tunisie). 8 000 spectateurs. But : Smolarek (69e). Avertissements : Wojcicki (46e), Dziekanowski (89e) pour la Pologne.
POLOGNE : Mlynarczik - Pawlak, Majewski, Wojcicki, Ostrowski - Dziekanowski (puis Karas, 57e), Matysik, Urban - Boniek (cap.), Smolarek (puis Zgutczynski, 74e). **Entr. Piechniczek.**
PORTUGAL : Damas - Alvaro, Frederico, Oliveira, Inacio - Diamantino, André (puis Jaime Magalhaes, 72e), Carlos Manuel, Jaime Pacheco, Sousa - Gomes (cap.) (puis Futre 46e). **Entr. : Torres.**

Le 11 juin à Guadalajara

MAROC b. PORTUGAL : 3-1 (2-0)
Temps frais et couvert. Vent violent. Fortes pluies en fin de match. Pelouse en assez bon état. Arb. : M. Snoddy (Irlande du Nord). 25 000 spectateurs. Buts pour le Maroc : Khairi (19e et 25e), Krimau (62e) ; pour le Portugal : Diamantino (80e). Avertissement à Gomes (58e).
MAROC : Zaki - Khalifa, El Biaz, Bouyahiaoul, Lamriss - Dolmy, Bouderbala, Haddaoui (puis Souleyman, 73e), Timoumi - Krimau, Khairi. **Entr. : Faria.**
PORTUGAL : Damas - Alvaro (puis Aguas, 55e) Frederico, Oliveira, Augusto Sobres - Magalhaes, Carlos Manuel, Jaime Pacheco, Sousa (puis Diamantino, 60e) - Gomes, Futre. **Entr. : Torres.**

Le 11 juin à Monterrey

ANGLETERRE b POLOGNE : 3-0 (3-0)
Temps lourd. Terrain inégal. 23 000 spectateurs. Arb. : M. Daina (Suisse), Buts : Lineker (9e, 14e, 34e). Avertissement à Fenwick (53e).
ANGLETERRE : Shilton (cap.) - Stevens, Butcher, Fenwick, Sansom - Steven, Hoddle, Reid, Hodge - Lineker (puis Dixon, 85e), Beardsley (puis Waddle 75e). **Entr. : Robson.**
POLOGNE : Mlynarczik - Pawlak, Majewski, Wojcicki, Ostrowski - Dziekanowski, Komornicki, (puis Karas, 23e), Matysikk, (puis Buncol, 46e), Urban - Boniek (cap.), Smolarek. **Entr. : Piechniczek.**

CLASSEMENT

	Pts	J	G	N	P	p.	c.
1. **MAROC**	4	3	1	2	0	3	1
2. ANGLETERRE	3	3	1	1	1	3	1
3. Pologne	3	3	1	1	1	1	3
4. Portugal	2	3	1	0	2	2	4

MAROC, ANGLETERRE ET POLOGNE QUALIFIÉES

HUITIÈMES DE FINALE

Le 15 juin à Mexico (Stade Aztèque)

MEXIQUE b. BULGARIE : 2-0 (1-0).
Température agréable. Pelouse en bon état 110 000 spectateurs. Arb. : M. Arpi (Brésil). But : Negrete (35e) et Servin (62e). Avertissement à Arabov (58e).

MEXIQUE : Larios - Amador, Javier Cruz, Quirarte, Servin - Munoz, Boy (cap.) (puis De Los Cobos, 80e), Espana, Negrete - Aguirre, Sanchez. **Entr. : Milutinovic.**
BULGARIE : Mihailov - Zdravkov, Dimitrov (cap.), Arabov, Petrov - Sadkov, Gospodinov, Yordanov, Pachev (puis Iskrenov, 70e) - Kostadinov, Guetov (puis Sirakov, 60e). **Entr. : Voutsov.**

Le 15 juin à Leon

BELGIQUE b. URSS 4-3, après prolongation (0-1, 2-2).
Temps orageux. Forte pluie en fin de match. Pelouse en bon état. Vent de plus en plus fort. Arb. : M. Friedriksson (Suède). 35 000 spectateurs. Buts : Scifo (56e), Ceulemans (76e), Demol (102e), Claesen (109e) pour la Belgique. Belanov (28e, 70e, 110e sur pen.) pour l'URSS. Avertissement Renquin (65e) pour la Belgique.

BELGIQUE : Pfaff - Gerets (puis Van Der Elst, 112e), Demol, Renquin, Vervort, Grun (puis Clijsters, 100e), Vercauteren, Scifo, Ceulemans - Veyt, Claesen. **Entr. : Thys.**
URSS : Dassaev - Bal, Kouznetsov, Bessonov, Demianenko - Yakovenko (puis Evtouchenko, 80e), Aleinikov, Rats, Yaremtchouk - Zavarov (puis Rodionov, 71e), Belanov. **Entr. : Lobanovski.**

Le 16 juin à Guadalajara

BRESIL b. POLOGNE : 4-0 (1-0)
Temps chaud. Bon terrain. 50 000 spect. Arb. : M. Roth (R.F.A.). Buts : Socrates (30e sur penalty), Josimar (55e), Edinho (79e), Careca (83e sur penalty). Avertissement : Dziekanowski (14e), Boniek (30e), Smolarek (32e), pour la Pologne ; Careca (37e, Edinho (85e) pour le Brésil.

BRESIL : Carlos - Josimar, Julio Cesar, Edinho (cap.), Branco - Alemao, Elzo, Junior, Socrates (puis Zico, 70e) - Muller (puis Silas 75e) Careca. **Entr. : Santana.**
POLOGNE : Mlynarczyk - Przybys (puis Furtok, 60e), Wojciki, Ostrowski, Urban, Taraslewicz, Karas, Majewski, Boniek (cap.), Dziekanowski, Smolarek. **Entr. : Piechniczek.**

Le 16 juin à Puebla

ARGENTINE b. URUGUAY : 1-0 (1-0).
Soleil en première mi-temps, trombes d'eau à la fin de la seconde. Terrain marécageux dans le dernier quart d'heure. Arb. : M. Agnolin (Italie). 20 000 spectateurs. but : Pasculli (41e). Avertissements : Francescoli (36e), Acevedo (58e), Santin (69e), Da Silva (85e) pour l'Uruguay ; Garre (30e), Brown (50e), Pumpido (83e) pour l'Argentine.

ARGENTINE : Pumpido - Cucciuffo, Ruggeri, Brown - Garre, Batista (puis Olarticoechea, 85e), Giusti, Burruchaga, Maradona (cap.) - Pasculli, Valdano. **Entr. : Bilardo.**
URUGUAY : Alvez - Bossio, Guttierez, Acevedo (puis Paz, 61e), Rivero - Barrios (cap.), Pereira, Ramos, Santin - Francescoli, Cabrera (puis Da Silva, 46e). **Entr. : Borras.**

Le 17 juin à Mexico (Stade olympique)

FRANCE b. ITALIE : 2-0 (1-0)
Température lourde. Pelouse en bon état. 55 000 spectateurs. Arb. : M. Esposito (Argentine). But : Platini (15e), Stopyra (57e). Avertissements : De Napoli (16e), Di Gennaro (66e) pour l'Italie ; Ayache (40e) pour la France.

FRANCE : Bats - Amoros, Battiston, Bossis, Ayache - Fernandez, (puis Tusseau, 73e), Tigana, Giresse, Platini (puis Ferreri, 84e) - Rocheteau, Stopyra. **Entr. : Michel.**
ITALIE : Galli - Bergomi, Vierchowod, Scirea, Cabrini - Bagni, Baresi (puis Di Gennaro), De Napoli, Conti - Altobelli, Galderisi (puis Vialli, 57e). **Entr. : Bearzot.**

Le 17 juin à Monterrey

R.F.A. b. MAROC 1-0 (0-0)
Canicule. Pelouse sèche. Arb. : M. Pétrovic (Youg.). 15 000 spectateurs. But : Matthäus (87e). Avertissements : Lemriss (28e), Khalifa (66e) pour le Maroc.

R.F.A. : Schumacher - Briegel, Förster, Jakobs, Eder - Matthäus, Berthold, Magath - Rummenigge (cap.), Völler (puis Littbarski 46e), Allofs. **Entr. : Beckenbauer.**
MAROC : Zaki (cap.) - Khalifa, Lahcen, Bouyahiaoui, Lemriss - Dolmy, Haddaoui, Timoumi, Khalri - Bouderbala, Krimau. **Entr. : Faria.**

Le 18 juin à Mexico (Stade Aztèque)

ANGLETERRE b. PARAGUAY : 3-0 (1-0)
Beau temps, pelouse inégale. Arb. : M. Al Sharif (Syrie). 98 000 spect. Buts : Lineker (31e et 73e), Beardsley (56e). Avertissements : Martin (37e), Hodge (68e) pour l'Angleterre ; Romero et Nunez (59e) pour le Paraguay.

PARAGUAY : Fernandez - Torales (puis Guash, 64e), Schettina, Delgado (cap.), Zabala - Nunez, Ferreira, Romero, Canete - Cabanas, Mendoza. **Entr. : Cayetano Ré.**
ANGLETERRE : Shilton(cap.) - G. Stevens, Martin, Butcher, Sansom - Steven, Reid (puis G.A. Stevens, 58e), Hodge, Hoddle - Lineker, Beardsley (puis Hateley, 81e). **Entr. : Robson.**

Le 18 juin à Queretaro

ESPAGNE b. DANEMARK : 5-1 (1-1)
Temps chaud. Pelouse moyenne. 38 000 spectateurs. Arb. : M. Keizer (Pays-Bas). Buts : Butragueno (43e, 56e, 80e et 88e sur pen.) et Goicoetchea (68e sur pen.), pour l'Espagne ; Jesper Olsen (33e sur pen.) pour le Danemark. Avertissements : Goicoetchea (17e) et Michel (58e), pour l'Espagne ; Andersen (26e), pour le Danemark.

ESPAGNE : Zubizarreta - Tomas, Goicoetchea, Camacho (cap.), Gallego, Julio Alberto - Victor, Caldere, Michel (puis Francisco, 83e) - Butragueno, Julio Salinas (puis Eloy, 46e). **Entr. : Munoz.**
DANEMARK : Hoeg - Busk, Nielsen, Morten Olsen (cap.), Andersen (puis Eriksen, 60e) - Jesper Olsen (puis Molby, 69e), Berggreen, Berteisen, Laudrup, Lerby - Larsen. **Entr. : Piontek.**

QUARTS DE FINALE

Le 21 juin à Mexico (Stade Aztèque)

ARGENTINE b. ANGLETERRE : 2-1 (0-0)
Temps doux et nuageux, pelouse inégale, vent tourbillonnant. Arb. : M. Ali Bennacer (Tunisie). 114 000 spect. Buts pour l'Argentine : Maradona (51e et 54e) ; pour l'Angleterre : Lineker (80e). Avertissements : Fenwick (9e) pour l'Angleterre ; Batista (60e) pour l'Argentine.

ANGLETERRE : Shilton (cap.) – Stevens, Fenwick, Butcher, Sansom – Hoddle, Steven (puis Barnes, 74e), Hodge (puis Waddle, 65e) – Beardsley, Lineker. **Entr. : Robson.**
ARGENTINE : Pumpido – Cucciuffo, Brown, Ruggeri, Olarticoechea – Giusti, Batista, Burruchaga (puis Tapia, 75e), Enrique – Maradona, Valdano. **Entr. : Billardo.**

Le 21 juin à Guadalajara

FRANCE b. BRESIL : 1-1 (1-1, 1-1, 4 pen. à 3)
Temps lourd et très chaud. Pelouse grasse et fragile. 60 000 spect. Arb. : M. Igna (Roum.). Buts : Platini (41e) pour la France ; Careca (16e) pour le Brésil. tirs au but réussis pour la France : Stopyra, Amoros, Bellone, Fernandez, manqué par Platini. Tirs au but réussis pour le Brésil : Alemao, Zico, Branco, manqués par Socrates et Julio Cesar.

FRANCE : Bats – Amoros, Bossis, Battiston, Tusseau – Fernandez, Tigana, Giresse (puis Ferreri, 84e), Platini (cap.) – Rocheteau (puis Bellone, 99), Stopyra. **Entr. : Michel**
BRESIL : Carlos – Josimar, Julio Cesar, Edinho (cap.), Branco – Elzo, Alemao, Junior (puis Silas, 91e) – Socrates, Careca, Muller (puis Zico, 71e). **Entr. : Santana.**

Le 22 juin à Monterrey

R.F.A. b. MEXIQUE : 0-0 (4 pen. à 1)
Chaleur moite. Pelouse rapée, très fort vent. Arbitrage de M. Jesus Diaz (Colombie). 50 000 spect. Avertissements (record !) Aguirre (20e), Quirarte (26e), Allofs (26e), Förster (56e), De Los Cobos (75e), Servin (83e), Eder (85e), Sanchez (95e). Expulsions : Berthold (65e), Aguirre (100e).

R.F.A. : Schumacher – Briegel, Förster, Jakobs, Brehme – Eder (puis Littbarski, 115e), Matthäus, Berthold, Magath – Rummenigge (cap.) (puis Hoeness, 58e), Allofs. **Entr. : Beckenbauer.**
MEXIQUE : Larios – Servin, Quirarte, Cruz Barbosa, Amador (puis F.J. Cruz, 70e) – Munoz, Aguirre, Espana, Negrete, Boy (puis De Los Cobos, 32e) – Sanchez. **Entr. : Milutinovic.**

Le 22 juin à Puebla

BELGIQUE b. ESPAGNE : 1-1 (1-0, 1-1) (5 pen. à 4)
Temps chaud, puis frais. Bon terrain. 45 000 spect. Arb. : M. Kirschen (R.D.A.). Buts : Ceulemans (34e) pour la Belgique ; Senor (85e) pour l'Espagne. Tir au but réussi pour la Belgique : Claesen, Scifo, Broos, Vervort, Van der Elst ; pour l'Espagne : Senor, Chendo, Butragueno, Victor ; manqué par Eloy. Avertissements à De Mol (24e), Grun (115e) pour la Belgique, Tomas (18e), Caldere (44e) pour l'Espagne.

BELGIQUE : Pfaff – Gerets, De Mol, Renquin, Vervort – Grun, Scifo, Ceulemans (cap.), Vercauteren (puis Van der Elst, 106e) – Veyt (puis Broos, 83e), Claesen. **Entr. : Thys.**
ESPAGNE : Zubizarreta – Tomas (puis Senor, 46e), Chendo, Gallego, Camacho (cap.) – Victor, Michel, Caldere, Alberto – Butragueno, Salinas (puis Eloy, 63e). **Entr. : Munoz.**

DEMI-FINALES

Le 25 juin à Guadalajara

R.F.A. b. FRANCE : 2-0 (1-0)
Temps chaud. Terrain spongieux 40 000 spectateurs. Arb. : M. Agnolin (Italie). Buts : Brehme (9e) Völler (90e). Avertissements à Magath (52e), pour la R.F.A. ; Fernandez (89e), pour la France.

FRANCE : Bats, Ayache, Bossis, Battiston, Amoros, Fernandez, Tigana, Giresse, (puis Vercruysse, 71e), Platini (cap.), Stopyra, Bellone (puis Xuereb, 66e). **Entr. : Michel.**
R.F.A. : Schumacher, Brehme, Förster, Jakobs, Briegel, Matthäus, Rolff, Eder, Maghat, Rummenigge (cap.) (pui Völler, 57e) Allofs. **Entr. : Beckenbauer.**

Le 25 juin à Mexico (Stade Aztèque)

ARGENTINE b. BELGIQUE : 2-0 (0-0)
Temps agréable. Pelouse en mauvais état. Arb. : M. Marques (Mexique). 110 420 spectateurs. But pour l'Argentine : Maradona (51e et 63e). Avertissement à Veyt (28e) pour la Belgique et à Valdano (34e) pour l'Argentine.

ARGENTINE : Pumpido, Cuciuffo, Brown, Ruggeri, Olarticoechera, Giusti, Battista, Burruchaga (puis Bochini, 86e), Enrique, Maradona, Valdano. **Entr. : Billardo.**
BELGIQUE : Pfaff, Gerets, Renquin (puis Desmet, 54e), Demol, Vervort, Scifo, Ceulemans, Grun, Vercauteren, Veyt, Classen. **Entr. : Thys.**

MATCH DE CLASSEMENT

Le 28 juin à Puebla

FRANCE b. BELGIQUE : 4-2 après prolongation (2-1 et 2-2).
Beau temps, pelouse épaisse. Arb. : de M. Courtney (Angleterre). Buts : Ferreri (26e), Papin (42e), Genghini (103e), Amoros (109e sur penalty) pour la France ; Ceulemans (10e), Claesen (73e) pour la Belgique. Avertissement : Pfaff (63e).

FRANCE : Rust – Bibard, Le Roux, (puis Bossis, 56e), Battiston (cap), Amoros, Tigana (puis Tusseau 84e), Genghini, Ferreri, Vercruysse – Papin, Bellone. **Entr. : Michel**
BELGIQUE : Pfaff – Gerets, Demol, Renquin, (puis F. Van der Elst, 46e), Vervort – Grun, Mommens, Scifo, (puis L. Van der Elst, 65e), Ceulemans (cap.) – Veyt, Claessen. **Entr. : Thys.**

FINALE

Le 29 juin à Mexico (Stade Aztèque)

ARGENTINE b. R.F.A. : 3-2 (1-0).
Temps chaud. Pelouse en mauvais état. 115 000 spectateurs. Arb. : M. Arppi Filho (Brésil). Buts : Brown (22e), Valdano (56e), Burruchaga (84e) pour l'Argentine ; Rummenigge (73e), Völler (82e) pour la R.F.A. Avertissements : Maradona (18e), Olarticoechea (77e), Enrique (82e), Pumpido (86e) pour l'Argentine ; Matthaus (22e), Briegel (63e) pour la R.F.A.

ARGENTINE : Pumpido – Cuccioffo, Brown, Ruggeri, Olarticoechea – Giusti, Batista, Enrique, Burruchaga, (puis Trobbiani, 89e) – Maradona (cap.), Valdano. **Entr. : Bilardo.**
R.F.A. : Schumacher – Brehme, Förster, Jakobs, Briegel – Eder, Berthold, Matthaus, Magath (puis Hoeness, 61e) – Rummenigge (cap.), Allofs, (puis Völler, 46e). **Entr. : Beckenbauer.**

132 BUTS

132 buts ont été marqués au Mexique, soit une faible moyenne de 2,53 par match, et quatorze buts de moins qu'en Espagne en 1982. A noter que Gary Lineker, meilleur buteur de ce « Mundial » a inscrit à lui seul six des sept buts marqués par l'Angleterre. Et c'est la France qui compte le plus grand nombre de buteurs (neuf : Amoros, Fernandez, Ferreri, Genghini, Papin, Platini, Rocheteau, Stopyra et Tigana).
6 buts : Lineker (Ang.).
5 buts : Butragueno (Esp.), Careca (Brésil), Maradona (Arg.).
4 buts : Altobelli (It.), Belanov (U.R.S.S.), Elkjaer-Larsen (Dan.), Valdano (Arg.).
3 buts : Ceulemans (Belg.), Claessen (Belg.), J. Olsen (Dan.), Völler (R.F.A.).
2 buts : Allofs (R.F.A.), Burruchaga (Arg.), Cabanas (Par.), Caldere (Esp.), Josimar (Brésil), Khairi (Maroc), Papin (Fr.), Platini (Fr.), Quirarte (Mex.), Romero (Par.), Scifo (Bel.), Socrates (Brésil), Stopyra (Fr.).
1 but : Ahmed (Irak), Aleinikov (U.R.S.S.), Alzamendi (Uru.), Amoros (Fr.), Beardsley (Ang.), Blokhine (U.R.S.S.), Brehme (R.F.A.), Brown (Arg.), Carlos Manuel (Por.), Chol Sun-hoo (Corée du Sud), Clarke (Irl. du Nord), Demol (Belg.), Detark (Hong.), Diamantino (Port.), Edinho (Brésil), Eloy (Esp.), Eriksen (Dan.), Esterhazy (Hong.), Fernandez (Fr.), Ferreri (Fr.), Flores (Mex.), Francescoli (Urug.), Genghini (Fr.), Golcoetchea (Esp.), Guetov (Bulg.), Huh Jung-moo (Cor. du S.), Kim Jong-boo (Cor. du S.), Krimau (Maroc), Laudrup (Dan.), Lerby (Dan.), Matthaus (R.F.A.), Negrete (Mex.), Pasculli (Arg.), Rats (U.R.S.S.), Rocheteau (Fr.), Rodionov (U.R.S.S.), Ruggeri (Arg.), Rummenigge (R.F.A.), Salinas (Esp.), Sanchez (Mex.), Senior (Esp.), Servin (Mex.), Sirakov (Bulg.), Smolarek (Pol.), Strachan (Ecos.), Tigana (Fr.), Vandenbergh (Belg.), Vercauteren (Belg.), Veyt (Belg.), Whiteside (Irl. du N.), Yakovenko (U.R.S.S.), Yaremtchouk (U.R.S.S.), Zavarov (U.R.S.S.), Zidane (Alg.).
Buts contre son camp : Dajka (Hongrie), Cho Kwang-rae (Corée du Sud), Jeliazkov (Bulg.).

LES MEILLEURS

Un vote effectué selon la tradition, à l'initiative d'Adidas, par 920 journalistes présents lors du Mundial, a permis de désigner les dix meilleurs joueurs du Tournoi. Maradona l'emporte bien entendu haut la main, et les votants ont fait preuve d'indulgence à l'égard de Schumacher, en dépit de sa finale manquée. Le vote confirme la «cote d'amour» dont jouissaient les Français au Mexique auprès des spécialistes. Ils sont en effet trois (Platini, Amoros et Tigana) parmi les dix premiers, alors que les sept autres joueurs cités représentent chacun un pays différent.

PÉNALITÉS

Les arbitres de la Coupe du Monde ont sifflé au total seize pénalités. Ils ont sorti huit cartons rouges et 134 cartons jaunes, ce qui témoigne de la rudesse des affrontements. Record pour le Mexicain Sanchez et l'Anglais Fenwick, trois cartons jaunes chacun.

13 COUPES

Treize coupes du Monde depuis 1930 et un palmarès qui reflète parfaitement la valeur des sélections nationales à travers le temps.
VICTOIRES :
3. Brésil, Italie ;
2. Uruguay, R.F.A., Argentine ;
1. Angleterre.
FINALES :
5. R.F.A. ;
4. Brésil, Italie ;
3. Argentine ;
2. Uruguay, Tchécoslovaquie, Hongrie, Pays-Bas ;
1. Suède, Angleterre.
DEMI-FINALES :
8. R.F.A. ;
7. Brésil ;
5. Italie ;
3. Uruguay, Argentine, Hongrie, Suède, France ;
2. Tchécoslovaquie, Pays-Bas, Yougoslavie, Autriche, Pologne ;
1. Angleterre, Etats-Unis, Espagne, Chili, Portugal, U.R.S.S., Belgique.
QUARTS DE FINALE :
10. R.F.A. ;
9. Brésil ;
6. Hongrie ;
5. Argentine, Italie, Suède, Angleterre, Yougoslavie ;
4. Uruguay, France, U.R.S.S. ;
3. Tchécoslovaquie, Autriche, Espagne, Pologne, Suisse ;
2. Pays-Bas, Pérou, Mexique ;
1. Etats-Unis, Chili, Portugal, Belgique, Cuba, Galles, Irlandes du Nord, Corée du Nord, R.D.A.

FONTAINE INTOUCHABLE

Au classement des buteurs, Just Fontaine avec ses 13 buts en Suède conserve, et de loin, la palme de l'efficacité en coupe du Monde.
1930 : Stabile (Arg.) . . . . 8 buts
1934 : Nejedly (Tch.) . . . . 5 buts
1938 : Leonidas (Brésil) . . . . 8 buts
1950 : Ademir (Brésil) . . . . 8 buts
1954 : Kocsis (Hongr.) . . . . .11 buts
1958 : Fontaine (Fr.) . . . . .13 buts
1962 : Jerkovic (Youg.) . . . . 5 buts
1966 : Eusebio (Port.) . . . . 9 buts
1970 : Muller (R.F.A.) . . . . .10 buts
1974 : Lato (Pol.) . . . . 7 buts
1978 : Kempes (Arg.) . . . . 6 buts
1982 : Rossi (It.) . . . . 6 buts
1986 : Lineker (G.B.) . . . . 6 buts

LE « BALLON D'OR »

	Pts.
1. Maradona (Arg.)	2 564
2. Schumacher (RFA)	344
3. Elkjaer-Larsen (Dan.)	236
4. Pfaff (Belg.)	
Platini (Fr.)	224
6. Lineker (Angl.)	200
7. Amoros (Fr.)	168
8. Butragueno (Esp.)	156
9. Tigana (Fr.)	124
10. Julio Cesar (Brésil)	110

LES ATTAQUES

Au classement des meilleurs attaques, l'Argentine l'emporte avec 14 buts marqués, précédant la France, la Belgique et l'U.R.S.S., chacune avec douze buts, l'Espagne (11), le Brésil et le Danemark (10), la R.F.A. (8) et l'Angleterre (7, dont six du seul Lineker, meilleur buteur du Tournoi).

La meilleure défense fut celle du Brésil, qui encaissa un seul but, mais fatal, celui de Platini. Suivent dans l'ordre : Maroc et Mexique (2), Angleterre et Ecosse (3), Espagne, Portugal et Irak (4). L'Argentine et la France ont concédé (6) buts, la RFA (7), la Belgique (15).

Direction :
Edouard Seidler
Conception :
Rudolf Werk
Collaboration technique :
Roland Guinard et Philippe Maugin
Impression :
J. Fink, Ostfildern
Reliure :
Gebhardt, Ansbach

ISBN 2-7021-1515-2

© 1986 Editions MIRA, Künzelsau

© CALMANN-LÉVY 1986
Numéro d'édition : 11187/01
Dépôt légal : juillet 1986

Imprimé en Allemagne